DIE 100 BEDEUTENDSTEN ENTDECKER

Alexandre Dumas

GEFÄHRLICHE REISE DURCH DEN WILDEN KAUKASUS

Neu bearbeitet und herausgegeben
von Ernst Bartsch

EDITION ERDMANN

Inhalt

Kislar

Am 7. November 1858, um zwei Uhr nachmittags, näherten wir, der französische Zeichner Moynet, der russische Dolmetscher Kalino und ich, uns Kislar. Es war die erste Stadt nach unserer Abreise aus Astrachan. Wir hatten sechshundert Werst durch ödes Steppengelände zurückgelegt, ohne etwas anderes als Poststationen und Kosakenposten vorzufinden. Zuweilen hatten wir auch wohl eine kleine Karawane von herumziehenden Kalmücken und Nogaiern erblickt, die auf ein paar Kamelen die nötigen Zeltgeräte und ihre sonstige Habe mit sich führten.

Als wir aber der Stadt Kislar auf sieben bis acht Werst nahegekommen waren, hatte die Landschaft, wie es in der Nähe von Bienenkörben und Städten der Fall ist, ein belebtes Aussehen bekommen. Wir hatten aber auch bemerkt, dass die Bienen, die aus dem Korb kamen, mit gefährlichen Stacheln versehen waren. Alle Reiter und Fußgänger waren bewaffnet. Ein Hirte, der uns entgegentrat, hatte seinen Handschar an der Seite, seine Flinte auf der Schulter, seine Pistole im Gürtel.

Selbst die Kleidung hatte einen kriegerischen Charakter. Die harmlose russische Tulupe, die naive kalmückische Dublanka war hier durch die graue oder weiße Tscherkesska mit dem doppelten Patronengürtel auf der Brust ersetzt worden. Statt der früheren lächelnden Gesichter sah man unruhige Blicke. Man merkte, dass man einen Boden betreten hatte, wo jedermann einem Feind zu begegnen fürchtete, und, zu weit von einer schützenden Behörde entfernt, sich in wehrhaften Zustand setzte.

Je näher wir der Stadt kamen, desto schlechter wurde der Weg. In Frankreich, Deutschland oder England würde man ihn für unbefahrbar gehalten haben. Aber die Tarantasse kommt überall durch, und wir saßen in einer Tarantasse.

Wir hatten eine Sandwüste durchquert und waren fünf Tage durch Staub geblendet worden; nun versanken unsere Pferde bis über die Knie, die Räder bis an die Naben im Schlamm.

»Wohin soll ich fahren?«, fragte der Mietkutscher.

»In den besten Gasthof.«

Er schüttelte den Kopf.

»In Kislar, Gospodin«, antwortete er, »gibt es keinen Gasthof.«

»Wo kehrt man denn ein?«

»Man wendet sich an den Polizeimeister und dieser bestimmt ein Haus.«

Wir riefen einen Kosaken unserer Begleitung herbei, gaben ihm unsere Vollmachten zur Bereitstellung von Pferden und einer Eskorte und befahlen ihm, zum Polizeimeister zu eilen und uns mit der Antwort am Stadttor zu erwarten.

Er ritt im Galopp davon und verschwand in den Windungen des Weges, der sich zwischen Hecken verlor. Diese Hecken umschlossen Weingärten, die sehr gut angebaut schienen.

Wir befragten unseren Mietkutscher und erfuhren von ihm, es seien armenische Gärten, in denen der treffliche Kislarwein gewonnen wird.

Seit fünf Tagen hatten wir keinen Baum gesehen, und unsere Herzen erweiterten sich, als wir diese Oase erreichten, obgleich die Oase schon halb entlaubt war.

In Russland hatten wir den Winter zurückgelassen, in Kislar fanden wir den Herbst wieder. Man versicherte uns, dass wir in Baku sogar den Sommer finden würden. Die Jahreszeiten traten also in umgekehrter Reihenfolge ein.

Unser Kosak erwartete uns am Stadttor. Der Polizeimeister hatte uns ein nahes Haus angewiesen.

Wir waren nun wirklich im Orient, freilich im nördlichen; aber der nördliche Orient unterscheidet sich von dem südlichen nur durch die Volkstrachten. Sitten und Gebräuche sind nahezu gleich.

Moynet bemerkte es gleich beim Eintritt in unser Zimmer. Er stieß mit dem Kopf an die Türverkleidung, die für ein zehnjähriges Kind gemacht zu sein schien.

Ich sah mich mit einiger Besorgnis um. Die bisherigen Poststationen waren allerdings spärlich möbliert gewesen, aber man fand doch eine hölzerne Bank, einen Tisch und zwei Stühle. Unser Zimmer hingegen hatte außer einer an der Wand hängenden Gitarre gar keine Möbel.

Was für ein Musikenthusiast mochte unser Vorgänger in dieser Wohnung gewesen sein?

Wir befragten einen etwa fünfzehnjährigen Knaben, der sich uns mit seiner patronenbespickten Tscherkesska und mit seinem im Gürtel steckenden Handschar vorstellte; aber er antwortete bloß mit einer geringschätzigen Bewegung der Achseln: »Die Gitarre ist da, weil man sie dahin gehängt hat.«

Wir mussten uns natürlich mit dieser unverständlichen Aufklärung begnügen.

Wir fragten ihn ferner, wo wir speisen, sitzen und schlafen sollten. Er zeigte auf den Fußboden und entfernte sich etwas unwillig über unsere bescheidenen Fragen. Sein jüngerer Bruder, ein achtjähriges Knäblein, dem seine Verwandten einen langen Handschar umgeschnallt hatten, schaute uns unter seinem zottigen Papak scheu an und folgte dem Älteren. Wir blieben in einiger Besorgnis zurück. War dies die vielgerühmte orientalische Gastfreundschaft?

Erst jetzt bemerkten wir unseren Kosaken, der gebückt vor der viel zu niedrigen Tür stand.

»Was willst du, Bruder?«, fragte ihn Kalino mit der den Russen eigentümlichen Sanftmut.

»Ich wollte dem General melden«, antwortete der Kosak, »dass ihm der Polizeimeister Möbel schicken wird.«

»Es ist gut«, antwortete Kalino.

Der Kosak machte kehrt und ging fort. Wir mussten, um uns Respekt zu verschaffen, diese Meldung kühl aufnehmen und diese Aufmerksamkeit des Polizeimeisters als eine Schuldigkeit betrachten.

Der freundliche Leser hat sich gewiss schon nach dem »General« umgesehen. Der General war ich. In Russland wird nämlich jedermann in einen »Tschin« gesteckt. Dieses Wort bedeutet Klasse oder Rang und scheint chinesischen Ursprungs zu sein. Je nach dem Tschin, dem man angehört, wird man entweder als ein Lump oder als vornehmer Herr behandelt. Die äußeren Zeichen des Tschins sind: eine Borte, eine Medaille, ein Kreuz, ein Stern.

Vor meiner Abreise von Moskau hatte man mir gesagt: »Sie reisen in Russland, heften Sie sich irgendeine Auszeichnung ins Knopfloch oder an die Brust, sonst finden Sie kein Stück Brot in den Wirtshäusern, kein Pferd auf den Poststationen, keinen Kosaken in den Stanitzen.«

Ich lachte über den gutgemeinten Rat, aber bald sah ich ein, wie nützlich, ja wie notwendig die Befolgung desselben war. Ich steckte daher den spanischen Ordensstern an meinen russischen Militärüberrock und bemerkte sogleich die gänzliche Umwandlung im Benehmen der Leute. Man kam allen meinen Wünschen zuvor, und da in Russland gewöhnlich nur Generale einen Stern tragen, so hielt man mich eben für einen General. Meine beiden Geleitscheine, die vom Fürsten Barjatinski unterzeichnet waren und mich ermächtigten, auf allen Militärposten eine Eskorte zu nehmen, bestärkten die Leute in der Vermutung, dass ich ein hoher Offizier sei. Man hielt mich freilich für einen französischen General, und da die Russen gute Freunde der Franzosen sind, so ging alles sehr gut.

Zehn Minuten später wurden die Möbel wirklich auf einem Karren mit dem Befehl gebracht, uns so viele Zimmer zur Verfügung zu stellen, wie wir haben wollten.

Bis dahin hatte uns der ziemlich unfreundliche junge Wirt nur das Gitarrezimmer geöffnet. Als er aber die Möbel sah und den Befehl des Polizeimeisters vernahm, änderte sich sein Benehmen schlagartig.

Die Möbel bestanden aus drei Bänken, die als Betten dienen sollten, drei Teppichen als Ersatz für die fehlenden Matratzen, drei Stühlen und einem Tisch.

Jetzt fehlte uns nur noch etwas auf den Tisch zu stellen. Daher baten wir unseren jungen Tataren, Eier und ein Huhn zu holen.

Unterdessen machten wir unsere Reiseküche auf und nahmen einen kleinen Ofen, eine Pfanne, Teller, Gabeln,

Löffel und Messer heraus. Der Teekasten lieferte uns Gläser und ein Tischtuch, an dem sich jedermann Mund und Finger abwischte.

Unser Bote brachte Eier. Ein Huhn hatte er nicht aufgetrieben, er bot uns dafür vortreffliches Hammelfleisch an, das man im Kaukasus überall findet. Ich nahm das Anerbieten an, ich hatte nun Gelegenheit, ein Schaschlik zu versuchen.

Man nimmt ein Stück Hammelfleisch, möglichst vom Lendenbraten, schneidet es in walnussgroße Stücke, lässt es eine Viertelstunde in Essig, Zwiebeln, Salz und Pfeffer liegen, steckt dann die Stücke auf einen kleinen Bratspieß und dreht ihn über der Kohlenglut, bis das Fleisch mürbe ist.

Während ich mein Schaschlik zubereitete und Moynet und Kalino den Tisch deckten, schickte uns der Kommandant, der unsere Ankunft erfahren hatte, frische Butter, zwei Hühner und vier Flaschen Wein.

Ich ließ dem Kommandanten meinen Dank sagen und meinen Besuch für den Abend melden.

Hühner und Butter sparten wir bis zum Frühstück auf. Aber von dem alten Wein wurde eine Flasche zum Diner geöffnet.

Nach Tisch begab ich mich mit Kalino zum Kommandanten. Die Hauptstraße von Kislar war ein Morast, wo man bis über die Knöchel im Kot watete.

Als ich kaum zehn Schritte gegangen war, fühlte ich mich am Rockschoß festgehalten.

Ich sah mich um. Es war unser sehr freundlich und zuvorkommend gewordener junger Wirt, der mir in einem aus schlechtem Russisch und Tatarisch gemischten Kauderwelsch den Rat gab, nicht unbewaffnet auszugehen.

Kalino übersetzte mir die Warnung.

Ich hatte wirklich keine Waffen mitgenommen. Es war vier Uhr und heller Tag, ich glaubte daher, keine Unbesonnenheit zu begehen.

Ich wollte weitergehen, ohne die Warnung zu beachten; aber er wiederholte sie in so dringender Weise, dass ich nachgab.

Ich kehrte um und steckte in meinen Gürtel einen fünfzehn Zoll langen, in Khorassan angefertigten Dolch, den ich in Astrachan gekauft hatte und auf der Reise trug, aber in der Stadt für überflüssig hielt. Kalino nahm einen großen französischen Säbel, den sein Vater auf dem Schlachtfeld von Montmirail erbeutet hatte. Unser junger Wirt verlangte, dass jeder noch eine Doppelflinte mitnehmen sollte, aber wir hörten nicht mehr auf ihn, machten Moynet auf die Gefahr aufmerksam und verließen das Haus.

Eine Abendgesellschaft beim Gouverneur von Kislar

Der Kommandant wohnte auf der anderen Stadtseite, sodass wir ganz Kislar durchwandern mussten, um zu ihm zu gelangen.

Es war Markttag, und wir mussten uns durch die Wagen, Pferde, Kamele und Handelsleute einen Weg bahnen. Anfangs ging es recht gut. Als wir aber den Marktplatz betraten, fingen die Hindernisse an.

Schapzuge, Tschetschene, Imerer,
Häuptling der Adighe mit Tochter, Perser aus Baku (v.l.n.r.)

Ich hatte unter dieser bis an die Zähne bewaffneten Volksmenge noch keine fünfzig Schritte zurückgelegt, da sah ich ein, wie gering sowohl diese Gesamtmasse als auch der Einzelne einen unbewaffneten Mann achten muss. Im Orient bewaffnet man sich nicht nur, um sich zu verteidigen, sondern auch, um abzuschrecken. Der Bewaffnete sagt sogar in seinem Stillschweigen: Achtet mein Leben, oder nehmt das eure in Acht! Und diese Drohung ist keineswegs überflüssig in einem Land, wo, wie Puschkin sagt, »der Totschlag nur eine Gebärde ist«.

Wir gingen über den Marktplatz und befanden uns nun in den Straßen der Innenstadt.

Diese Straßen bieten einen überaus malerischen Anblick mit ihren regellos gepflanzten Bäumen und ihren Kotlachen, in denen Gänse und Enten plätschern und die Kamele ihren Wasservorrat für die Reise einnehmen.

Wir ließen uns bei dem Kommandanten melden. Er kam uns entgegen.

Er sprach nicht Französisch, aber mit Kalinos Hilfe wurde das Hindernis beseitigt. Er sagte mir, dass seine Frau, die wir im dritten Zimmer finden würden, unsere Sprache spreche.

Ich habe festgestellt, dass die Frauen in Russland und im Kaukasus mehr Weltbildung besitzen als ihre Männer; diese haben in ihrer Jugend wohl etwas Französisch gelernt, aber später als Militärs oder Beamte wieder vergessen. Die vornehmen Russinnen, die nichts zu tun haben, lesen zum Zeitvertreib französische Romane und bleiben daher mit der Sprache vertraut.

Frau Polnobokow sprach in der Tat sehr gut französisch. Ich entschuldigte mich, dass ich in diesem kriegerischen Aufzug erschien, und scherzte über die Besorgnisse unseres jungen Wirtes; aber zu meinem großen Erstaunen wurde meine Heiterkeit keineswegs geteilt. Die Dame blieb ernst und sagte, unser Wirt habe vollkommen recht.

Als ich noch zu zweifeln schien, berief sie sich auf ihren Gemahl, der alles bestätigte, was sie sagte.

Da der Kommandant in diesem Punkt die allgemeine Ansicht teilte, kam mir die Sache doch bedenklich vor. Ich bat also um nähere Auskunft.

An haarsträubenden Vorfällen fehlte es nicht. Erst am Abend vorher war auf der Straße ein Mord begangen worden. Es war freilich ein Irrtum gewesen: Der Falsche war ermordet worden. Vier Tataren – so heißen im nördlichen Kaukasus alle Banditen – erwarteten, unter einer Brücke versteckt, einen reichen Armenier, der des Weges kommen musste. Ein armer Teufel, den sie für den reichen Kaufmann hielten, ging über die Brücke; sie erdolchten ihn, durchsuchten seine Taschen und bemerkten nun ihren Irrtum; sie mussten sich mit einigen Kopeken begnügen, die er bei sich hatte. Dann warfen sie den Leichnam in den Kanal, der zum Bewässern der Gärten dient.

Einige Monate vorher waren drei Armenier, die Brüder Kaskoith, die von Derbent kamen, mit einem Freund namens Bonjar gefangengenommen worden. Da sie als reiche Leute galten, wurden sie von den Räubern nicht getötet, sondern ins Gebirge geschleppt, um sich durch eine große Summe loszukaufen. Nachdem man ihnen ihre Kleider genommen und sie etwa fünfzehn Werst fortgeschleppt hatte, mussten sie durch den Terek schwimmen. Die drei Brüder starben an den Folgen dieser Erkältung, nachdem sie zehntausend Rubel Lösegeld bezahlt hatten.

Die Frauen haben in dieser Hinsicht weniger zu befürchten als die Männer. Die Tataren müssen, um sich wieder ins Gebirge zu begeben, ihre Gefangenen durch den Terek schleppen, und die Frauen können dieses kalte Bad nur selten ertragen. Neulich starb eine Frau unterwegs; zwei andere starben an Erkältung, ehe ihr Lösegeld angekommen war, und ihre Verwandten, die ihren Tod erfuhren, wollten die Verhandlungen wegen der Leichen nicht fortsetzen.

Daher haben die Tataren den wenig einträglichen Frauenraub fast ganz aufgegeben; im südlichen Kaukasien hingegen wird er immer noch mit Erfolg betrieben.

Die folgende Geschichte beweist übrigens, dass der Frauenraub in anderer Weise ausgeübt wird.

Ein Tatarenfürst liebte eine vornehme Russin. Der junge Beg fand Gehör und verabredete mit ihr eine Entführung.

Sie war in Kislar. In Abwesenheit ihres Mannes verlangte sie von dem Kommandanten Pferde, und zwar zu einer Stunde, wo Herr Polnobokow die Gewährung ihrer Bitte gefährlich fand. Er verweigerte sie daher. Die Frau aber gab nicht auf; sie schützte die Krankheit eines ihrer Kinder vor. Der Kommandant ließ sich endlich überreden und gab ihr einen Paderogen, und die Frau reiste ab.

Der Beg erwartet sie unterwegs, entführt sie, bringt sie in seinen Aul, der einige Werst von Petigorsk wie ein Adlerhorst auf einem Felsen liegt, und behält sie drei Monate bei sich, ohne dass der Gemahl erfährt, was aus ihr geworden ist. Nach drei Monaten wird der Beg – der ein sehr schöner Mann sein soll – dieses zärtlichen Verhältnisses überdrüssig; er teilt ihrem Gemahl mit, dass ihm der Aufenthalt seiner Frau bekannt sei, und erbietet sich ihren Loskauf zu vermitteln. Der Gemahl nimmt das Anerbieten an. Einen Monat später schreibt ihm der Beg, er habe das Geschäft um den Preis von dreitausend Rubel abgeschlossen. Der Gemahl schickt die dreitausend Rubel, und acht Tage nachher hat er die Freude, seine Frau so wohlfeil zurückzubekommen.

Es war noch wohlfeiler, als er glaubte, denn er hatte nicht bloß seine Frau zurückgekauft, sondern auch das Kind, mit dem sie ihn ein halbes Jahr nachher beschenkte.

Wir plauderten eine Stunde mit Frau Polnobokow, die einen prächtigen Perserteppich unter den Füßen hatte. Sie lud uns für den Abend zum Tee ein, und ihr Gemahl versprach, uns zwei Kosaken zur Bedeckung zu senden.

Vor der Tür fanden wir die Droschke des Kommandanten. Eine so zarte Aufmerksamkeit findet man nur in Russland.

Der Wagen führte mich nach Hause. Ich wollte die Stiefel wechseln, um mich zu dem Polizeimeister zu begeben. Er erwartete mich jedoch bereits in meinem Zimmer.

Ich bat ihn um Entschuldigung, meinen Besuch so lange aufgeschoben zu haben und zeigte ihm meine bis an die Waden mit Kot bedeckten Stiefel.

Der Polizeimeister beschämte uns durch seine Zuvorkommenheit; wir hatten seine Güte schon missbraucht, wir hatten ihn um nichts mehr zu bitten, sondern ihm nur zu danken.

Vier bis fünf Flaschen Wein, die am Fenster standen, waren ein neuer Beweis seiner Freundlichkeit.

Er versprach uns, sich abends beim Kommandanten einzufinden.

Um halb acht Uhr hielt die Droschke des Kommandanten vor der Tür. Zwei Laternenträger gingen voran. In ihren Gürteln sah man die Pistolenkolben und die Griffe der Handschare blitzen. Zwei mit Säbeln und Karabinern bewaffnete Kosaken ritten auf beiden Seiten der rasch durch Wasser und Kot fahrenden Droschke. Unterwegs glaubte ich, einige Schüsse zu hören.

Wir waren die ersten der erwarteten Gäste. Die Dame des Hauses hatte uns am Morgen empfangen, ohne zu wissen, wer wir waren; mein Geleitschein und zumal mein Anzug hatte sie getäuscht; sie hatte mich wie andere für einen französischen General gehalten und war aus bloßer Gastfreundschaft so artig gewesen, dass ich glaubte, sie könne nicht freundlicher sein.

Ich irrte mich. Jetzt, da sie erfahren hatte, dass ich der Mann sei, dem sie ihre beste Unterhaltung zu verdanken glaubte, wusste sie nicht, wie sie mir für die geistigen Genüsse danken sollte, die ich ihr angeblich bereitet hatte.

Fünf bis sechs Personen, die sich bald darauf einfanden, sprachen gut Französisch, besonders die Damen.

Ich sah mich nach dem Kommandanten um. Frau Polnobokow kam meiner Frage zuvor.

»Haben Sie auf dem Wege hierher keine Schüsse gehört?«, fragte sie.

»Jawohl, drei Schüsse«, antwortete ich.

»Ganz recht; sie fielen in der Richtung des Terek, und dort haben sie immer eine gefährliche Bedeutung. Mein Mann ist beim Polizeimeister. Ich glaube, man hat Kosaken abgeschickt.«

»Dann werden wir bald etwas Näheres darüber erfahren.«

»Gewiss, sehr bald.«

Die übrigen Gäste schienen an die Schüsse nicht im Mindesten zu denken; man plauderte und lachte wie in einem Pariser Salon.

Bald kam der Kommandant mit dem Polizeimeister, und beide nahmen am Gespräch teil, ohne dass sie im Mindesten zerstreut oder aufgeregt schienen.

Zum Tee wurde verschiedenes armenisches Backwerk gereicht, das wegen der Zutaten einen sonderbaren, für europäische Gaumen fremdartigen Geschmack hatte.

Ein Diener, der mit einer Tscherkesska bekleidet war, flüsterte dem Kommandanten etwas zu. Dieser gab dem Polizeimeister einen Wink, und beide entfernten sich.

»Ist die Antwort angekommen?«, fragte ich die Frau des Hauses.

»Wahrscheinlich«, antwortete sie. »Nehmen Sie noch eine Tasse Tee?«

»Sehr gern.«

Ich tat Zucker in meine Tasse, schüttete Rahm auf den Tee und begann langsam zu schlürfen, denn ich wollte nicht neugieriger scheinen als die anderen. Aber mein Blick war beständig auf die Tür gerichtet.

Der Kommandant kam allein zurück.

Da er kein Französisch sprach, so musste ich warten, bis Frau Polnobokow meine Neugierde befriedigte. Sie erriet meine Ungeduld, die sie wahrscheinlich für übertrieben hielt.

»Man hat zweihundert Schritte von Ihrer Wohnung die Leiche eines Mannes gefunden«, sagte sie; »er ist von zwei Kugeln getroffen worden; aber da er völlig ausgeplündert war, so weiß man nicht, wer er ist. Es ist vermutlich ein Kaufmann, der heute seine Waren in der Stadt feilgeboten und sich verspätet hat. Heute Abend vergessen Sie nicht Ihre Fensterläden zu schließen, wenn Sie Licht behalten; man könnte durchs Fenster auf Sie schießen.«

»Was könnte es aber einem Räuber nützen?«, erwiderte ich; »die Tür ist doch verschlossen.«

»Er würde es vielleicht zum Zeitvertreib tun. Es sind sonderbare Leute, die Tataren.«

Ich schrieb einige Verse in das Album und dachte an den Toten nicht mehr als die anderen.

Vierzehn Tage nachher begriff ich diese Gleichgültigkeit, die mich anfangs so in Erstaunen gesetzt hatte.

Um elf Uhr gingen alle Gäste fort. Die Abendgesellschaft hatte länger gedauert als üblich; man war vielleicht seit Jahr und Tag nicht so lange beisammengeblieben.

Das Vorzimmer sah aus wie eine Wachstube; jede der zum Tee geladenen Personen war mit einem bis an die Zähne bewaffneten Diener gekommen.

Die Droschke des Kommandanten hielt wieder vor dem Haus mit den beiden Laternenträgern und den beiden Kosaken. Sie kostete mich drei Rubel: einen für den Kutscher, einen für die zwei Laternenträger und einen für die zwei Kosaken; aber die Sache war mir neu, das Geld reute mich nicht.

Ich brauchte meine Fensterläden nicht zu schließen. Unser junger Wirt, der ungemein aufmerksam war, hatte schon dafür gesorgt.

Ich legte mich auf meine Bank und hüllte mich in meinen Pelz. Mein Mantelsack diente mir als Kopfkissen.

Die Gawrielowitsche

Wenn man sich abends auf ein Brett gelegt und nur einen Teppich als Matratze und einen Pelz als Decke hat, so steht man morgens nicht ungern auf. Ich verließ bei Tagesanbruch mein Lager, wusch mir Gesicht und Hände indem in Kasan gekauften kupfernen Waschbecken – denn ein solches findet man in Russland nur selten – und weckte meine Reisegefährten.

Die Nacht war ruhig verlaufen.

Wir mussten in aller Eile frühstücken und schleunigst abreisen; denn bis nach Schukowaja, unserem nächsten Nachtquartier, hatten wir einen weiten und teilweise äußerst gefährlichen Weg zurückzulegen.

Die gefährlichste Stelle war ein Wald, der sich von der Landstraße bis ans Gebirge erstreckt. Erst vor acht oder zehn Tagen war ein Offizier, der auf der Station Novo-Utschregdemaja keine Kosaken zur Bedeckung gefunden hatte, trotz der Warnungen weitergereist, um zeitig in Schukowaja einzutreffen. Er saß in einer Kibitka, die mit einem Lederdach versehen war. Mitten im Wald sprengte ein Tschetschene auf ihn zu. Er machte seine Pistole schussfertig; als ihm der Tschetschene auf vier Schritte nahegekommen war, drückte er ab. Die Pistole versagte. Der Räuber hatte ebenfalls eine Pistole in der Hand, er schoss aber nicht auf den Offizier, sondern auf das eine Pferd der Kibitka. Das Pferd stürzte, der Wagen musste halten. Zehn Tschetschenen zu Fuß kamen nun aus dem Dickicht hervor und griffen den Offizier an. Dieser verwundete zwei von ihnen mit seinem Säbel, wurde aber schnell überwältigt, ausgeplündert und mit dem Hals am Schweif des Pferdes festgebunden. Die Tschetschenen besitzen eine ungemeine Geschicklichkeit für solche Handstreiche. Sie haben immer einen Strick mit einer

Schlinge in Bereitschaft; der Gefangene wird ans Pferd gebunden und der Reiter jagt im Galopp davon, ehe jener Zeit hat, um Hilfe zu rufen.

Zum Glück für den Offizier kamen die Kosaken, die er auf der letzten Station nicht gefunden hatte, von der nächsten Station zurück. Sie sahen von Weitem den Kampf, setzten ihre Pferde in Galopp, erreichten die Kibitka, erfuhren von dem Kutscher, was vorgefallen war, und eilten den Tschetschenen nach.

Die unberittenen Banditen warfen sich auf die Erde und ließen die Kosaken vorbeireiten; der Berittene trieb sein Pferd mit den Sporen und seinen Gefangenen mit der Peitsche an; aber dieser leistete Widerstand und hielt den Reiter auf.

Als der Räuber den Galopp der Kosakenpferde hinter sich hörte, zog er seinen Handschar. Der Offizier glaubte, es sei um ihn geschehen; aber der Räuber durchhieb nur den Strick, mit dem der Gefangene an den Schweif seines Pferdes festgebunden war.

Der Offizier fiel halb erdrosselt zu Boden. Der Räuber stürzte sich zu Pferde in den Terek. Die Kosaken feuerten auf ihn, trafen ihn aber nicht.

Der Tschetschene erreichte mit lautem Triumphgeschrei und seine Flinte hoch über dem Kopf schwenkend das andere Ufer und schickte den Kosaken eine Kugel herüber, die einem von ihnen den Arm zerschmetterte.

Zwei Kosaken leisteten ihrem Kameraden Hilfe, die beiden anderen dem Offizier. Ein Kosak gab ihm sein Pferd und seine Burka, und er kam halbtot in Schukowaja an. Frau Polnobokow hatte uns den Ort bezeichnet und die Geschichte erzählt, und wir hatten ihr versprochen, diesen womöglich am hellen Tage zu passieren.

Aber ohne gefrühstückt zu haben, konnten wir nicht abreisen. Als ich das eine Huhn rupfen ließ und die Bratpfanne hervorsuchte, kam der Polizeimeister und lud uns zum Frühstück ein. Es sei alles bereit, wir brauchten nur über die Straße zu gehen.

Ich wollte mich entschuldigen, aber er gestand mir, dass seine Frau meine Bekanntschaft zu machen wünsche, und er mache die Einladung in ihrem Namen. Sie habe den gestrigen Abend nicht bei ihrer Schwester, der Kommandantin, zubringen können, weil keine Kosaken zur Verfügung gestanden hatten.

Es blieb mir nichts übrig, als zu gehorchen.

Wir fanden zwei Damen statt einer. Eine Schwägerin hatte sich zum Frühstück eingefunden, um den Verfasser des »Monte-Christo« und der »Musketiere« kennenzulernen.

Beide Damen sprachen Französisch. Die Frau des Polizeimeisters setzte sich ans Piano und sang einige sehr hübsche russische Lieder, unter anderen Lermontows »Gornaja Werschini«.

Kalino kam bald mit den beiden Fuhrwerken, und da man nur auf ihn gewartet hatte, so setzten wir uns zu Tisch.

Dann nahmen wir Abschied von unseren liebenswürdigen Wirtinnen, die uns bis an den Wagen begleiteten.

Wir stiegen ein. Die Polizeimeisterin sah uns mit einiger Besorgnis an. Die sechs Kosaken, die wir zur Begleitung erhalten hatten, schienen sie nicht ganz zu beruhigen.

»Haben Sie außer Ihren Handscharen keine Waffen?«, fragte sie.

Ich hob eine über den Vordersitz gebreitete Decke hoch und zeigte ihr drei Doppelflinten, zwei Büchsen, deren eine mit Sprengkugeln geladen war, und einen Revolver.

»Das ist gut«, sagte sie; »aber solange Sie in der Stadt sind, halten Sie besser Ihre Gewehre in der Hand, damit man sieht, dass Sie bewaffnet sind. Unter den Leuten, die sich hier versammelt haben und Sie angaffen, sind vielleicht ein paar Spione der Tataren.«

Wir befolgten den guten Rat und stützten jeder den Kolben einer Doppelflinte aufs Knie und verließen Kislar in dieser wehrhaften Haltung, unter dem tiefen Stillschweigen von achtzig bis hundert Zuschauern.

Bald hielten wir am Ufer des Terek und erwarteten die Fähre, die zurückkam, um uns zu holen, nachdem sie eine Karawane von Pferden, Büffeln und Kamelen hinübergebracht hatte.

Tschetschene

Wir stiegen aus dem Wagen, weil das Flussufer sehr steil ist, und nahmen mit unserer Tarantasse und dem Führer der Eskorte auf der Fähre Platz. Die übrigen Kosaken bewachten die noch zurückbleibende Telege; ein Beweis, wie groß das Vertrauen auf die Ehrlichkeit der Einwohner ist. Es war immerhin möglich, dass der zweite Mietkutscher während unserer Überfahrt mit unserer Telege davonjagte, und es wäre sehr zweifelhaft gewesen, ob wir ihn wieder eingeholt hätten.

Unsere Telege kam inzwischen über den Fluss. Der Weg führte uns nun durch ein Sumpfland, das von einer Krümmung des Terek eingeschlossen ist. Wir fuhren durch den hier seichten Fluss zugleich mit den Pferden und Kamelen, die vor uns die Fähre benutzt hatten.

Das Durchwaten eines Flusses gewährt immer einen malerischen Anblick. Unsere beiden Fuhrwerke mit den Kosaken und der Karawane sahen zumal höchst interessant aus. Die Pferde und Büffel gingen willig ins Wasser; aber die Kamele, die eine fast unüberwindliche Wasserscheu haben, machten die größten Schwierigkeiten. Ihr entsetzliches Geschrei schien mehr einem Raubtier anzugehören als dem harmlosen Kamel.

Wie knapp auch die Zeit war, wenn wir den berüchtigten Wald noch bei Tage passieren wollten, so warteten wir doch, bis die ganze Karawane das andere Ufer erreichte. Dann ging es rasch weiter bis zur nächsten Station.

Dort konnte man uns nur vier Kosaken zur Begleitung geben; es waren nur sechs da, und zwei mussten doch als Wache zurückbleiben.

Wir waren übrigens noch nicht an der gefährlichen Stelle. Von hier an waren die Kosakenposten nur fünf Werst voneinander entfernt. Auf jedem Posten steht ein hohes Schilderhaus, das einem Taubenschlag ähnlich ist und in dem Tag und Nacht ein Kosak Wache hält. Ein geteertes Bündel Stroh liegt stets bereit, um in der Nacht als Alarmzeichen angezündet zu werden.

Wir fuhren mit unseren vier Kosaken weiter.

Das Wetter wurde immer trüber. Dichter Nebel breitete sich über die Ebene, sodass wir kaum zwanzig Schritte weit sehen konnten.

Es war ein wahres Tschetschenenwetter. Unsere Kosaken ritten dichter an den Wagen heran und gaben uns den Rat, unsere Gewehre mit Kugeln zu laden. Wir ließen es uns nicht zweimal sagen; in fünf Minuten waren die Schrotschüsse aus den Läufen gezogen und durch Kugeln ersetzt.

Da ich bei jedem Wechsel der Eskorte den Kosaken die Vortrefflichkeit unserer Waffen durch ein paar Schüsse zeigte, so bekamen sie zu uns ein Vertrauen, das wir nicht immer zu ihnen hatten, zumal wenn wir Gawrielowitsche als Begleiter hatten.

So nennt man die Kosaken vom Don, die nicht mit den Linienkosaken zu verwechseln sind. Der Linienkosak ist an Ort und Stelle angesichts des zu bekämpfenden Feindes aufgewachsen und seit seiner Kindheit mit der Gefahr vertraut. Er wird mit zwölf Jahren Soldat, lebt nur drei Monate im Jahr in seiner Staniza, dem Kosakendorf, und bleibt bis zum fünfzigsten Jahr zu Pferde und unter Waffen. Er ist äußerst tapfer, er kennt keine Gefahr, der Krieg ist sein Element.

Aus diesen Linienkosaken, die unter Katharina II. aufgestellt wurden, und den von ihnen geraubten Töchtern der Tschetschenen und Lesghier ist ein ungemein kriegerischer, kühner, lebhafter und gewandter Menschenschlag entstanden.

Der Donkosak dagegen wird aus seinen friedlichen Gefilden an den Terek oder an die Kuma versetzt, seiner Ackerbau treibenden Familie entrissen und an seine lange Lanze gefesselt, die ihm mehr eine Last als eine Wehr ist. Im Felde ist er ein ziemlich guter Soldat, aber ganz unbrauchbar bei unerwarteten Angriffen und leichten Scharmützeln, wie sie im Gebirge, Wald und Tälern und Schluchten so oft vorkommen und in denen der Sieg durch Gewandtheit und Geistesgegenwart entschieden wird.

Die »Gawrielowitsche« sind daher auch ein beständiger Gegenstand des Spotts für die Linienkosaken und die tatarische Miliz. Über den Ursprung dieses Spitznamens erzählt man Folgendes: Eines Tages wurden Donkosaken, die einen Reisewagen zu begleiten hatten, von den Tschetschenen angegriffen und flohen. Ein junger Kosak, der besser beritten war als die anderen, sprengte, nachdem er Lanze, Pistolen und Schaska weggeworfen hatte, in den Stationshof und schrie aus Leibeskräften: »Sostupies sa nas, Gawrielowitsch!« (Rette uns, Sohn Gabriels!), dann fiel er ohnmächtig vom Pferd. Seit jener Zeit werden die Kosaken vom Don spöttisch »Gawrielowitsche« genannt.

Zurzeit hatten wir also Gawrielowitsche als Begleiter, und dies war, zumal bei dem Nebel, keineswegs beruhigend.

So legten wir, unsere schussbereiten Gewehre auf den Knien, die zehn bis zwölf Werst bis zur nächsten Station zurück. Dabei passierten wir die beiden befestigten Dörfer Kargatemkaja und Scherbakowskaja. Die erste Schutzwehr dieser Dörfer, die beständig in Gefahr sind, von den Tschetschenen angegriffen zu werden, ist ein breiter Graben, der das Dorf ganz umgibt. Eine dichte Dornenhecke vertritt die Stelle der Mauern und ist mindestens ebenso schwer zu ersteigen. Außerdem ist jedes Haus mit sechs Fuß hohen Palisaden umgeben. Hier versieht man auch eine niedrige Mauer mit Schießscharten.

Vor jedem Tor des Dorfes steht eines jener hohen Schilderhäuser, von denen man die ganze Nachbarschaft übersehen kann. Tag und Nacht steht auf diesem luftigen Posten ein Posten, der alle zwei Stunden abgelöst wird.

Die Gewehre sind stets geladen; die Hälfte der Pferde ist Tag und Nacht gesattelt.

Vom zwölften bis zum fünfzigsten Jahr ist jeder Bewohner dieser Dörfer Soldat. Jeder von ihnen weiß blutige Geschichten zu erzählen, die an Coopers poetische Schilderungen der Indianerkämpfe erinnern.

Danach erreichten wir die Station Sukoiposch. Hier erwartete uns ein prächtiger Anblick. Die Sonne, die eine Zeitlang mit dem Nebel gekämpft hatte, durchbrach ihn mit ihren Strahlen. Der Dunst zerteilte sich und man bemerkte immer deutlicher hervortretende Umrisse. Ob es aber Berge waren, ob Wolken? Der Zweifel dauerte noch einige Augenblicke. Endlich brach die Sonne vollends durch, der Nebel zerstreute sich in glänzenden Flocken, und die ganze majestätische Kette des Kaukasus, vom Schat-Abrus bis zum Elbrus, dehnte sich vor uns aus. Der Kasbeck, an den sich die poetische Sage von Prometheus knüpft, ragt mit seinem beschneiten Gipfel mitten aus der Gebirgskette hervor.

Wir staunten das prachtvolle Gemälde eine Weile schweigend an. Es waren weder die Alpen noch die Pyrenäen; es war ganz verschieden von allem, was wir gesehen, was unsere Phantasie geschaffen hatte; es war der Kaukasus, der Schauplatz, auf dem der erste dramatische Dichter des Altertums sein erstes Drama spielen lässt – ein Drama, dessen Held ein Titan, dessen handelnde Personen Götter sind.

Russische Offiziere im Kaukasus

Als die Pferde angespannt waren, setzten wir unsere Reise fort.

Wir hatten gar nicht mehr an Tschetschenen und Tscherkessen gedacht; wir würden, im Anschauen des Kaukasus versunken, wahrlich nicht einmal bemerkt haben, wenn man uns keine Eskorte gegeben hätte.

Die Sonne schien so warm und glänzend, als ob sie ihres Sieges über den Nebel froh gewesen wäre. Es war nicht mehr Herbst, wie in Kislar, es war schon der helle warme Sommer. Große Adler beschrieben, ohne die Flügel zu regen, weite Kreise in der Luft. Zwei flogen von den Steppen herüber und setzten sich auf einen Baum, wo sie im letzten Frühjahr ihr Nest gehabt hatten.

Wir fuhren auf einer schmalen, kotigen Landstraße, die durch unabsehbare Moräste führte. Letztere waren von verschiedenen Sumpfvögeln bevölkert; man sah Pelikane, Trappen, Reiher, Seeraben, wilde Enten. Die Gefahren des Menschen machen die Tiere sicher in diesen Einöden, wo der Jäger zu leicht selbst Wildbret werden kann, als dass er den Tieren eifrig nachstellen möchte.

Alle Reisenden, denen wir begegneten, waren bewaffnet. Ein reicher Tatar, der mit seinem fünfzehnjährigen Sohn und vier Dienern seine Herden besuchte, sah aus wie ein mittelalterlicher Fürst.

Fußgänger waren selten; alle trugen Handschar und Pistole im Gürtel, das Gewehr auf den Schultern. Jeder sah uns mit jener trotzigen Miene an, die aus dem Bewusstsein des Mutes entsteht. Welcher Unterschied zwischen diesen kühnen Tataren und den harmlosen Bauern, die wir auf dem Wege von Twer nach Astrachan gesehen hatten!

Am Kasbekpass

Auf einer der letzten Stationen hatte Kalino gegen einen zurückbleibenden Kutscher die Peitsche erhoben.

»Nimm dich in acht!«, legte der Tatar die Hand an seinen Handschar, »du bist nicht mehr in Russland.«

Ein russischer Bauer hätte den Peitschenhieb geduldig hingenommen.

Wir selbst fingen an, diese Zuversicht, ja diesen Stolz des freien Mannes zu fühlen. Das Bewusstsein, von einer unbekannten Gefahr bedroht zu werden, schien unseren Sinnen mehr Schärfe zu geben, um die Gefahr vorherzusehen, unser Herz mit mehr Mut zu erfüllen, um ihr Trotz zu bieten.

Auf der Station Novo-Utscherydennaja, der letzten vor der gefährlichen Stelle, konnte man uns nur fünf Kosaken zur Begleitung geben. Der Postenkommandant gestand selbst, dass es sehr wenig sei, und riet uns, die Rückkehr seiner Leute abzuwarten.

Ich fragte ihn, ob wir denn in der Nacht reisen müssten. Er antwortete, wir würden auf der Station übernachten und am nächsten Morgen mit einer Bedeckung von fünfzehn bis zwanzig Mann weiterreisen.

»Werden sich Ihre fünf Mann tüchtig wehren, wenn wir angegriffen werden?«, fragte ich den Postenkommandanten.

»Ich bürge für sie; es sind Leute, die ein paarmal in der Woche mit den Tschetschenen Scharmützel haben; keiner von ihnen wird weichen.«

»Dann sind wir acht, das ist genug. Wir wollen fort.«

Ich erinnerte die Leute noch einmal an unseren Verteidigungsplan, falls wir angegriffen würden, dann fuhren wir ab.

Die Sonne senkte sich. Der Kaukasus war wunderbar beleuchtet. Der Fuß der Berge war dunkelblau, die Gipfel waren mit rosigem Licht übergossen, die Zwischenräume gingen durch alle Abstufungen vom Violett bis zum matten Blau. Der Himmel glich flüssigem Gold.

Drei bis vier Werst von uns sahen wir wie eine dunkle Linie den Wald, durch den unser Weg führte. Jenseits des Waldes teilt sich der Weg. Der eine nach Mosdok und Wladikawkas führende Weg durchschneidet den Kaukasus in der Mitte; auf dieser Straße gelangt man über den Darialpass nach Tiflis. Es ist die Poststraße, und die Reise auf derselben ist mit Gefahren verbunden, jedoch sind diese nicht so groß, dass der Verkehr unterbrochen würde. Die andere Straße, die Daghestan berührt, nähert sich der Residenz Schamyls bis auf zwanzig Werst und der Reisende stoße überall auf feindliche Völkerstämme. Hier ist man beständig vom Feinde bedroht; man muss jeden Augenblick erwarten, ihn aus einem Dickicht, aus einer Schlucht, hinter einem Felsen hervorkommen zu sehen. Daher die vielen unheimlichen Namen; man findet hier einen »Blutwald«, dort einen »Räuberfelsen«, dort eine »Mordschlucht« usw.

Wir kamen bald in die Nähe des Waldes. Unsere Kosaken machten ihre Flinten und Pistolen schussfertig und rieten uns, auch unsere Waffen in Bereitschaft zu halten.

Der Abend dämmerte. Die Tataren waren anderswo. Wir fuhren unangefochten durch den berüchtigten Wald und kamen glücklich nach Schukowaja.

Ein Kosak war vorausgeritten, um den Stationskommandanten um ein Nachtquartier für uns zu bitten. Schukowaja ist ein

Militärposten; wir hatten uns daher nicht, wie in Kislar, an den Polizeimeister, sondern an den Oberst zu wenden.

Man wies uns zwei Zimmer an, die bereits von zwei jungen russischen Offizieren bewohnt waren. Der eine kam von Moskau, wo er auf Urlaub gewesen war, und begab sich nach Derbent zu seinem Regiment; der andere, ein Leutnant vom Dragonerregiment Nischni-Nowgorod, erwartete eine Abteilung Soldaten, die in der Umgegend Hafer einkaufte.

Der Erstere musste sich in aller Eile nach Derbent begeben; da er aber keine Eskorte verlangen konnte, so wartete er auf eine Fahrgelegenheit, um den gefährlichen Weg zurückzulegen.

Unsere Ankunft war ihm daher äußerst willkommen. Er konnte unsere Eskorte benutzen und in seiner Kibitka zwischen unseren beiden Wagen fahren.

Der andere Offizier war ebenfalls sehr erfreut. Er hatte dem Kislarwein tüchtig zugesprochen, und dieser Wein soll die menschenfreundlichen Gefühle in hohem Grade entwickeln.

Der Abrek

Bei der Ankunft in Schukowaja war meine erste Sorge, mich beim Oberst zu melden.

Schukowaja ist ebenso schmutzig wie Kislar.

Dann eilte ich ins Quartier zurück, um für den Tisch zu sorgen. Die Hausarbeit war bereits getan. Der nach Derbent zurückkehrende Offizier hatte einen armenischen Diener, der in der Zubereitung von Schaschlik sehr geschickt war. Der Wein machte uns keine Sorgen: Wir hatten ja neun Flaschen mitgebracht, und die weinselige Stimmung des Leutnants bewies, dass in Schukowaja an Traubensaft kein Mangel war.

Als wir eben gespeist hatten, erschien der Oberst, um meinen Besuch zu erwidern.

Unsere erste Frage betraf die Weiterreise. Der Postenlauf ist auf einer Strecke von hundertfünfzig Werst unterbrochen, denn kein Posthalter will seine Pferde von den Tschetschenen rauben, niemand sich den Kopf abschneiden lassen.

Der Oberst versicherte uns, dass wir mit den Mietkutschern um achtzehn bis zwanzig Rubel einig werden würden, und versprach, noch denselben Abend Pferdevermieter zu schicken, mit denen wir uns verständigen möchten.

Eine Viertelstunde nach dem Fortgehen des Obersts erschienen tatsächlich zwei Mietkutscher, mit denen wir den Preis von achtzehn Rubeln abschlossen. Dies war für dreißig Wegstunden sehr billig; die Kutscher konnten übrigens mit unserer Eskorte zurückkehren und hatten daher für ihre Pferde nichts zu fürchten.

Voll Vertrauen auf das Versprechen der beiden Schukowajer legten wir uns auf unsere Bänke und schliefen so sanft ein wie auf der weichsten Matratze.

Als wir erwacht waren, ließen wir den Leuten sagen, sie sollten die Pferde schicken. Aber statt der Pferde kamen die Kutscher selbst. Sie hatten sich besonnen; sie verlangten fünfundzwanzig Rubel unter dem Vorwand, es habe in der Nacht gefroren.

Nichts empört mich mehr als ein plumper Betrug. Ohne zu wissen, wie wir weiterkommen würden, warf ich die beiden Kerle zur Tür hinaus und begleitete diese Antwort mit einem russischen Kernfluch, den ich mir für vorkommende Fälle gemerkt und durch Übung mit ziemlicher Reinheit aussprechen gelernt hatte.

»Was ist jetzt zu tun?«, fragte Moynet, als sie fort waren.

»Wir wollen etwas sehr Hübsches sehen – ein Genuss, den wir hätten entbehren müssen, wenn wir es nicht mit den beiden Schurken zu tun gehabt hätten.«

»Was meinen Sie?«

»Im Kaukasus liegt ein hübsches Kosakendorf, das durch die Tapferkeit der Männer und die Schönheit der Frauen so berühmt ist, dass jeder junge Offizier seinen Obersten um Urlaub zum Besuch des Dorfes bittet. Es heißt Tscherwelonaja und ist nur fünfunddreißig Werst oder neun Stunden von hier entfernt.«

»Aber wie wollen wir dahin kommen?«

»Natürlich zu Pferde.«

»Wir haben aber keine Pferde.«

»Wagenpferde freilich nicht, aber Reitpferde so viel wir wollen. Kalino, sagen Sie doch dem Dragoneroffizier unseren Wunsch, nach Tscherwelonaja zu reiten, und Sie werden sehen, dass er alle seine Remontepferde zu unserer Verfügung stellen wird.«

Kalino teilte dem Offizier unseren Wunsch mit.

In einer halben Stunde waren fünf Pferde gesattelt und zwölf Kosaken bereit.

Ich gestehe, dass ich sehr unbequem saß auf dem Kosakensattel, der acht Zoll höher ist als der Rücken des Pferdes. Dafür waren freilich die Steigbügel zu kurz.

In anderthalb Stunden erreichten wir die Festung Schedrenskaja.

Wir machten halt, um die Pferde ausruhen zu lassen und unsere Begleitung zu wechseln.

Unsere aus zwölf Mann bestehende Eskorte hatte sich in Vorhut, Nachtrab und Zentrum geteilt. Zwei ritten voraus, zwei beschlossen den Zug, und acht Mann ritten rechts und links.

Auf beiden Seiten des Weges, zur rechten, so weit das Auge reichte, zur linken bis zum Terek breitete sich ein drei Fuß hohes Dickicht aus, aus dem hier und da eine Baumgruppe hervorragte. Mein Pferd, das sich mit großer Hartnäckigkeit immer links hielt, jagte etwa fünfzehn Schritte vom Weg ein Volk Rebhühner auf. Ich nahm unwillkürlich meine Doppelflinte von der Schulter und schlug an, aber es fiel mir ein, dass sie mit Kugeln geladen war. Die Rebhühner fielen in einer Entfernung von hundert Schritten mitten in die Büsche.

Die Versuchung war zu stark; ich zog die Kugelpatrone heraus, schob zwei Schrotpatronen ein und stieg ab.

Wir gingen auf die Rebhühner zu. Sie flogen zwanzig Schritte von mir auf. Ich feuerte beide Läufe ab. Ein Rebhuhn fiel.

»Haben Sie gesehen, wohin es gefallen ist?«, rief ich Moynet zu; »ich habe nur gesehen, dass es gefallen ist.«

In diesem Augenblick fiel hundert Schritte von uns ein Schuss; ich sah den Rauch und hörte die Kugel, die die Spitzen der niedrigen Büsche streifte, drei Schritte von mir vorüberpfeifen.

Wir sollten also tatsächlich mit den Tschetschenen nähere Bekanntschaft machen.

Die uns begleitenden Kosaken ritten einige Schritte voraus, um uns zu decken. Ein Einziger blieb auf seinem Platz, oder vielmehr sein Pferd stürzte. Die Kugel, die ich pfeifen gehört, hatte ihm ein Vorderbein zerschmettert.

Unterdessen hatte ich, den Weg zurückeilend, meine Doppelflinte wieder mit Kugeln geladen.

Ein Kosak hielt mein Pferd am Zügel. Ich stieg wieder auf und hob mich in die Steigbügel, um weiter zu sehen. Ich wunderte mich über die Verzögerung des Angriffs, der sonst rasch dem ersten Schuss zu folgen pflegt.

Gleich darauf sahen wir sieben oder acht Tschetschenen am Terek davoneilen.

»Hurra!«, riefen unsere Kosaken und jagten ihnen nach.

Aber während diese sieben oder acht Tschetschenen flohen, stürzte ein Einziger aus dem Gebüsch, wo er geschossen hatte, hervor, und rief, sein Gewehr über den Kopf schwenkend: »Abrek! Abrek!«

»Was bedeutet Abrek?«, fragte ich Kalino.

»Es bedeutet einen Mann, der geschworen hat, jede Gefahr aufzusuchen und vor keiner zu fliehen.«

»Und was will dieser? Er wird uns doch nicht allein angreifen wollen?«

»Nein, aber vermutlich bietet er den Zweikampf an.«

»Hören Sie?«, sagte Kalino zu mir. »Er fordert einen unserer Kosaken zum Kampf.«

»Sagen Sie ihnen, dass der, welcher den Kampf annimmt, zwanzig Rubel bekommt.«

Kalino teilte den Kosaken mein Anerbieten mit.

Eine kurze Pause folgte. Die Kosaken sahen einander an, als ob sie den Tapfersten auswählen wollten.

Unterdessen galoppierte der Tschetschene zweihundert Schritte von uns hin und her und rief: »Abrek! Abrek!«

»Geben Sie mir meine Büchse, Kalino«, sagte ich, »ich möchte den Kerl vom Pferd schießen.«

»Tun Sie es nicht, Sie würden sich eines merkwürdigen Schauspiels berauben. Unsere Kosaken beraten sich, wen sie zum Zweikampf schicken sollen. Sie haben ihn erkannt, es ist ein sehr bekannter Abrek. Sehen Sie, einer unserer Leute bietet sich an.«

Der Kosak, dessen Pferd verwundet war, hatte sich inzwischen überzeugt, dass es verloren war, und wollte nun sein Recht geltend machen.

Inzwischen war uns der Tschetschene immer näher gekommen. Die Augen der Kosaken sprühten Feuer. Sie betrachteten sich alle als beteiligt, und gleichwohl würde keiner von ihnen auf den Feind geschossen haben, denn nach der Herausforderung wäre es eine Schande gewesen.

Der Führer der Eskorte gab seine Einwilligung zum Zweikampf.

»Ich habe kein Pferd«, sagte der Kosak, »wer leiht mir eins?«

Keiner von seinen Kameraden antwortete. Keiner wollte sein Pferd der Gefahr aussetzen, zwischen den Beinen eines anderen getötet zu werden. Ich stieg ab und gab dem Kosaken meins, ein vortreffliches Remontepferd. Er schwang sich sogleich in den Sattel, sprengte auf den Tschetschenen zu und schoss.

Der Abrek spornte sein Pferd, sodass es sich bäumte. Die Kugel schlug dem Pferd in die Schulter. Der Tschetschene feuerte fast zu gleicher Zeit und schoss seinem Gegner den Papak vom Kopf.

Beide warfen nun die Flinten über die Schulter. Der Kosak zog seine Schaska, der Tscherkesse seinen Handschar. Dieser tummelte sein Pferd trotz der Wunde, die es erhalten hatte, mit wunderbarer Gewandtheit und überschüttete dabei seinen Gegner mit Schmähungen.

Die beiden Gegner trafen zusammen. Im ersten Augenblick glaubte ich, unser Kosak habe den Abrek mit seiner Schaska durchbohrt, denn ich sah die Klinge hinter seinem Rücken glänzen; aber er hatte nur die weiße Tscherkesska durchbohrt.

Von nun an sahen wir nur zwei miteinander ringende Menschen. Dieser Kampf dauerte kaum länger als eine Minute, dann sank der eine vom Pferd.

Oder vielmehr sein Rumpf; der Kopf war in der Hand seines Gegners geblieben.

Der Gegner war der Abrek. Er stieß ein wildes Triumphgeschrei aus, ließ das Blut von dem Kopf abtropfen und befestigte ihn am Sattelknopf.

Das reiterlose Pferd lief davon, trabte eine Weile im Kreis umher und gesellte sich wieder zu uns.

Der enthauptete Leichnam lag regungslos am Boden.

Dem Triumphgeschrei folgte eine zweite Herausforderung.

Ich wandte mich zu dem Kosaken, der den Kampf wieder aufnehmen wollte. Er rauchte ruhig seine Pfeife und nickte mir zu.

Dann rief er dem Tschetschenen einige Drohworte zu. Dieser hielt sein Pferd an, um zu sehen, wer seine Herausforderung angenommen hatte.

Der Kosak tat einen tüchtigen Zug aus seiner kurzen Pfeife und galoppierte auf den Abrek zu, ehe dieser sein Gewehr wieder geladen hatte. Vierzig Schritte vor dem Gegner hielt er sein Pferd an und zielte.

Ein leichter Rauch stieg vor seinem Gesicht auf; wir glaubten, dass sich nur das Pulver auf der Pfanne entzündet habe.

Der Abrek sprengte, mit der Pistole in der Hand, auf ihn zu und schoss auf zehn Schritt.

Der Kosak aber machte eine Schwenkung, und zum allgemeinen Erstaunen – denn wir hatten nicht gesehen, dass er frisches Pulver auf die Pfanne geschüttet hatte – zielte er noch einmal und schoss.

Eine heftig zuckende Bewegung des Tschetschenen bewies, dass er getroffen war. Er ließ den Zügel los und umklammerte mit beiden Armen den Hals seines Pferdes.

Das Pferd, durch die Wunde gereizt, lief durch die Büsche dem Terek zu. Der Kosak eilte ihm nach. Wir wollten ihm folgen, als wir den Tschetschenen vom Pferde fallen sahen. Das Pferd blieb bei dem Reiter stehen.

Der Kosak schien zu fürchten, es sei eine List und der Tschetschene stelle sich nur tot, um ihn anzulocken. Er beschrieb daher einen großen Kreis, ehe er sich näherte.

Er wollte offenbar das Gesicht seines Feindes sehen; aber dieser war zufällig oder absichtlich mit dem Gesicht auf die Erde gefallen.

Der Kosak ritt vorsichtig auf ihn zu. Der Tschetschene rührte sich nicht. Der Sieger hielt seine schussfertige Pistole in der Hand.

Zehn Schritte von dem Tschetschenen hielt er sein Pferd an, zielte und schoss. Er hätte sich den Schuss sparen können, denn sein Feind war tot.

Er sprang vom Pferd, zog seinen Handschar, bückte sich – und eine Sekunde nachher hielt er den bluttriefenden Kopf empor.

Die ganze Eskorte brach in einen lauten Hurraruf aus. Der Sieger hatte die Ehre des Korps gerettet und seinen Kameraden gerächt.

In wenigen Augenblicken war der Tschetschene entkleidet. Der Kosak band seine Beute auf den Rücken des verwundeten Pferdes fest, nahm es beim Zügel, bestieg das seine und kehrte zu uns zurück.

Von allen Seiten wurde er nun mit der Frage bestürmt: »Wie konntest du denn schießen, nachdem das Pulver von der Pfanne abgeblitzt war?«

Der Kosak lachte. »Mein Gewehr ist nicht abgeblitzt«, sagte er.

»Aber wir haben doch den Rauch gesehen«, erwiderten seine Kameraden.

»Ihr habt den Tabaksrauch gesehen, den ich im Mund behalten hatte«, sagte der Kosak, »aber keinen Pulverrauch.«

Der Renegat

Man überließ der Sitte gemäß den entkleideten Toten den Raubtieren als Beute, den Leichnam des Kosaken legte man sorgfältig auf das Pferd des Tschetschenen, an dessen Sattelknopf schon sein Kopf hing; ein Kosak nahm das Pferd am Zügel und führte es in die Festung, die er vor einer Stunde verlassen hatte.

Das Kosakenpferd, dem ein Bein zerschmettert war, wurde, da es nicht mehr zu retten war, an einen Graben geführt, wo ihm ein Kosak mit dem Handschar die Halsschlagader öffnete. Das Blut spritzte wie aus einem Springbrunnen. Das arme Tier bäumte sich, sank aber bald zusammen, und während es auf der Seite lag, hob es den Kopf, um uns mit einem fast menschlichen Blick anzusehen.

Ich wandte mich ab und gab dem Führer der Eskorte zu bedenken, dass es nach meiner Meinung grausam sei, den Leichnam des tapferen Tschetschenen, der im Grunde doch mehr durch List als durch Gewalt besiegt worden sei, den Geiern und Schakalen zu überlassen, und verlangte, dass man ihn begrabe.

Aber der Unteroffizier antwortete, das Begräbnis sei Sache der Gefährten des Toten, sie würden ihn in der Nacht schon holen.

Er zeigte auf eine kleine Anhöhe jenseits des Terek, wo mehrere Tschetschenen drohend und schreiend versammelt waren. Es war eine große Schmach für sie, ihren Gefährten allein gelassen zu haben, und eine noch größere Schmach, dass sie seinen Leichnam im Stich gelassen hatten. Sie mussten sich schämen, ins Dorf zurückzukehren, denn sie hatten nicht die geringste Beute aufzuweisen.

Wie hatten es die Tschetschenen wagen können, uns anzugreifen? Da wir ihnen überlegen waren, so hätten sie sich gewiss ruhig verhalten, wenn nicht der Abrek bei ihnen gewesen wäre. Dieser würde es für eine Schande gehalten haben, der so nahen Gefahr nicht kühn entgegenzutreten.

Ich wollte nicht weiterreiten, ohne den Leichnam näher in Augenschein genommen zu haben. Er lag mit der Brust auf der Erde. Die Kugel war unter dem linken Schulterblatt eingedrungen und unter der rechten Brustwarze wieder herausgekommen. Man hätte glauben können, er sei auf der Flucht erschossen worden. Dies tat mir leid; ich hätte gewünscht, dass der tapfere Abrek nach seinem Tod nicht verleumdet würde. Die Pistolenkugel hatte ihm den Arm zerschmettert.

Der Kosak musterte nun seine Beute. Der Tschetschene hatte eine recht hübsche Flinte, eine Schaska mit kupfernem Griff, wahrscheinlich von einem Kosaken erbeutet, eine schlechte Pistole und einen guten Dolch. Geld hatte er nicht bei sich.

Als Ehrenzeichen trug er eine silberne Medaille von der Größe eines Sechsfrankentalers, welche er von Schamyl erhalten hatte. Sie war mit schwarzem Schmelz ausgelegt und hatte die Inschrift: »Schamyl Effendi«; beide Wörter waren durch einen Säbel und eine Streitaxt getrennt.

Ich kaufte dem Kosaken diese verschiedenen Gegenstände für dreißig Rubel ab. Leider habe ich Flinte und Pistole im Schmutz von Mingrelien verloren, aber den Handschar und die Medaille habe ich glücklich nach Hause gebracht.

Nach den Andeutungen, die wir über Tscherwelonaja und die Urlaubsfahrten der jungen Offiziere nach dieser Stanitza gegeben haben, könnte man glauben, die dortigen Kosakinnen wären zarte, schmachtende Schäferinnen. Diese Vorstellung wäre aber grundfalsch; sie sind nötigenfalls wahre Amazonen.

Eines Tages, als die Männer auf Streife unterwegs waren, machten die Tschetschenen einen Angriff auf Tscherwelonaja. Die gesamte weibliche Bevölkerung bildete sofort einen Kriegsrat und beschloss, die Stanitza auf Tod und Leben zu verteidigen. Waffen, Schießbedarf und Lebensmittel waren im Überfluss vorhanden.

Die Belagerung dauerte fünf Tage. Wohl dreißig Tschetschenen ließen ihr Leben vor den Hecken und Palisaden. Zwei Kosakinnen wurden getötet, drei verwundet. Die Belagerer mussten unverrichteter Dinge ins Gebirge zurückkehren.

Tscherwelonaja ist die älteste Stanitza in der Linie der Grebenskoischen Kosaken.

Sie hat ihre altrussischen Eigentümlichkeiten bewahrt. Die Männer sind fast alle fanatische, sogenannte Raskolniki, »Altgläubige«. Die Frauen machen durch ihre Schönheit die Stanitza zu einem kaukasischen Capua; ihre Gesichtsbildung ist moskowitisch, aber sie haben die schlanken und zugleich kräftigen Körperformen der Hochländerinnen. Wenn ihre Väter, Männer, Brüder oder Geliebten in den Kampf reiten, so treten sie in einen Steigbügel, den der Reiter freilässt, umfassen dessen Leib mit einem Arm und schenken ihm im vollen Trab mit der anderen Hand aus einer Flasche Branntwein zu trinken ein. So entfernen sie sich oft drei bis vier Werst von dem Dorf.

Wenn der Kriegszug beendet ist, eilen sie den Männern entgegen und kehren auf dieselbe Art in die Stanitza zurück.

Diese Leichtfertigkeit der Sitten sticht sehr ab gegen die russische Sittenstrenge und gegen die orientalische Abgeschlossenheit. Mehrere dieser Kosakinnen haben sich mit Offizieren verheiratet, von anderen erzählt man pikante Geschichtchen.

Zum Beispiel: Eine Frau in Tscherwelonaja gab ihrem Mann, der sie sehr lieb hatte, vielfältigen Anlass zur Eifersucht. Schließlich konnte er es nicht mehr aushalten, und um nicht länger Zeuge des Glücks seiner Nebenbuhler bleiben zu müssen, flüchtete er sich ins Gebirge und machte mit den Tschetschenen gemeinsame Sache gegen die Russen. In einem Treffen wurde er gefangengenommen, erkannt, von einem Kriegsgericht verurteilt und erschossen.

Wir wurden der Witwe vorgestellt, und sie selbst erzählte uns die klägliche Geschichte mit Nebenumständen, durch die sie einigermaßen des dramatischen Gewandes entkleidet wurde.

»Das Abscheulichste dabei ist«, sagte sie, »dass er sich nicht entblödete, mich im Verhör zu nennen. Übrigens benahm er sich wie ein mutiger Mann. Ich sah zu, wie er erschossen wurde;

der arme Mann hatte mich so lieb, dass er mich in seinen letzten Augenblicken zu sehen wünschte, und ich wollte sie ihm nicht durch eine abschlägige Antwort verbittern. Er ist wie ein Mann gestorben, das muss man ihm lassen. Auf seine Bitte gestattete man ihm, dass ihm die Augen nicht verbunden wurden und dass er selbst Feuer kommandierte. Als er fiel, wurde mir übel, und ich fiel auch. Ich muss ziemlich lange ohnmächtig gewesen sein, denn als ich wieder zur Besinnung kam, war er schon begraben, nur seine Füße schauten noch aus der Erde hervor. Er trug neue rote Juchtenstiefel. Ich war so traurig, dass ich vergaß, sie ihm auszuziehen; sie wurden also mit ihm begraben.«

Die vergessenen Stiefel machten der armen Witwe viel Herzeleid.

Als wir in die Stanitza kamen, schien sie ganz verödet zu sein. Die ganze Bevölkerung hatte sich an das andere Ende des Dorfes begeben.

Es fand nämlich eine Hinrichtung statt.

Ein Kosak aus Tscherwelonaja, der eine Frau und zwei Kinder hatte, war zwei Jahre vorher von den Tschetschenen gefangengenommen worden. Auf die Bitte eines schönen Mädchens im Gebirge hatte man ihm das Leben geschenkt. Nachdem er auf Ehrenwort und auf die Bürgschaft des Bruders seiner Befreierin freigelassen worden war, hatte er mit dieser ein Liebesverhältnis angeknüpft. Eines Tages erfuhr der Kosak zu seinem größten Bedauern, dass zwischen den Gebirgsvölkern und den Russen Unterhandlungen angeknüpft worden waren und dass er mit anderen Gefangenen ausgewechselt werden sollte. Diese Nachricht, die von den anderen mit Freude begrüßt wurde, machte ihn untröstlich. Er kehrte indes in die Stanitza zurück und bezog sein Haus wieder. Aber er konnte sich an das Leben in der Ebene nicht mehr gewöhnen, er dachte an seine schöne Hochländerin. Er verließ Tscherwelonaja, ging wieder ins Gebirge, trat zum Islam über, heiratete seine Tschetschenin und wurde bald berüchtigt durch seine Kühnheit und seinen Fanatismus. Er versprach seinen neuen Gefährten sogar, ihnen Tscherwelonaja auszuliefern.

Er bahnte sich abends einen Weg durch die Hecken, nachdem er seinen Genossen versprochen hatte, ihnen ein Tor der Stanitza zu öffnen.

Als er in der Stanitza war, trieb ihn die Neugierde nach seinem Haus. Er sprang über eine Mauer und befand sich im Hof. Durch ein Fenster sah er seine Frau auf den Knien liegen und andächtig beten. Dieser Anblick machte einen so tiefen Eindruck auf ihn, dass er selbst auf die Knie fiel und betete.

Die Reue trieb ihn ins Haus. Seine Frau empfing ihn mit inniger Freude und sank in seine Arme. Er drückte sie zärtlich an sein Herz und verlangte, seine Kinder zu sehen.

Die Kinder waren im Nebenzimmer; die Mutter weckte sie und führte sie zu ihrem Vater.

»Jetzt lass mich allein mit ihnen«, sagte er, »und hole den Sotzky.«

Der Sotzky ist der Hauptmann des aktiven Kontingents. Die Frau gehorchte und brachte den Offizier, der ein Freund ihres Mannes war. Der Hauptmann war sehr erstaunt. Der Kosak teilte ihm mit, dass die Stanitza in der Nacht angegriffen werden sollte, und forderte ihn auf, sich zur Abwehr zu rüsten. Dann erklärte er, Gott habe sein Herz mit Reue erfüllt, und stellte sich als Gefangener.

Der Prozess dauerte nicht lange. Der Angeklagte gestand alles und verlangte den Tod. Das Kriegsgericht verurteilte ihn zum Tode durch Pulver und Blei. Wir kamen gerade am Tag der Hinrichtung. Deshalb war die Stanitza menschenleer, deshalb waren alle Einwohner auf einem Platz versammelt.

Der Posten am Tor erzählte uns alles und fügte hinzu, wir möchten uns beeilen, wenn wir noch rechtzeitig ankommen wollten. Die Hinrichtung habe um zwölf Uhr stattfinden sollen; es sei schon eine Viertelstunde auf eins, aber man habe noch keine Schüsse gehört.

Wir ritten im scharfen Trab durch die Stanitza, die durch Gräben, Hecken und Palisaden geschützt war, aber ein wohnlicheres, freundlicheres Aussehen hatte als andere Kosakendörfer, die ich bisher gesehen hatte. Endlich erreichten wir den Richtplatz, der vor dem Tor neben dem Friedhof lag.

Der Delinquent, ein Mann von dreißig bis vierzig Jahren, kniete an einem offenen Grab. Seine Hände waren frei, seine Augen nicht verbunden. Von der Uniform trug er nur die Beinkleider. Die Brust war von den Schultern bis zum Gürtel entblößt. Ein Priester nahm ihm die Beichte ab. Als wir ankamen, war die Beichte zu Ende, und der Priester schickte sich an, dem Verurteilten die Absolution zu erteilen.

Vier Schritte vor ihm standen neun Mann mit geladenen Gewehren.

Wir blieben außerhalb des Kreises; aber da wir zu Pferde saßen, so konnten wir die ganze Szene übersehen.

Als die Absolution erteilt war, trat der Vorsteher der Stanitza auf ihn zu und sagte: »Gregor Gregorewitsch, du hast als Renegat und Räuber gelebt, stirb als Christ und mutiger Mann, dann wird dir von Gott dein Abfall vom Glauben, von deinen Brüdern dein Verrat verziehen werden.«

Der Kosak hörte die Worte mit Ergebung an; dann sagte er zu seinen Kameraden: »Brüder, ich habe Gott um Verzeihung gebeten, und Gott hat mir verziehen; jetzt bitte ich auch euch um Verzeihung.«

Wie er vorher niedergekniet war, um Gottes Gnade zu erflehen, so kniete er jetzt nieder, um die Verzeihung der Menschen zu erlangen.

Es begann nun eine Szene, die in ihrer erhabenen Einfachheit einen erschütternden Eindruck auf mich machte. Zuerst trat ein alter Mann vor und sagte: »Gregor Gregorewitsch, du hast meinen einzigen Sohn, die Stütze meines Alters, getötet; aber Gott hat dir verziehen, ich verzeihe dir auch. Stirb also in Frieden.«

Er beugte sich zu ihm und küsste ihn.

Dann kam eine junge Frau und sagte: »Du hast meinen Mann getötet, Gregor Gregorewitsch, du hast mich zur Witwe, meine Kinder zu Waisen gemacht. Aber da dir Gott verziehen hat, so verzeihe ich dir auch. Stirb also in Frieden.«

Sie reichte ihm die Hand und trat zurück.

Ein Kosak trat nun aus dem Kreis und sagte zu ihm: »Du hast meinen Bruder getötet, mein Pferd geraubt und mein Haus angezündet; aber Gott hat dir verziehen, ich verzeihe dir auch. Stirb also in Frieden, Gregor Gregorewitsch.«

So machten es nacheinander alle, die ihm ein Verbrechen oder eine Beleidigung vorzuwerfen hatten.

Zuletzt kam seine Frau mit den beiden Kindern, um ihm Lebewohl zu sagen. Das eine Kind, das kaum zwei Jahre alt war, spielte mit den aus der Grube aufgeworfenen Kieselsteinen.

Schließlich trat der Dorfrichter vor und sagte: »Gregor Gregorewitsch, es ist Zeit.«

Ich gestehe, dass ich nichts weiter von der Schreckensszene sah. Ich wandte mein Pferd und ritt in die Stanitza zurück.

Zehn Minuten später hörte ich die Schüsse – Gregor Gregorewitsch hatte aufgehört zu leben, und die Einwohner gingen schweigend nach Hause.

Unsere Rückkehr fand ohne Unfall statt. Der Führer unserer Eskorte hatte recht gehabt: Der Leichnam des Tschetschenen war in der Nacht fortgeschleppt worden.

Russen und Gebirgsvölker

Am anderen Morgen ließ ich, gleich nach unserer Rückkehr von Tscherwelonaja unsere Lohnkutscher rufen. Sie sagten, der Frost sei stärker geworden, und verlangten daher dreißig Rubel.

Ich nahm meinen Papak, schnallte meinen Dolch um und ging zum Oberst Schatikow.

Er hatte mich seit gestern früh erwartet und deshalb bis Mitternacht gewacht. Der Oberst vermutete, dass ich ein Anliegen hätte, und wollte mir helfen. Ich erklärte ihm, dass ich sechs Pferde nach Kasafiurte brauchte; dort würde der Fürst Mirsky, an den ich empfohlen war, für mein Fortkommen sorgen, und in Theriurt könne ich Postpferde bekommen.

Ich hatte mich in meiner Erwartung nicht getäuscht, der Oberst bot mir seine Pferde an, behauptete aber, sie wären erst nach dem Frühstück reisefertig.

Während des Frühstücks hatte der Oberst die sechs Pferde vor unsere Fuhrwerke spannen lassen und eine aus fünf Don- und zehn Linienkosaken bestehende Eskorte zur Verfügung gestellt. Wir fanden die Tarantasse, die Telege und die Eskorte vor dem Haus. Ich nahm mit aufrichtigem Dank Abschied. Die russische Gastfreundschaft schien immer herzlicher zu werden, je näher ich dem Kaukasus kam.

So fuhren wir ab; die fünf Donkosaken ritten voraus, die zehn Linienkosaken auf beiden Seiten unserer Wagen.

Die beiden Mietkutscher schauten uns verblüfft nach: Sie wollten uns für achtzehn, ja für sechzehn Rubel fahren, aber Kalino hatte ihnen im reinsten Russisch wiederholt, was ich ihnen bereits im allerschlechtesten Kauderwelsch gesagt hatte, und damit mussten sie zufrieden sein. Und da sie fürchteten, der nach Derbent reisende junge Offizier werde ihnen ebenfalls entgehen, so blieben sie bei dem ursprünglich geforderten Preis von zwölf Rubeln. Der Offizier fuhr daher in seiner Kibitke zwischen unserer Tarantasse und unserer Telege, und so war die Reisegesellschaft nicht nur durch einen mutigen Offizier, sondern auch durch einen angenehmen Gefährten vermehrt.

Fünfhundert Schritte vor Schukowaja stießen wir wieder auf den Terek, der uns zum letzten Mal den Weg versperrte und die Grenze der völlig unterworfenen russischen Provinzen bezeichnete. Am jenseitigen Ufer kamen wir in Feindesland; nicht in ein erobertes, sondern noch zu eroberndes Land. Sobald wir die Brücke hinter uns hatten, konnte jeder Einheimische, der uns begegnete, ohne Bedenken eine Kugel in seinem Gewehrlauf für uns bereithaben. Vor der vom Grafen Woronzow erbauten Brücke ist ein Schlagbaum mit einem Wachtposten errichtet. Kein Reisender passiert sie mehr allein; ist er ein vornehmer Mann, so muss er eine Eskorte haben; gehört er zu den gewöhnlichen Wanderern, so muss er eine Gelegenheit abwarten.

Jenseits der Brücke ist die »Linie« überschritten, die durch den Kuban und den Terek, die beiden größten Flüsse auf der Nordseite des Kaukasus, gebildet wird. Beide Flüsse nehmen nicht weit von ihrem Ursprung eine ganz verschiedene Richtung, sodass sich der Terek in das Kaspische, der Kuban in das Schwarze Meer ergießt. Man denke sich eine ungeheure, am Fuße einer Bergkette sich erstreckende Flusslinie, die am Berge Kuban entspringt und östlich bei Kislar, westlich bei Taman endet. Auf dieser ganzen Linie sind in Abständen von vier Stunden Festungen erbaut. In der Mitte der durch die beiden Flüsse gebildeten Linie ist der Darialpass.

In dem Maße, wie die Eroberung fortschreitet, werden von den Festungen kleine Forts und von diesen wieder Kosakenposten aufgestellt, um diese zweifelhafte Grenze der russischen Macht zu bezeichnen. Denn man hat jeden Augenblick einen Überfall der Gebirgsvölker und ein furchtbares Blutbad zu fürchten. Von Schumaka, wo die Lesghier 1712 dreihundert Kaufleute raubten, bis Kislar, wo Kasi-Mullah 1831 siebentausend Köpfe abschlug, ist jede Stelle dieser ungeheuren Linie mit

Blut befleckt. Wo Tataren gefallen sind und wo jeder Reisende von dem gleichen Schicksal bedroht ist, stehen längliche Steine mit Turbanen und arabischen Inschriften. Wo Christen gefallen sind, sieht man Kreuze. Aber christliche Kreuze und tatarische Grabsteine sind so häufig am Wege, dass man von Kislar bis Derbent auf einem großen Friedhof zu fahren glaubt. An den Stellen, wo sie fehlen, wie zum Beispiel von Kasafiurte nach Theriurt, ist die Gefahr so groß, dass man nicht gewagt hat, den Toten ein Grab zu graben und einen Stein oder ein Kreuz zu setzen. Die Leichen sind den Schakalen, Adlern und Geiern überlassen worden; die menschlichen Gebeine bleichen mitten unter den Skeletten von Pferden und Kamelen.

Die Gebirgsvölker schleppen die Unglücklichen, die ihnen in die Hände fallen, auch gern in die Gefangenschaft; das ist ein einträgliches Geschäft. Man behält die Gefangenen, bis ihre Angehörigen das Lösegeld bezahlt haben; wenn sie ungeduldig werden und zu entfliehen suchen, schlitzen die Bergvölker die Fußsohlen des Gefangenen mit einem Rasiermesser auf und streuen kleingehackte Pferdehaare in die Wunde. Wenn die Verwandten der Gefangenen das Lösegeld nicht zahlen wollen oder nicht reich genug sind, die Forderungen der Räuber zu befriedigen, so werden diese Gefangenen auf den Markt nach Trapezunt gebracht und als Sklaven verkauft.

Dieser erbitterte unaufhörliche Krieg ist reich an mutigen Taten. Auf allen Poststationen sieht man einen Kupferstich, der eine Waffentat darstellt, die in Russland ebenso populär geworden ist wie die Verteidigung von Mazagran in Frankreich. Ein Oberstleutnant verteidigt sich mit etwa hundert Mann hinter einem Wall von getöteten und noch lebenden Pferden gegen fünfzehnhundert Hochländer.

Der General Suslow, damals Oberstleutnant, befand sich im Dorf Tscherwelonaja. Am 24. Mai 1846 wurde ihm gemeldet, eine Schar von fünfzehnhundert Tschetschenen sei aus dem Gebirge gekommen und habe das Dorf Akbulakiurt genommen. Der General Freytag, der den linken Flügel befehligte, war in Grosnaja, einem von dem General Jermolow angelegten festen Platz.

Russische Truppen um 1855

Oberstleutnant Suslow erhielt Befehl, den Tschetschenen entgegenzumarschieren und zugleich das Versprechen, zwei Bataillone Infanterie und zwei Kanonen als Verstärkung zu erhalten.

Als der Befehl von Grosnaja eintraf, standen siebzig Kosaken mit ihren Pferden bereit. Der Oberstleutnant rückte mit seinen siebzig Kosaken aus; aber nach einem raschen Ritt von dreißig Werst erreichten nur dreißig die Fähre von Amir-Adschurk, die übrigen waren zurückgeblieben. Man fand hier sieben Don- und vierzig Linienkosaken. Diese siebenundvierzig Mann schlossen sich den dreißig an und setzten über.

Der Feind hatte das Dorf Akbulakiurt bereits verlassen und seine Gefangenen mitgeschleppt. Er war eine Werst von der Fähre über den Terek gegangen, und fünf Kanonen von schwerem Kaliber hatten über den Fluss hinüber auf ihn gefeuert.

Der Oberstleutnant setzte mit vierundneunzig Mann, darunter sieben Offiziere, über den Terek. Unter den Offizieren war sein Adjutant Fidiuskin und der Major Kampkow, sein Waffenbruder. Er hatte sich schnell zum Übergang entschlossen, weil er von Kurniski her Kanonendonner gehört und geglaubt hatte, es sei die ihm versprochene Hilfstruppe. Das Schießen hörte freilich auf, aber Suslow verfolgte doch die fünfzehnhundert Tschetschenen. Er schickte fünfundzwanzig Mann auf einen Hügel, um zu erspähen, was vorging.

Die Tschetschenen, welche die Plänkler auf der Anhöhe bemerkten, sandten achtzig Mann, und diese warfen die fünfundzwanzig Kosaken samt dem Offizier auf das Hauptkorps zurück.

Die nachsetzenden Tschetschenen sahen nun, wie schwach der Feind war, und überbrachten diese Kunde ihren Genossen. Der Anführer der Hochländer ließ seine Leute sogleich umkehren, um das kühne Häuflein zu vernichten.

Oberstleutnant Suslow sah den großen Schwarm anrücken. Er berief schnell seinen kleinen Kriegsrat. Es wurde beschlossen, die Pferde in einem Kreis aufzustellen und über die Rücken der Tiere auf die anstürmenden Tschetschenen zu feuern.

Dieser Verteidigungsplan wurde sogleich ausgeführt, und die Kosaken erhielten Befehl, die Feinde bis auf fünfzig Schritte herankommen zu lassen und dann erst zu schießen.

Die Tschetschenen stürmten wie eine Flut heran. Als sie bis auf ungefähr fünfzig Schritt nahe gekommen waren, kommandierte der Oberstleutnant Feuer. Die Schüsse krachten. Die kleine Truppe wurde von einer Rauchwolke umhüllt, die sich langsam zerteilte.

Als sich der Pulverrauch zu verziehen begann, sah man sich fast ganz umzingelt; nur eine Seite war freigelassen. Die Tschetschenen pflegen dem Feind immer einen Ausweg zu lassen, um ihn nicht zum Äußersten zu treiben. Sie wissen überdies wohl, dass sie mit ihren trefflichen Pferden die Fliehenden leicht einholen und schneller überwinden können, als wenn ihnen der Feind in geschlossenen Reihen die Spitze bietet. Aber kein Kosak verließ den Kreis. Der offen gelassene Ausweg war eine wohlbekannte Falle, und die Russen wollten nicht fliehen, wenn sie auch ihre Rettung in der Flucht gefunden hätten.

Es begann nun auf beiden Seiten ein lebhaftes Gewehrfeuer, das aber den hinter ihren Pferden geborgenen Kosaken wenig Schaden tat.

Nach anderthalb Stunden standen nur noch zwanzig Pferde. Die Tschetschenen krochen nun bis auf zwanzig Schritte heran und zielten auf die Füße der Kosaken. Dem Adjutanten Fidiuskin wurde der Schenkel zerschmettert. Suslow sah, dass er getroffen war.

»Bist du verwundet?«, fragte er.

»Ja, ich habe einen Schuss in den Schenkel bekommen«, antwortete der Adjutant.

»So halte dich an mir oder an deinem Pferd fest«, erwiderte der Oberstleutnant; »fallen darfst du nicht, man weiß, dass du einer der Mutigsten von uns bist; wenn man dich fallen sähe, würde man dich für tot halten und unsere Leute würden den Mut verlieren.«

»Ich werde mich schon aufrecht halten«, sagte der Verwundete.

Er fiel wirklich nicht nieder. Sein Mut, seine Willenskraft war seine Stütze.

Oberstleutnant Suslow war schon bei Beginn des Kampfes das Gewehr durch eine Kugel zerschmettert worden.

Nach zwei Stunden hatte jeder Soldat durchschnittlich nur noch zwei Patronen. Man nahm den Toten und kampfunfähigen Verwundeten die Patronen ab und verteilte sie.

Oberstleutnant Suslow und Major Kampkow waren wie durch ein Wunder noch unverwundet.

Die Tschetschenen waren wütend, dass sie diese Handvoll Kosaken nicht überwältigen und niederhauen konnten. Sie stürzten auf die Pferde los und zerrten an den Zügeln, um die von ihnen gebildete lebende Kette zu durchbrechen.

Oberstleutnant Suslow, der außer seiner Schaska keine Waffen hatte, verteidigte, sich selbst vergessend, sein Pferd, das ihm sehr lieb war. Das arme Tier blutete aus sieben Wunden. Der tapfere Offizier hielt ihm mit der linken Hand den Kopf, während seine rechte mit der furchtbaren Schaska jeden in seine Nähe kommenden Feind niederschlug.

Von den vierundneunzig Kosaken waren fünf gefallen und vierundsechzig verwundet. Diese verbanden sich selbst mit Fetzen, die sie von ihren Hemden rissen, und feuerten so lange, wie sie sich rühren konnten, auf die Tschetschenen.

Plötzlich hörte man wieder Kanonendonner in der Richtung von Kurinski. Es kamen nun auch die jenseits des Terek zurückgebliebenen erschöpften Kosaken herangesprengt. Es waren etwa vierzig Mann, die nun ebenfalls an dem Gefecht teilnahmen.

Die Kanonenschüsse kamen von der Truppenabteilung des Generals Mudell, die bis dahin eine falsche Richtung eingeschlagen hatte.

»Mut, Kinder! Da kommt von zwei Seiten Hilfe!«, rief Suslow.

Es war Zeit. Von den vierundneunzig Mann waren neunundsechzig kampfunfähig.

Als die Tschetschenen die immer näher kommenden Kanonenschüsse hörten und endlich die Kolonne des Generals Mudell anrücken sahen, machten sie noch einen eiligen Angriff und flohen dann wie ein Rudel Wölfe ins Gebirge.

Der General Mudell fand die tapferen Kosaken Suslows ganz erschöpft und ohne Munition. Jetzt erst konnten sie sich einige Ruhe gönnen. Jetzt erst legte sich der Adjutant Fidiuskin nieder, nachdem er sich die ganze Zeit mit seinem zerschmetterten Schenkel aufrecht gehalten hatte.

Aus den Lanzen der Kosaken machte man Tragbahren für die Schwerverwundeten, die sich nicht im Sattel halten konnten, und der Zug setzte sich nach Tscherwelonaja in Bewegung. Der prächtige Schimmel Suslows wurde in kleinen Tagemärschen nachgeführt. Fünf Verwundete starben am folgenden Tag. Der Schimmel lebte noch drei Wochen.

Tatarenohren und Wolfsschwänze

Wir kehren nun zu unserer Brücke an der Grenze zurück.

Sie erhebt sich nicht nur über dem Fluss, sondern auch über den beiden Ufern in einer Höhe von mehr als zehn Metern. Dies ist eine Vorsichtsmaßregel gegen das Hochwasser. Im Mai und Juni treten die Flüsse über die Ufer und verwandeln die Ebenen in große Seen.

Als wir die Brücke überschritten hatten, befanden wir uns in einer unbebauten Ebene, denn niemand mag dieses Gebiet bestellen, das nicht mehr den Kaukasiern und noch nicht den Russen gehört.

Die Ebene wimmelte von Rebhühnern und Brachvögeln. Wir stiegen ab; Moynet ging auf der einen Seite des Weges, ich auf der anderen, und so begannen wir, jeder von einem Linienkosaken gefolgt, unsere Mahlzeit im Schweiße unseres Angesichts zu verdienen. Nach einer halben Stunde hatten wir vier oder fünf Rebhühner und ein halbes Dutzend Brachvögel geschossen.

Am anderen Ende der Ebene erschien eine kleine Schar von zehn bis zwölf bewaffneten Männern. Sie ritt langsam und schien daher keine feindliche Absicht zu haben; aber wir eilten doch in den Wagen zurück und schoben Kugeln in unsere Gewehrläufe. Denn die Bergvölker machen sich oft nicht die Mühe, sich zu verstecken. Sie bleiben auf dem Weg und greifen an, wenn sich die Gelegenheit bietet.

Die uns entgegenkommende Schar bestand aus einem Tatarenfürsten und seinem Gefolge. Der Fürst mochte dreißig Jahre alt sein; jeder der beiden Nuker oder Knappen, die ihn begleiteten, trug einen Falken auf der Faust.

Bald darauf holten wir eine andere aus Karren und Fußsoldaten bestehende Truppe ein. Die Leute, die von Infanteristen begleitet wurden, waren Pioniere, die sich nach Temir-Khan-Schura begaben, um eine Festung zu erbauen.

Seit unserer Abreise von Kislar hatte sich die Landschaft völlig verändert. Der Weg war nicht mehr eben und schnurgerade wie zwischen Astrachan und Kislar, sondern schlängelte sich zwischen den Vorbergen des Kaukasus dahin. Oft ging es so steil bergauf und bergab, dass ein europäischer Fuhrmann umgekehrt wäre; unser Kutscher hingegen kümmerte sich so wenig um die Achsen unserer Fuhrwerke wie um unsere Knochen und Gelenke, er fuhr jeden Abhang in so starkem Galopp hinunter, dass wir einen Teil der folgenden Anhöhe hinaufgetrieben wurden. Man muss einen unserer Wagen und einen stählernen Körper haben, um solche Stöße auf den steinigen Wegen zu ertragen.

Gegen zwei Uhr nachmittags kam Kasafiurte in Sicht. Unser Fahrer trieb seine Pferde noch mehr an. Wir fuhren durch den Fluss Karasu und kamen in die Stadt.

Vier oder fünf Werst von Kasafiurte hatten wir einen unserer Kosaken vorausgeschickt, um für unser Unterkommen zu sorgen. Wir fanden ihn am Stadttor. Er erwartete uns mit zwei Offizieren vom kabardischen Regiment, die sich erboten, ihr Quartier mit uns zu teilen.

Ein so freundliches Anerbieten konnten wir nicht ablehnen. Die beiden Offiziere hatten die zwei schönsten Zimmer bereits geräumt, um sie uns abzutreten. Ich bezog das eine Zimmer; Moynet und Kalino nahmen von dem anderen Besitz.

Unsere freundlichen Wirte bedauerten, dass der Fürst Mirsky nicht in Kasafiurte sei; aber sie zweifelten nicht, dass der Oberstleutnant seine Stelle gut vertreten werde.

Ich bürstete mir den Kopf, während der Bursche des einen Offiziers meine Kleider und Stiefel reinigte, dann begab ich mich in Begleitung meines Freundes Kalino zu dem Oberstleutnant.

Dieser war nicht zu Hause, und ich ließ meine Karte zurück.

Ich hatte dem Haus des Oberstleutnants gegenüber einen sehr schönen Garten mit Schwänen, Reihern, Störchen, Enten und anderem Geflügel bemerkt. Die Tür stand offen, ich ging hinein.

Ein junger Mann von etwa vierundzwanzig Jahren kam mir entgegen.

»Sie sind gewiss Herr Dumas?«, fragte er.

»Ja, ich bin Dumas.«

»Und ich bin der Sohn des Generals Grabbe.«

Ich reichte ihm die Hand.

»Ich habe Ihre Ankunft schon erfahren«, setzte er hinzu, »und war schon im Begriff, Sie aufzusuchen. Fürst Mirsky wird sehr bedauern, dass er nicht anwesend ist. Aber in seiner Abwesenheit erlauben Sie wohl, dass wir die Honneurs der Stadt machen.«

Ich erzählte ihm nun, wie gastfreundlich man mich bei meiner Ankunft empfangen und dass ich den Oberstleutnant nicht zu Hause angetroffen hatte.

»Haben Sie Ihre Wirtin gesehen? Es ist eine sehr schöne Tscherkessin aus Wladikawkas. Wenn Sie sie sehen, so ersuchen Sie sie um den lesghischen Nationaltanz, sie tanzt ihn allerliebst.«

»Sie werden sie wahrscheinlich leichter dazu bereden können als ich«, erwiderte ich; »würden Sie wohl die Güte haben, ein gutes Wort für mich einzulegen?«

»Ich will es versuchen.«

Wir begaben uns in mein Quartier.

Fünf Minuten später meldete man uns Oberstleutnant Coignard. Der Name schien mir von guter Vorbedeutung, denn zwei Freunde von mir hießen so.

Meine Ahnung täuschte mich nicht. Niemand war gewiss mehr geeignet, mich über die Abwesenheit des liebenswürdigen Fürsten Mirsky zu trösten, als Oberstleutnant Coignard. Er versprach uns, für Pferde und Eskorte zu unserer Weiterreise zu sorgen.

Während Oberstleutnant Coignard mit uns plauderte, sagte man ihm etwas ins Ohr. »Wollen Sie erlauben«, sagte er zu mir, »dass ich hier eine Person empfange, die mich zu sprechen wünscht? Sie werden Zeuge eines Auftritts sein, der nicht ohne Interesse für Sie sein wird.«

»Erteilen Sie Ihre Audienz«, erwiderte ich, »wenn meine Anwesenheit nicht lästig ist.«

Eine vermummte Tatarin, von der nur die Augen zu sehen waren, stieg vor dem Hause vom Pferd und erschien sogleich in der Zimmertür.

Da sie den Oberstleutnant an seiner Uniform erkannte, ging sie gerade auf ihn zu. Er saß hinten am Tisch. Die Tatarin trat vor den Tisch, öffnete einen Beutel, den sie am Gürtel trug, und nahm zwei Ohren heraus.

Der Oberstleutnant drehte die Ohren mit der Spitze seines Stockes um und nahm sie genau in Augenschein. Es waren zwei rechte Ohren. Dann schrieb er eine Anweisung auf zwanzig Rubel aus und sagte, die Ohren mit dem Stock zurückschiebend, zu der Tatarin: »Geh zum Zahlmeister.«

Die Amazone steckte die Ohren und den Zettel in ihren Beutel, stieg wieder zu Pferd und ritt im Galopp fort, um die zwanzig Rubel beim Zahlmeister in Empfang zu nehmen.

Auf jeden Tatarenkopf war ein Preis von zehn Rubel ausgesetzt. Fürst Mirsky, dem der Anblick der abgeschnittenen Köpfe zuwider war, ließ bekanntgeben, dass die Einlieferung des rechten Ohres künftig genügen solle.

Die Kopfabschneider

Unterdessen hatte Kalino, der vor uns den doppelten Vorzug der Sprachkenntnis und der Jugend hatte, unsere Wirtin entdeckt und führte sie in den Salon. Es war eine sehr hübsche Tscherkessin von zwanzig bis zweiundzwanzig Jahren, in der Landestracht von Wladikawkas.

Kalino wusste nicht, dass wir eine Einladung bei dem Oberstleutnant angenommen hatten, und hatte die schöne Tscherkessin überredet, mit uns zu speisen. Wir entschuldigten uns bei der schönen Leila – so hieß unsere Wirtin – und versprachen ihr, gleich nach Tisch wiederzukommen, wenn sie uns dagegen versprechen wollte, zu tanzen. Nachdem sie zugesagt hatte, gingen wir mit dem Hauptmann Grabbe fort.

Er hatte eine nette kleine Wohnung mit der Aussicht auf den botanischen Garten. Er zeigte uns seine Zeichnungen, die in der Tat sehr schön waren, insbesondere die Porträts, die er nach der Natur gezeichnet hatte.

Unter diesen waren drei oder vier Brustbilder, die mit besonderer Sorgfalt ausgeführt waren. Die Köpfe waren ungemein ausdrucksvoll und charakteristisch. Die Uniform war bei allen gleich.

»Schöne Gesichter mit prächtigen Bärten«, sagte ich; »und wer sind diese Burschen?«

»Die besten Leute von der Welt«, antwortete er; »sie haben nur eine Manie. Sie haben nämlich gelobt, jede Nacht mindestens einen Tschetschenenkopf abzuschneiden, und sie halten ihr Versprechen so gewissenhaft wie ein Abrek aus dem Gebirge.«

»Aha. Zehn Rubel für den Kopf macht jährlich 3650 Rubel.«

»Oh, es geschieht nicht um des Geldes willen. Sie haben eine gemeinsame Kasse, und wenn ein Gefangener loszukaufen ist, so sind sie immer die Ersten, die Geld dazu beisteuern.«

»Und was sagen die Tschetschenen dazu?«

»Sie vergelten Gleiches mit Gleichem, wo sie können. Deshalb tragen diese hier so schöne Bärte und langes Haar; sie sagen selbst, die Tschetschenen müssten den Kopf, wenn er etwa abgeschnitten würde, doch irgendwo anfassen können.«

»Haben wir vielleicht Gelegenheit, Ihre Kopfjäger zu sehen?«

»Ich glaube, dass der Oberstleutnant heute Abend im Klub ein kleines Fest veranstaltet. Sie werden unsere Jäger dort sehen, denn diese dürfen bei keiner Festlichkeit fehlen. Sie dürfen sich übrigens keine allzu glänzende Vorstellung von unserem Klublokal machen, es ist der Laden eines Krämers.«

»Dann können die Jäger aber heute Abend keinen Streifzug unternehmen?«

»Der Streifzug unterbleibt nicht, sie gehen nur etwas später fort.«

Von diesem Augenblick an kam mir ein Gedanke, der mich nicht mehr verließ: Ich wollte den Streifzug mitmachen.

Moynet schien dieselbe Idee zu haben, denn wir sahen einander an und lachten. Aber keiner von uns beiden gab seinen Wunsch zu erkennen.

Es schlug fünf.

»Der Herr Oberstleutnant erwartet uns«, sagte ich.

Bei Tisch wurde von Sitten, Gebräuchen und Volkssagen gesprochen. Oberstleutnant Coignard, von Geburt Franzose, spricht französisch, als ob er immer in Paris gelebt hätte. Um acht Uhr sollten wir uns mit den Offizieren des kabardischen Regiments im Klub einfinden. Um sechs Uhr zwanzig standen wir vom Tisch auf; wir baten den Oberstleutnant um Erlaubnis, unserem Versprechen gemäß eine Stunde in Gesellschaft unserer Wirtin zuzubringen, die uns den tscherkessischen und den lesghischen Nationaltanz versprochen hatte.

Wir waren in einigen Minuten wieder in unserer Wohnung. Die schöne Leila war in großer Toilette; sie trug ein kleines mit Gold gesticktes Käppchen mit einem langen, bis auf die Hüften herabfallenden Gazeschleier und ein mit goldenen Schnüren besetztes schwarzes Atlaskleid. Über diesem Kleid, dessen offene Ärmel bis über die Hände gingen, trug sie eine eng anschließende Jacke von weißer und blassroter Seide und um den Leib einen silbernen Gürtel mit einem kleinen gekrümmten Dolch, dessen elfenbeinerner Griff mit Gold ausgelegt war und in dessen Scheide zugleich ein zierliches kleines Messer steckte. Diesen Anzug, der mir mehr georgisch als tscherkessisch schien, beschlossen kleine spitze Pantoffeln von dunkelrotem Samt, mit Gold gestickt; sie kamen jedoch unter dem langen Kleid nur selten zum Vorschein, um einen sehr hübschen Fuß zu zeigen.

Sie hatte uns versprochen zu tanzen, und sie hielt Wort. Da wir aber versäumt hatten, für Musik zu sorgen, so musste sie beim Tanzen ein Akkordeon spielen, wodurch natürlich die anmutige Haltung der Arme verlorenging.

Aber was wir von dem Tanz sahen, war so reizend, dass wir versprachen, nach dem Klub irgendeinen Musikanten mitzubringen, um der schönen Leila Gelegenheit zu geben, sich in ihrer vollen Grazie zu zeigen.

Um acht Uhr holte uns Hauptmann Grabbe ab. Das Offizierskorps war schon vollzählig, und wir wurden im Klub erwartet.

Das Klublokal war in der Tat der Laden eines Krämers. Auf dem langen Ladentisch standen Schüsseln mit verschiedenen Käsearten, kaltem Fleisch, frischem Obst und eingesottenen Früchten. Am beeindruckendsten aber war eine lange doppelte Reihe von Champagnerflaschen, deren regelmäßige Aufstellung der russischen Disziplin alle Ehre machte. Ich zählte sie nicht, aber es mochten wohl sechzig bis achtzig sein, also zwei bis drei für jeden Gast, vorausgesetzt, dass man keine Verstärkungen aus dem Keller holte.

Nirgends wird so viel getrunken wie in Russland, ausgenommen vielleicht in Georgien. Ein Wettkampf zwischen russischen und georgischen Zechern müsste wirklich interessant sein. Ich wette, dass jeder ein Dutzend Flaschen ausstechen würde; aber ich könnte nicht voraussagen, wer Sieger bleiben würde.

Ich war übrigens an derlei Trinkkämpfe bereits gewöhnt und tat den Russen also tüchtig Bescheid beim Vertilgen der achtzig Flaschen Champagner.

Unterdessen ertönte in einem Nebenzimmer die tatarische Trommel in Begleitung der lesghischen Flöte. Es waren unsere »Kopfabschneider«, die Jäger vom kabardischen Regiment, die uns eine Probe ihrer Tanzkunst geben wollten.

Kaum waren wir als Zuschauer in die offene Tür getreten, so erkannte ich die Originale der Porträts, die ich gesehen hatte: Bajeniok, Ignaziew und Michailuk. Sie waren sehr erstaunt, als ich sie mit ihren Namen anredete, und dies trug zur Beschleunigung der Bekanntschaft nicht wenig bei. In zehn Minuten waren wir die besten Freunde von der Welt.

Jeder tanzte, was er eben konnte. Die kabardischen Jäger führten tscherkessische und lesghische Nationaltänze auf. Palino, einer der schönsten und zumal unermüdlichsten Tänzer, die ich kenne, antwortete ihnen mit der Trepaka. Es fehlte nicht viel, so hätte ich mich meiner Jugend erinnert und ihnen ebenfalls im Kaukasus eine Probe unseres Nationaltanzes gegeben.

Um zehn Uhr ging die Gesellschaft auseinander. Wir nahmen Abschied von dem Oberstleutnant, der unsere Abreise auf den nächsten Vormittag um elf Uhr festsetzte, da er Zeit haben wollte, einem Tatarenfürsten sagen zu lassen, dass wir auf der Durchreise bei ihm speisen würden. Auch den jungen Offizieren empfahlen wir uns.

Der Oberstleutnant erlaubte den Jägern Bajeniok, Ignaziew und Michailuk auf unser Ersuchen mit uns zu gehen, jedoch unter der Bedingung, dass sie um Mitternacht frei wären.

Es war für die Nacht ein »Geheimnis« vorbereitet. So nennt man einen nächtlichen Streifzug gegen die Menschenräuber. Wir versprachen unseren drei Kabardinern, sie fortgehen zu lassen, wann sie es wünschen würden. Sie sprachen einige Worte leise mit ihren Kameraden, und wir begaben uns in unser Quartier, wo wir von unserer schönen Wirtin erwartet wurden. Sie tanzte ja ebenso gern, wie wir zusahen.

Das Geheimnis

Unter den drei Kabardinern, die wir mit nach Hause nahmen, war nicht nur ein vortrefflicher Tänzer, Bajeniok, sondern auch ein vorzüglicher Musiker, Ignaziew.

Ignaziew war klein und dick, aber herkulisch gebaut; er sah mit seinem breiten zottigen Papak und seinem langen rötlichen Bart zugleich höchst grotesk und furchtbar aus. Er spielte Geige, die er aber mit der rechten Hand hielt, während die linke den Bogen führte. Seine nervige Faust drückte den Bogen so kräftig auf die Saiten, als ob er ein Stück Eisenholz zersägen wollte.

Unsere Wirtin konnte nun mit Füßen und Händen und Armen tanzen.

Anfangs glaubten wir, der Anblick der drei bärtigen Gesichter, die wir mitbrachten, werde sie aus der Fassung bringen; aber sie mochte die Jäger wohl schon kennen, denn sie ging ihnen mit holdseligem Lächeln entgegen, reichte Bajeniok die Hand und sprach einige Worte mit Ignaziew und Michailuk.

Ignaziew zog seine Geige unter seiner Tscherkesska hervor und begann die Lesghinka zu spielen. Ohne sich weiter bitten zu lassen, fing Leila sogleich an zu tanzen und Bajeniok mit ihr.

Der traurige, melancholische Charakter der russischen Nationaltänze gleicht den Tänzen, mit denen die Griechen ihre Toten zu Grabe geleiteten. Es sind eigentlich keine Tänze, sondern langsame Bewegungen vorwärts und rückwärts. Die Füße bleiben immer auf dem Boden, die Arme, die weit mehr zu tun haben als die Beine, machen die Gebärden des Herbeiziehens oder Zurückstoßens. Die sich gleichbleibende Melodie verlängert sich bis ins Unendliche, denn der Spielmann weiß, dass Tänzer und Tänzerinnen diese Bewegungen eine ganze Nacht fortsetzen können, ohne am nächsten Morgen im Mindesten müde zu sein.

Der Ball dauerte bis Mitternacht. Leila tanzte abwechselnd mit Bajeniok, Michailuk und Kalino, der von Zeit zu Zeit, dem Zuge seines Herzens folgend, die Lesghinka oder Kabardinka gegen einen russischen Tanz vertauschte.

Ignaziew, der sich am meisten Bewegung machte, schien unermüdlich.

Um Mitternacht hörte man ein Geräusch im Hof und Hausgang. Es waren die Kameraden unserer Jäger, die zum Aufbruch gerüstet waren. Sie trugen nicht mehr die Staatstscherkesskas, in denen sie uns empfangen hatten, sondern zerlumpte, an Dornen und Gestrüpp zerrissene, hie und da von Kugeln und Dolchstichen durchlöcherte und mit Blut befleckte Tscherkesskas. Wenn diese hätten sprechen können, wie ihre Namensvettern von Fleisch und Blut, sie würden von erbitterten Kämpfen, von dem Geschrei der Verwundeten, von den letzten Verwünschungen der Sterbenden erzählt haben.

Jeder Jäger trug seine Doppelbüchse auf der Schulter und seinen langen Handschar im Gürtel. Die alte Feldkleidung und die Büchsen für Bajeniok, Michailuk und Ignaziew hatten die anderen mitgebracht. Den Handschar legen sie nie ab, eine hinlängliche Anzahl Patronen ist immer bereit.

Unsere beiden Tänzer und der Geiger zogen ihre alten Tscherkesskas an; unterdessen nahmen auch Moynet, Kalino und ich unsere Waffen.

»Yedem, vorwärts«, sagte ich in russischer Sprache.

Die Jäger sahen uns erstaunt an.

»Erklären Sie ihnen«, sagte ich zu Kalino, »dass wir sie begleiten und an dem Streifzug teilnehmen wollen.«

Kalino übersetzte ihnen meine Worte. Bajeniok, der Oberjäger, der gewöhnlich den Befehl führte, wurde ernsthaft. »Ist es wirklich wahr«, sagte er zu Kalino, »was der französische General und sein Adjutant sagen?« Es war ihnen nicht auszureden, dass ich ein französischer General und Moynet mein Adjutant sei.

»Jawohl«, antwortete Kalino.

»Dann müssen die beiden Franzosen unsere Kampfart kennenlernen«, fügte Bajeniok hinzu; »sie mögen dann tun, was sie wollen, sie gehören ja nicht zur Kompanie. Nie greifen zwei Jäger einen Tschetschenen an; es wird Mann gegen Mann gekämpft. Erst wenn um Hilfe gerufen wird, dürfen es zwei mit einem aufnehmen, aber man ruft nie um Hilfe. Wenn ein Jäger von zwei, drei, vier Feinden angegriffen wird, so kommen ihm so viele Kameraden zu Hilfe, wie Feinde da sind, weder mehr noch weniger. Wenn man zu Schuss kommen kann, so schießt man, dazu hat man die Büchse.«

»Was wollen die Franzosen tun?«

Kalino übersetzte uns die Frage.

»Wir machen es wie Ihr.«

»Wollen Sie alle drei zusammen auflauern, oder wollen Sie bei uns bleiben?«

»Ich wünsche – und ich glaube, dass meine Freunde es ebenfalls wünschen – dass jeder von uns einen von euch in der Nähe hat.«

»Gut, ich nehme den General mit; Ignaziew nimmt den Adjutanten; Sie sind ein Russe und können tun, was Sie wollen.«

Kalino wollte durchaus die größte Gefahr aufsuchen und einem Tschetschenen das Lebenslicht ausblasen – er konnte dann zur Belohnung vielleicht das Georgskreuz erhalten.

Wir brachen auf. Anfangs schien die Nacht sehr finster, aber nachdem wir hundert Schritte gegangen waren, hatten sich unsere Augen an die Dunkelheit gewöhnt. Kein Mensch war draußen. Nur die Hunde richteten sich vor den Haustüren auf, aber keiner bellte, sie schienen zu wissen, dass wir Freunde waren.

Wir verließen die Stadt und befanden uns am rechten Ufer des Flusses Jaraksu. Das Rauschen des Wassers übertönte unsere Fußtritte.

Vor uns sahen wir das Gebirge wie eine schwarze Masse. Die Nacht war herrlich, der Himmel mit Sternen besät. Als wir etwa eine Viertelstunde gegangen waren, gab uns Bajeniok einen Wink, stehenzubleiben.

Wir gehorchten mit echt militärischer Pünktlichkeit.

Er legte sich nieder, hielt das Ohr auf die Erde und lauschte. Er richtete sich aber bald wieder auf und sagte: »Es sind Tataren aus dem Flachland.«

»Wie kann er das wissen?«, fragte ich Kalino, der mir seine Worte übersetzte. Kalino verdolmetschte meine Frage.

»Ihre Pferde haben den Passgang«, antwortete Bajeniok; »die Gebirgspferde hingegen können auf den felsigen Wegen nur im gewöhnlichen Schritt gehen.«

Fünf Minuten später sahen wir sieben oder acht Tataren vorbeireiten. Sie bemerkten uns nicht, denn auf Bajenioks Weisung hatten wir uns hinter der Böschung des Flussufers versteckt.

Die Gebirgsvölker haben oft Spione unter den Bewohnern des Flachlandes. Es war also immerhin möglich, dass unter den Reitern ein solcher Kundschafter war, der sich dann von den anderen getrennt und dem Feind Nachricht gegeben hätte.

Wir warteten daher, bis sie sich entfernt hatten.

Nachdem wir eine halbe Stunde schweigend und vorsichtig weitergegangen waren, sahen wir zur Linken ein weißes Gebäude. Es war das Fort Enesapnaja, der am weitesten vorgeschobene Posten der ganzen Linie.

Die Schildwache auf der Mauer rief: »Sluschai!« »Horch!«, und der Ruf wurde von einer zweiten, dann von einer dritten Schildwache wiederholt.

Wir gingen noch etwa zehn Minuten weiter und durchwateten dann fast trockenen Fußes den Jaruksu. Ein mit Dornenbüschen besetzter, von Hirten benutzter Weg führte uns an ein zweites, ebenfalls fast trockenes Flussbett; aber bald kamen wir an einen dritten, viel breiteren und tieferen Fluss.

Es war der Axai, der sich in den Terek ergießt. Der andere, den wir unweit seiner Quelle durchwatet hatten, war der Jamansu.

Ehe ich mir darüber klar geworden war, wie wir zu dem anderen Ufer hinüberkommen würden, lud mich Bajeniok durch einen Wink ein, auf seine Schultern zu steigen. Die gleiche Einladung erging von Ignaziew und Michailuk an meine beiden Reisegefährten.

Die Jäger gingen bis über die Knie im Wasser. Am anderen Ufer setzten sie uns ab. Dann führte uns Bajeniok stromabwärts am linken Ufer des Axai.

Einer unserer Leute wechselte mit Bajeniok einen Wink und blieb stehen, hundert Schritte weiter ein anderer, dann in gleicher Entfernung ein dritter. Ich sah ein, dass man sich auf den Anstand stellte.

Der Fluss war auf seinem ganzen Lauf durch das Gebirge so seicht, dass man ihn durchwaten konnte. Die Tschetschenen aber pflegten auf der Rückkehr von ihren nächtlichen Streifzügen nicht stromaufwärts zu reiten, sie stürzten sich mit ihren Pferden hinein, wo sie sich eben befanden, und deshalb stellten sich die Jäger in Entfernungen von je hundert Schritten am Ufer auf.

So blieben sie alle nacheinander stehen. Bajeniok, der voranging, war natürlich der Letzte. Ich blieb bei ihm. Da er nicht Französisch und ich nicht Russisch sprach, so konnten wir uns nur durch Zeichen verständigen. Ich machte es wie er und kroch hinter einen Busch.

Man hörte das klägliche Geheul der im Gebirge herumstreifenden Schakale. Dieses dem Kindergeschrei ähnliche Geheul und das Rauschen des Wassers waren die einzigen Töne, die die nächtliche Stille unterbrachen. Wir waren zu weit von Kasafiurte entfernt, um die Turmuhr schlagen zu hören, und zu weit von Enesapnaja, um die Stimmen der Schildwachen zu vernehmen. Jedes Geräusch, das aus dem Gebirge zu uns drang, kam von feindlichen Geschöpfen, Menschen oder Tieren.

Ich weiß nicht, was meine Gefährten dachten und empfanden, aber ich dachte mir, in wie kurzer Zeit die seltsamsten Gegensätze im Leben eintreten können. Vor kaum zwei Stunden waren wir mitten in der Stadt, in einem behaglichen Zimmer, Leila tanzte, mit Augen und Armen nach Herzenslust kokettierend; Ignaziew spielte Geige; Bajeniok und Michailuk tanzten; wir klatschten mit den Händen und trommelten mit den Füßen, kurz, wir waren seelenvergnügt. Und nun, zwei Stunden später, lagen wir in einer kalten dunklen Nacht, am Ufer eines unbekannten Flusses, auf feindlichem Boden, die schussfertige Büchse in der Hand, den Handschar an der Seite – und nicht auf dem Anstand nach Wild, sondern im Hinterhalt, um Mitmenschen zu töten oder von ihnen getötet zu werden. Und lachend hatten wir dieses Wagnis unternommen, als ob es nichts wäre, sein Blut zu verlieren und fremdes Blut zu vergießen.

Die Feinde, denen wir auflauerten, waren freilich Banditen, Räuber und Mörder, die immer nur Elend und Tränen hinterließen. Aber diese Menschen waren tausend Meilen von uns geboren, sie hatten andere Lebensansichten, andere Sitten und Gebräuche als wir; was sie taten, hatten ihre Väter auch schon getan, und vor diesen ihre Urahnen.

Konnte ich wirklich Gott bitten, mich in seinen Schutz zu nehmen, wenn ich so zwecklos, so unbesonnen die Gefahr suchte?

So vergingen zwei Stunden.

Mein Auge hatte sich durch beständiges Spähen so an die Dunkelheit gewöhnt, dass ich das jenseitige Ufer ganz deutlich erkennen konnte.

Während ich mit gespannter Aufmerksamkeit lauschte, glaubte ich rechts ein leises Geräusch zu hören. Ich sah meinen Gefährten an. Er schien das Geräusch nicht zu beachten oder nicht gehört zu haben.

Das Geräusch wurde immer lauter. Ich glaubte, die Fußtritte mehrerer Personen zu hören.

Vorsichtig kroch ich auf Bajeniok zu, legte meine linke Hand auf seinen Arm und streckte die rechte in der Richtung aus, wo ich das Geräusch hörte.

»Nitschewo«, sagte er. Ich verstand das Wort nicht; aber ich erriet, dass er sagen wollte: »Es ist nichts.« Aber mein Blick war nichtsdestoweniger nach der Seite hin gerichtet, woher das Geräusch kam.

Ich sah nun einen starken Hirsch mit einer Hirschkuh und zwei Kälbern am anderen Ufer erscheinen. Er trat ganz arglos ans Wasser und trank.

Es war nichts, hatte Bajeniok gesagt; er hatte recht, wir warteten auf ein anderes Wild.

Plötzlich hob der Hirsch den Kopf, windete ein paar Sekunden und lief ins Gebirge zurück.

Als Jäger erkannte ich an dem Benehmen des Hirsches, dass drüben etwas Ungewöhnliches vorgehe. Ich sah Bajeniok fragend an. »Smirno«, sagte er leise. Ich verstand das Wort nicht, wohl aber die Gebärde, mit der er es begleitete; er meinte, ich solle mich ruhig verhalten und mich platt niederlegen.

Ich gehorchte seiner Weisung.

Er kroch nun wie eine Schlange am Ufer hinab, bis dicht an das Wasser. Ich ließ ihn nicht aus den Augen.

Endlich verschwand er hinter der Böschung; ich schaute nun nach dem anderen Ufer hinüber.

Ich glaubte den Galopp eines Pferdes zu hören und erblickte in der Dunkelheit eine Gruppe, die nicht deutlich zu erkennen war, aber aus mehr als einem einzigen Reiter zu bestehen schien.

Die Gruppe näherte sich, ohne erkennbarer zu werden. Das ungestüme Pochen meines Herzens sagte mir noch mehr als meine Augen, dass ein Feind vor uns war.

Ich schaute seitwärts nach Ignaziew. Niemand rührte sich. Das ganze Flussufer schien verödet zu sein. Auch Bajeniok war längst nicht mehr zu sehen. Ich wartete nun mit angehaltenem Atem, nach dem anderen Ufer hinüberschauend.

Ein Reiter war mir schräg gegenüber an den Fluss gekommen, und ich konnte nun sehen, dass er eine an den Schweif seines Pferdes gebundene Person mit sich fortschleppte. Es war ein Gefangener oder eine Gefangene.

In dem Augenblick, als er sein Pferd ins Wasser trieb und der oder die Gefangene gezwungen war, ihm zu folgen, hörte ich laute Klagetöne. Es war eine weibliche Stimme.

Die Gruppe war bereits zweihundert Schritt unterhalb meines Verstecks im Wasser. Was sollte ich tun? Als ich mir im Stillen diese Frage vorlegte, fiel am Ufer ein Schuss, das Pferd stampfte unruhig im Wasser, und die ganze Gruppe verschwand mitten im Strom. Dann hörte ich wieder einen Schrei. Es war dieselbe Stimme, die vorhin um Hilfe gerufen hatte.

Ich sprang nun auf und eilte der Stelle zu, wo der Schuss gefallen war. Da blitzte es auf einmal im Wirbel, den das zappelnde Pferd hervorbrachte, und ein Schuss fiel.

Gleich darauf wurde wieder am Ufer geschossen, und ich hörte, dass sich jemand ins Wasser stürzte. Ein nur mit scharfer Beobachtung bemerkbarer Gegenstand bewegte sich gegen die Mitte des Flusses. Ich hörte schreien und fluchen. Dann war plötzlich alles still; kein Geräusch war mehr zu hören, keine Bewegung mehr zu sehen. Ich sah mich um. Unsere nächsten Gefährten waren ebenfalls herbeigeeilt und warteten wie ich.

Nach einer Weile sahen wir etwas auf uns zukommen, was in der Dunkelheit nicht zu erkennen war, aber mit jeder Sekunde deutlicher wurde.

Als sich uns die Gruppe bis auf zehn Schritte genähert hatte, ward uns alles klar.

Die bewegende Kraft war Bajeniok. Er hielt seinen Handschar zwischen den Zähnen. Auf der Schulter trug er eine scheinbar bewusstlose, aber ihr Kind krampfhaft festhaltende weibliche Gestalt, und mit der linken Hand hielt er an dem langen Haarzopf einen halb im Wasser schleppenden Tschetschenenkopf.

Er warf den Kopf auf die Böschung, legte das Weib mit dem Kind behutsam nieder und sagte mit der größten Ruhe in russischer Sprache: »Wer von euch hat einen Schluck Wodka?«

Er verlangte die Herzstärkung nicht für sich, sondern für die Frau und das Kind.

Nach zwei Stunden kehrten wir mit Mutter und Kind, die sich vollkommen erholt hatten, frohlockend nach Kasafiurte zurück.

Ali Sultan

Am nächsten Vormittag um elf Uhr kam Oberstleutnant Coignard, um uns abzuholen.

Moynet hatte die Frühstunden benutzt, um Bajeniok zu porträtieren. In der ersten halben Stunde hatte der Jäger gesessen wie eine Marmorbüste, aber plötzlich hatte ihn ein Fieberfrost befallen, ohne Zweifel die Folge einer Erkältung.

Wir hatten ihm ein Glas Wodka bringen lassen, herzlichen Abschied von ihm genommen und ihn ins Bett geschickt.

Während er saß, ließen wir ihn durch Kalino nach den näheren Umständen des nächtlichen Abenteuers befragen.

Die Sache hatte sich folgendermaßen zugetragen: Sobald Bajeniok den Tschetschenen bemerkte, kroch er an die Stelle, wo jener vermeintlich durch das Wasser reiten würde. Bajeniok hatte gesehen, dass der Tschetschene ein am Schweif seines Pferdes festgebundenes Weib mit sich fortschleppte. Er berechnete nun, dass er den Reiter nicht zuerst niederschießen durfte, denn das sich selbst überlassene Pferd wäre dann durchgegangen und hätte die Gefangene zu Tode geschleift. Er entschloss sich daher, zuerst das Pferd zu erschießen.

Seine erste Kugel traf das Tier mitten in die Brust, und während sein Pferd mit dem Tode rang, schoss der Tschetschene. Seine Kugel riss dem Jäger den Papak vom Kopf, aber ohne ihn zu verwunden. Bajeniok schoss nun einen zweiten Büchsenlauf ab und traf den Tschetschenen.

Er stürzte sich nun ins Wasser, um die Gefangene zu retten, die leicht hätte ertrinken können.

So erreichte er die Mitte des Flusses, wo das Pferd noch mit dem Tode rang. Er durchschnitt mit seinem Handschar die Halfter und hob die Gefangene aus dem Wasser. Erst jetzt bemerkte er, dass sie ein Kind in ihren Armen trug.

In diesem Augenblick fühlte er einen heftigen Schmerz in der Wade. Der zu Tode getroffene Tschetschene hatte ihn gebissen. Um sich seiner zu entledigen, schnitt er ihm den Kopf ab.

So kam er mit seinem Handschar zwischen den Zähnen, mit dem Weib und dem Kind auf der Schulter und mit dem Kopf des Feindes in der Hand zu uns zurück.

Dies alles erzählte uns Bajeniok wie die einfachste Sache von der Welt.

Um in dem Aul des Tatarenfürsten einzukehren, mussten wir, wenn wir nicht einen weiten Umweg machen wollten, das Gebiet Schamyls berühren. Oberstleutnant Coignard verhehlte uns nicht, dass wir uns auf einen Angriff gefasst machen müssten; aber er hatte fünfzig Kosaken zur Bedeckung beordert und außerdem das ganze junge Offizierskorps zu diesem Ausflug eingeladen.

Jenseits Kasafiurte kommt man in die Ebene Kumisch, eine äußerst fruchtbare Steppe, wo das nie gemähte Gras den Pferden bis an die Brust reicht. Rechts wird diese Ebene von den Bergen begrenzt, hinter denen Schamyl saß und auf deren Gipfel seine Vorposten standen. Links hingegen ist das Land so flach, dass ich anfangs glaubte, am Horizont sei das Kaspische Meer.

Dieses Flachland, das von keiner fleißigen Hand angebaut wird, wimmelt von Wildbret. Wir sahen in der Ferne eine Menge Rehe laufen und prächtige Hirsche langsam in dem hohen Gras äsen, während unsere Kosaken zahllose Rebhühner und Hasen aufjagten.

Zwei Stunden vor Kasafiurte sahen wir plötzlich eine Schar von etwa sechzig Reitern auf uns zukommen. Ich glaubte, es werde zu dem in Aussicht gestellten Scharmützel kommen; doch ich irrte mich. Der Oberstleutnant schaute gelassen durch sein Fernglas und sagte: »Es ist Ali Sultan.«

Der Tatarenfürst hatte vermutet, dass wir den kürzesten Weg einschlagen würden, und war uns mit seiner ganzen Hofhaltung entgegengeritten, um uns im Fall eines Angriffs beizustehen.

Ich habe nie etwas Malerischeres gesehen als diese bewaffnete Schar. Der Fürst galoppierte an der Spitze mit seinem etwa vierzehnjährigen Sohn. Beide waren in prächtiger Nationaltracht und trugen kostbare Waffen. Auf seiner anderen Seite ritt ein vornehmer Tatar namens Kuban. Als zwölfjähriger Knabe hatte er in einer von den Tscherkessen angegriffenen Festung den Platz des Hauptmanns, der gleich zu Beginn gefallen war, eingenommen und den Feind zurückgeschlagen. Der Kaiser, dem es gemeldet worden war, hatte ihn kommen lassen und ihm den St. Georgsorden verliehen. Einem zwölfjährigen Knaben!

Hinter ihnen ritten vier Falkner und sechs Pagen. Dann folgten fünfzig bis sechzig tatarische Reiter in ihrem schönsten Kriegsschmuck, Flinten schwenkend und uns mit lautem Hurra begrüßend.

Die beiden Scharen vereinigten sich, sodass wir nun eine Eskorte von hundertfünfzig Mann hatten.

So ging es wohl zwei Wegstunden im Galopp weiter. Der Wagen rollte auf dem Gras wie auf einem Moosteppich, hier und da an Gerippen von Menschen und Pferden vorüber.

Endlich tat sich eine tiefe Schlucht vor uns auf. In der Tiefe brauste der Fluss Aktasch. Oben auf dem vor uns liegenden Berg erblickten wir den Aul des Fürsten; rechts, im Hintergrund eines langen weiten Tals, glänzten die weißen Mauern eines feindlichen Dorfes.

Erst vor acht Tagen hatten die Tschetschenen einen Angriff auf den Aul versucht und waren zurückgeschlagen worden.

Auf der Seite, wo wir waren, erhob sich die Festung, die Oberst Kuban als zwölfjähriger Knabe verteidigt hatte. Es ist die von Peter I. auf seiner Reise im Kaukasus errichtete Zitadelle Heiligenkreuz.

Vor dem Aul erwartete uns der Kommandant der Festung.

Es war das erste wirkliche Tatarendorf, das wir auf der ganzen Reise fanden. Die Bewohner der Vorberge sind ein sehr schöner Menschenschlag. Sie gehören freilich zu den Mongolen, aber alle Völkerstämme, die dem Kaukasus nahe gekommen sind, haben sich mit den Eingeborenen vermischt, und aus dieser Kreuzung ist ein herrlicher Menschenschlag hervorgegangen.

Die Augen zumal sind sehr schön; bei den Frauen sind es zwei strahlende Lichter, zwei Sterne, zwei große schwarze Diamanten.

Auch die Kinder sind sehr hübsch unter dem großen Papak und mit dem langen Messer, das man ihnen, sobald sie gehen können, in den Gürtel steckt. Oft bewunderten wir solche Gruppen spielender Kinder von sieben bis zwölf Jahren.

Wir kamen in den Aul des Fürsten Ali Sultan. Außer der Schönheit der Bewohner fiel uns die Erbitterung der Hunde gegen uns auf. Es schien fast, als hätten uns die vierfüßigen Untertanen des Begs als Christen erkannt.

Der Palast des Fürsten ist ein befestigtes Haus. Er war vorausgeritten und erwartete uns vor der Tür.

Er nahm uns die Waffen ab, um anzudeuten, dass er für unsere Sicherheit bürge, solange wir seine Gäste wären.

Der Empfangssaal war ein langes und verhältnismäßig schmales Gemach. Auf der linken Seite waren in eigens dazu angebrachten Nischen sechs vollständige Betten, mit Matratzen, Federbetten und Decken aufgerollt. Wir hatten so lange kein Bett gesehen, dass es uns fast fremdartig vorkam. An der Wand hingen Waffen; der Tür gegenüber befanden sich zwei große Spiegel und daneben offene Schränke mit Porzellan. Der Raum zwischen den Spiegeln war mit golddurchwirktem Stoff verziert.

Der Aul führt den europäischen Namen Andrei. Der Fürst erbot sich, uns vor Tisch herumzuführen. Wir nahmen das Anerbieten mit Vergnügen an und verließen in Begleitung des Fürsten und seines Sohnes das Haus.

Außer dem Palast des Fürsten bestehen alle Häuser nur aus einem Erdgeschoss mit darüber befindlicher Terrasse. Diese ist im Allgemeinen ebenso bevölkert wie die Straße; sie dient den Frauen zum Aufenthalt und zum Spazierengehen. Die Tatarinnen sind verschleiert. Sie betrachten die Vorübergehenden durch ein im Schleier angebrachtes Sehloch.

Die Terrasse dient auch noch zu anderen Zwecken. Man reinigt hier den Mais, und oft wird das Heu aufgeschichtet. Der Mais wird an aufgespannten Stricken vor den Häusern aufgehängt und nimmt sich mit seinen goldgelben Kolben sehr hübsch aus.

Tatarenwohnung

Wir setzten unseren Spaziergang fort, bis uns gemeldet wurde, dass der Tisch gedeckt sei. Daraufhin begaben wir uns wieder in den Palast.

Es war nur für vier Personen gedeckt: für Oberstleutnant Coignard und uns drei. Der Fürst, sein Sohn und seine Hofkavaliere standen der Sitte gemäß um unseren Tisch, während seine Pagen uns bedienten.

Es wäre schwer zu sagen, was wir aßen: Die von der Natur zur Ernährung des Menschen bestimmten Gegenstände erleiden in der tatarischen Küche so große Umwandlungen, dass man wohltut, seinen Hunger zu stillen, ohne sich zu kümmern, was man isst. Ich glaube, dass die Suppe aus einem Huhn und Hühnereiern bestand. Dann kamen Koteletts mit Honig; Haselhühner mit gesottenen Früchten; ein Fischgericht wäre mir völlig rätselhaft geblieben, wenn mir nicht zufällig eine Gräte im Hals steckengeblieben wäre. Den Abschluss bildeten Äpfel, Birnen, Trauben, saure Milch und Käse.

Als wir vom Tisch aufstanden, war es zwei Uhr. Wir wollten Abschied nehmen; aber der Fürst antwortete mit großer Bestimmtheit, es sei nicht genug, dass er uns entgegengeritten sei und bewirtet habe, er werde uns auch das Geleit geben.

Die Pferde waren in der Tat noch gesattelt. Der Fürst, sein Sohn, Oberst Kuban, die Pagen, die Falkner scharten sich um den Wagen und die ganze Karawane setzte sich in Galopp.

Fünf bis sechs Werst von dem Aul wurde haltgemacht. Wir mussten scheiden. Wir fanden eine neue Eskorte von fünfzig Mann, die wahrscheinlich abends vorher von Kasafiurte fortgeritten waren und uns erwarteten.

Wir küssten uns herzlich; ich schied von dem Oberstleutnant mit einem warmen Händedruck, nachdem wir versprachen, uns in Paris oder Petersburg wiederzusehen; aber dieses Versprechen wird wohl schwerlich gehalten werden.

Wir setzten nun unsere Reise nach Tschiriurt fort, während Ali Sultan in seinen Aul und Oberstleutnant Coignard in seine Festung zurückkehrte.

Erst gegen Abend kam Tschiriurt in Sicht. Zugleich erblickten wir eine halbe Werst von uns, auf einem Berg, einen Posten der Tschetschenen. Er spähte umher, wie ein Geier von seinem Felsennest, um sich auf die Beute zu stürzen, wenn sie angreifbar ist. Aber wir waren mit unserer starken Bedeckung schwer zu verdauen. Der Tschetschene schien zugleich auch Telegraphendienste zu versehen; denn er fing an, mit Händen und Füßen zu gestikulieren, vermutlich um seinen Genossen anzuzeigen, dass wir Reiterei hatten und hob fünfmal beide Arme auf, um wahrscheinlich anzuzeigen, dass die Reiterei aus fünfzig Mann bestehe.

Wir ließen ihn telegraphieren und trieben unseren Kutscher zur Eile an.

Um sieben Uhr abends kamen wir nach Tschiriurt.

Der Sandberg

Wir erkundigten uns nach der Wohnung des Fürsten Dondukow-Korsakow. Man wies uns in die obere Stadt.

Unter den Kasernen des Dragonerregiments von Nischni-Nowgorod entdeckten wir ein großes, glänzend erleuchtetes Gebäude; wir vermuteten, dass der Fürst dort wohne, und fuhren vor.

Die Dienerschaft kam uns entgegen, als ob wir erwartet würden, und wir stiegen aus, als ob wir geladene Gäste wären.

Im ersten Zimmer kam uns ein Stabsoffizier entgegen. Da ich den Fürsten Korsakow nicht kannte, so hielt ich den Offizier für ihn und begrüßte ihn entsprechend.

Er unterbrach mich; es war nicht der Fürst Korsakow, sondern sein Nachfolger, Graf Nostiz. Der Fürst war General geworden, und Graf Nostiz war an seine Stelle als Oberst des Dragonerregiments getreten.

Gleich darauf erschien der Fürst. Er trug einen Arm in der Schlinge, da er unlängst in einem Gefecht mit den Tschetschenen verwundet worden war.

Er war ganz so, wie ich mir ihn vorgestellt hatte: mit feurigen Augen und freundlichem, offenem Gesicht.

Wir traten in das zweite Zimmer, das mit prächtigen persischen Teppichen ausgelegt war. Der Fürst Korsakow war durch einen Eilboten von unserer Ankunft in Kenntnis gesetzt worden. Der erste Gegenstand, der im großen Salon unsere Aufmerksamkeit erregt hatte, war ein großes Bild, das einen tscherkessischen Häuptling darstellte, der mit seinen Leuten einen Berggipfel verteidigt.

Ich fragte, wer der Held sei.

Es war Hadschi-Murad, einer der populärsten Namen im Kaukasus, der Held der Legende.

Hadschi-Murad entzweite sich mit Schamyl, als dieser das Imamat erhielt, oder er gab sich wenigstens den Anschein, um in russische Dienste zu treten. In den Jahren 1835 und 1836 war er Milizoffizier.

Oberst Lazarew, Kommandant der Festung Khunsak, glaubte zu bemerken, dass er mit Schamyl im Verkehr stehe. Er ließ ihn verhaften und unter starker Bedeckung abführen, um ihn nach Tiflis zu schicken.

Auf einem Berg, wo Rast gehalten wurde, reitet der Gefangene an eine Gewehrpyramide, ergreift schnell ein Gewehr, entreißt einem Soldaten die Patronentasche und sprengt in den Abgrund. Im Sturz bricht er beide Beine.

Die Soldaten erhalten Befehl, ihn zu verfolgen. Vier eilen ihm nach in die Schlucht; Hadschi-Murad kriecht fort, schießt viermal und ladet wieder; die vier Soldaten fallen; er schleppt sich bis auf Schamyls Gebiet.

Mit seinem Beistand eroberte Schamyl die Festung Khunsak wieder und fügte den Russen im Feldzug von 1843 großen Schaden zu. Aber gegen Ende 1851 entzweite er sich wieder mit Schamyl und begab sich unter den Schutz des Grafen Woronzow nach Tiflis.

Aber auch hier erregte er wieder Verdacht, wie früher in Khunsak. Woronzow hegte die Überzeugung, dass er nur gekommen sei, um das Land zu beobachten, gab ihm eine Ehrenwache, die aber eigentlich nur den Zweck hatte, ihn zu beaufsichtigen.

Wahrscheinlich beabsichtigte Hadschi-Murad, der mit den Lesghiern in lebhaftem Verkehr stand, die Festung Saka-Tali in Besitz zu nehmen und sich zugleich von den Russen und von Schamyl unabhängig zu machen.

Im April 1852 kam er nach Nuka. Der Stadtkommandant Fürst Tarkanow, der einen Wink erhalten hatte, gab Befehl, ihn auf das Strengste zu bewachen.

Am 29. April ritt Hadschi-Murad, von einem Soldaten, einem Polizeibeamten und drei Kosaken begleitet, aus der Stadt.

Kaum ist er auf freiem Felde, so schießt er den Soldaten nieder, ersticht den Polizeibeamten und verwundet einen Kosaken. Die beiden anderen eilen in die Stadt zurück und melden dem Kommandanten, was vorgefallen ist.

Der Fürst Tarkanow lässt sogleich alle dienstfreien Kosaken aufsitzen und verfolgt Hadschi-Murad. Am anderen Morgen holt er ihn zwischen Beladschik und Kasch ein.

Hadschi-Murad hatte mit seinem Nuker in einem Wald haltgemacht. Man umzingelt den Wald und feuert. Der Nuker fällt. Hadschi-Murad wehrt sich wie ein Löwe. Er tötet vier seiner Gegner, verwundet sechzehn und fällt endlich, aus sechs Wunden blutend, zu Boden.

Man schnitt ihm auf der Stelle den Kopf ab. Der Kopf wurde einbalsamiert und nach Tiflis gebracht.

Eine ganze Wand des Salons war mit den Ehrenzeichen bedeckt, die das Regiment erhalten hatte.

Fürst Korsakow und Graf Nostiz zeigten mir diese Ehrenzeichen mit wahrhaft väterlicher Zärtlichkeit. Der Erstere bekleidete ungern den höheren Rang, der ihn nötigte, den Befehl über so brave Soldaten aufzugeben; der Letztere sah sich mit stolzem Selbstgefühl als seinen Nachfolger.

Während wir dieses militärische Museum in Augenschein nahmen, füllten sich die Zimmer des Grafen allmählich mit Offizieren.

Es wurde zu Tisch gerufen, und wir begaben uns in den Speisesaal, wo für etwa dreißig Personen gedeckt war. Die Regimentsmusik spielte, und der Tanz begann, der uns zu Ehren in aller Eile veranstaltet worden war. Man hatte die besten Tänzer des Regiments für diesen Abend eingeladen, und alle georgischen, lesghischen, kabardischen und russischen Nationaltänze kamen nacheinander an die Reihe.

Hier bemerkte ich deutlich den Unterschied zwischen dem russischen Soldaten in Russland und im Kaukasus. In Russland ist der russische Soldat häufig in trüber, niedergeschlagener Stimmung; sein Stand ist ihm zuwider, seine Knechtschaft drückt ihn; die Distanz, die ihn von seinen Offizieren trennt, demütigt ihn. Im Kaukasus dagegen ist er durchweg heiter, lebhaft, oft lustig, wie der französische Soldat; die Uniform bringt ihm Ehre; er hat Aussicht auf Beförderung, Auszeichnung, Gefahr. Die Gefahr bringt ihn seinen Offizieren näher und erhöht sein Selbstgefühl, erheitert ihn, zeigt ihm den Wert des Lebens.

Wer die Problematik eines Kriegszuges im Gebirge kennenlernte, würde erstaunen, welche Entbehrungen der russische Soldat zu erdulden vermag. Er hat oft viele Tage nichts zu essen als sein feuchtes Schwarzbrot, er schläft auf dem Schnee, führt Gepäck, Munition und Kanonen auf Berge, die nie der Fuß eines Menschen betreten, nie ein Jäger durchsucht hat, wo nur der Adler über Granit und Schnee schwebt.

Und wie wird dieser Krieg geführt! Man kennt im Kaukasus kein Erbarmen, man macht keine Gefangenen, jeder Verwundete wird unter die Toten gezählt, der Feind schneidet jedem Russen, der ihm in die Hände fällt, den Kopf ab.

Der Abschied am anderen Morgen wurde mir schwer. Ich kann die russische Gastfreundschaft nicht genug rühmen; solche Freundlichkeit und Zuvorkommenheit findet man in keinem anderen Land.

Da wir erst etwa vierzig Werst von Tschiriurt, in Unter-Kaleh, eine Poststation finden sollten, so erhielten wir Kronpferde. Unsere Eskorte bestand aus fünfundzwanzig Mann, die aber so viel wert waren wie fünfzig, denn es waren Linienkosaken. Unsere Pferde liefen vortrefflich. Eine Stunde später waren wir in der Festung.

Unter der Bevölkerung wie bei den Soldaten war eine gewisse Unruhe zu bemerken. Alle in der Festung befindlichen Linienkosaken waren im Begriff auszurücken. Die am Morgen angekommenen Spione hatten ausgesagt, eine Schar von etwa sechzig Lesghiern – wir waren an der Grenze von Lesghistan – sei von Burtunai aufgebrochen, um einen Raubzug zu unternehmen. Wohin sich die Lesghier gewandt hatten, wusste niemand; aber es war gewiss, dass sie aus dem Gebirge in die Ebene gekommen waren.

Man gab uns sechs Donkosaken, die mit ihren langen Piken im Vergleich mit den gut bewaffneten Linienkosaken eine traurige Rolle spielten.

Unsere Pferde, die sich bei Ali Sultan ausgeruht und satt gefressen hatten, liefen in starkem Galopp über die weite Ebene, die sich am Fuß des Gebirges erstreckt. Es mochte den Kosaken wohl zu schnell gehen, denn einer blieb zurück, dann folgten zwei andere seinem Beispiel, und endlich ließen uns auch die drei letzten im Stich. Von einer Anhöhe sahen wir die Pferde, die sich nach ihrem Stall zurücksehnten, im Galopp nach der Festung umkehren. Wir mussten uns nun auf uns selbst verlassen, aber wir wussten, dass wir im Dorf Unter-Kaleh sowohl Postpferde als auch Kosaken finden würden.

Auch auf eine merkwürdige Naturerscheinung hatte man uns aufmerksam gemacht. Rechts vom Weg sollten wir in dieser Ebene, wo kein Sandkorn zu sehen ist, einen sechs- bis siebenhundert Meter hohen Sandberg finden. Wir bemerkten bald den goldgelben Gipfel, der von der graublauen Farbe der Landschaft abstach. Der Berg, der aus der Erde aufzusteigen schien, wurde zusehends höher und bildete einen etwa zwei Werst langen Rücken, an den sich die Vorberge des Kaukasus lehnten. Er hatte drei oder vier Gipfel, von denen der eine ziemlich weit über die anderen hervorragte.

Ich stieg aus dem Wagen, um den Sand zu untersuchen; es war der schönste, feinste Streusand.

Es ist Flugsand; nach jedem Sturm nimmt der Berg eine andere Form an; aber selbst der stärkste Sturm treibt diesen Sand nicht in die Ebene, und der Berggipfel behält die immer gleiche Höhe. Die Tataren, die dieses Phänomen nicht zu erklären wissen, haben es bequemer gefunden, eine Sage zu erfinden, als die wahre Ursache zu erforschen.

Zwei Brüder, erzählen sie, liebten eine Prinzessin, deren Schloss in einem See stand; aber da sie es langweilig fand, dass sie ihr Haus nur zu Schiff verlassen konnte, um zu reiten und mit dem Falken zu jagen, so erklärte sie, dass derjenige der beiden Brüder, der den See in festes Land verwandeln würde, ihr Gatte werden solle.

Die beiden Brüder hatten verschiedene Gedanken, die aber den gleichen Zweck verfolgten. Der eine begab sich nach Kubathi und bestellte einen Säbel, dessen Klinge so gehärtet sein sollte, dass er Felsen damit zerhauen könnte. Der andere ging ans Meer mit einem Sack von so ungeheurer Größe, dass er mit dem einzufüllenden Sand den See zuschütten könnte.

Der Ältere hatte das Glück, einen fertigen Säbel zu finden, und da das Schloss der Prinzessin nicht so weit von Kubathi war, so war er bereits zurück, als sein Bruder erst das Ziel seiner Wanderung erreicht hatte.

Als der Letztere endlich, unter der Last seines Sackes fast erliegend, zurückkam und mit den Augen die Höhe des Berges maß, den er zu ersteigen hatte, ehe er an das Schloss kam, hörte er ein starkes Getöse, wie wenn die Erde unter den Hufen von tausend galoppierenden Pferden ertönte.

Sein Bruder hatte den Felsen zerhauen, und die Fluten des Sees wogten von Berg zu Berg.

Der Träger des Sandsacks war so trostlos, dass er unter seiner Last zusammensank. Dabei bekam der Sack einen Riss, der Sand breitete sich über ihn aus und begrub ihn.

Hinter dem Sandberg erblickten wir Unter-Kaleh, ein den Russen unterworfener tatarischer Aul, der auf einem hohen und steilen Felsen erbaut ist. Ein fast ausgetrockneter, aber im Frühjahr reißender Gebirgsbach, der Osen, der sich in den Sulak ergießen muss, fließt am Fuß dieser Granitwand vorbei.

Wir hielten auf einer steinigen Insel. Es wäre vergebens gewesen, den mehr als eine Werst langen gewundenen Weg zur Post zu ersteigen; die Pferde konnten ja heruntergeschickt werden, und wir konnten noch bis Helly, vielleicht sogar Temir-Chan-Schura fahren.

Unsere bisherigen Pferde, die ohne Eskorte nach Kasafiurte zurückkehren mussten – unsere Kosaken hatten uns ja verlassen –, wurden von den Mietkutschern ausgespannt; diese erhielten ihr Trinkgeld und jagten im starken Galopp davon. Der Raubzug der Lesghier, von dem sie gehört hatten, machte ihnen offenbar große Unruhe.

Wir blieben also in dem Flussbett, nämlich Moynet, der nach Derbent reisende junge Offizier, sein Name war Victor Iwanowitsch, der Leutnant Troisky, Ingenieur zu Temir-Khan-

Schura, dessen Bekanntschaft wir in Kasafiurte gemacht hatten, Kalino und ich.

Es hatten sich mehrere verdächtig aussehende Tataren um uns versammelt und betrachteten mit lüsternen Augen unser Gepäck. Wir beschlossen, dass sich Kalino und der Ingenieur zur Post begeben und die Pferde herunterschicken sollten. Moynet, Victor Iwanowitsch und ich wollten unterdessen das Gepäck bewachen.

Wir betrachteten eine Weile die tatarischen Weiber und Mädchen, die einen steilen Weg herabkamen, um Wasser aus dem Bach zu schöpfen, und dann mit den gefüllten Krügen auf dem Kopf mühsam wieder hinaufstiegen.

Kalino und Troisky kamen nicht wieder. Ich begann zum Zeitvertreib den Sandberg zu zeichnen; aber da ich mich über mein Kunsttalent nie getäuscht habe, so machte ich mein Album wieder zu, legte es auf das Wagenkissen und ging dem Aul zu.

Moynet legte sein Gewehr ab, schnallte seinen Dolch los, zog sein Album aus der Brusttasche und folgte mir. Er holte mich bei den ersten Häusern ein. Wir gingen in eine Art Engpass, der einige Ähnlichkeit mit einer Straße hatte, und kamen in einen Hof. Ich sah, dass ich mich verlaufen hatte, und kehrte um.

Wir fanden einen anderen Weg, der ebenfalls in einen Hof führte. Die Hunde des ersten Hofes waren uns knurrend gefolgt. Die Hunde des zweiten Hofes gesellten sich zu ihnen, und das Knurren ging in lautes Gebell über.

Der Herr des Hauses erschien. Wir hatten allerdings unrecht, aber aus Versehen. Ich wusste, wie die Poststation auf Russisch heißt, und fragte ihn: »Postawaja stanzia?«

Der Tatar verstand kein Russisch oder wollte es nicht verstehen. Er antwortete knurrend wie die Hunde. Er würde gebellt und sogar gebissen haben, wenn er es gekonnt hätte.

Ich verstand seine Antwort so wenig, wie er meine Frage verstanden hatte, aber ich erriet aus seiner Gebärde, dass er uns von seinem Hof wies.

Ich folgte der Weisung, aber die Hunde mochten meine Umkehr wohl für Furcht halten und eilten mir nach.

Ich sah mich um, spannte den Hahn meines Gewehres und schlug auf die Hunde an. Die Hunde wichen zurück, aber der Tatar trat einen Schritt vor, sodass er vor die Mündung meines Gewehrlaufes kam. Er ging ins Haus.

Wir gingen weiter und kamen auf die Straße; aber die Straßen eines Tatarendorfes bilden ein Labyrinth, das schlimmer ist als jenes auf Kreta, man musste den Faden der Ariadne haben, um hinauszufinden. Wir hatten den Faden nicht, ich war kein Theseus, und wir hatten keinen Minotaur zu bekämpfen, wohl aber eine ganze Meute bissiger Hunde abzuwehren.

Schließlich führte unser Unstern uns zu einem Fleischer, der seine Ware an einem baumartigen Gestell aufgehängt hatte. Die Hunde bildeten einen Kreis und sahen das Fleisch mit lüsternen Blicken an. Zu diesen zehn bis zwölf Hunden gesellten sich nun unsere kläffenden Begleiter. Die Sache wurde bedenklich. Der Fleischer, der natürlich für die Hunde Partei nahm, stand auf, stützte die Hände auf die Hüften und sah uns höhnisch an.

Die herausfordernde Haltung des Fleischers reizte mich noch mehr als das Hundegebell. Ich sah ein, dass wir nicht zurückweichen durften. Wir setzten uns auf eine Bank.

Der Tatar, dem das Haus gehörte, kam heraus. Ich reichte ihm die Hand und sagte: »Kunak.«

Ich wusste, dass dieses Wort so viel heißt wie Freund.

Er blieb einen Augenblick unschlüssig, dann nahm er die dargebotene Hand und erwiderte: »Kunak.«

Wir hatten nun nichts mehr zu fürchten, wir waren unter seinem Schutz. »Postawa stanzia?«, fragte ich. »Karascho«, erwiderte er, jagte die Hunde fort und ging voran.

Von nun an knurrten weder Hunde noch Tataren.

Wir kamen zur Post. Kalino und der Leutnant waren da gewesen, aber mit dem Posthalter schon fortgegangen.

Die Post war an der breiten Straße, die wir nicht hinauffahren wollten, aber mit großer Freude hinuntergingen.

Der Tatar folgte uns auf meinen Wink.

Bald erblickten wir unten in der Schlucht unsere Reisegefährten samt dem Posthalter. In einigen Minuten waren wir bei ihnen.

Ich wollte meinem Kunak für den mir erwiesenen Dienst ein Geschenk machen und ließ ihn durch Kalino fragen, was ihm angenehm sein würde. »Pulver und Kugeln«, antwortete er, ohne sich zu besinnen. Ich schüttete den Inhalt eines großen Pulverhorns in seinen Papak und Moynet nahm eine Handvoll Kugeln aus dem Munitionssack.

Mein Kunak war entzückt. Er hielt die Hand aufs Herz und, reicher um zwei Freunde, die er nie wiedersehen wird, ein halbes Pfund Pulver und zwei bis drei Pfund Blei, ging er nach Hause, indem er sich noch einige Male umsah und uns ein Lebewohl zuwinkte.

Unsere Plagen waren indes noch nicht zu Ende. Der Posthalter sagte, er habe nur eine Troika im Stall, und wir brauchten neun Pferde. Die Kunde von einem Raubzug der Lesghier habe sich im Aul verbreitet; die Miliz sei ausgerückt und habe seine Pferde mitgenommen; er wisse nicht, was aus ihnen werden sollte.

Ich schlug vor, das Zelt aufzuspannen, Feuer zu machen und die Rückkehr der Pferde abzuwarten. Aber der Vorschlag wurde einstimmig zurückgewiesen. Moynet wollte fort, Troisky wollte sobald wie möglich in Temir-Khan-Schura eintreffen, und Kalino sehnte sich immer nach einer Stadt. Nur Victor Iwanowitsch schwieg, er war bereit, sich der Mehrzahl der Stimmen anzuschließen.

Die Stimmenmehrheit beschloss, das Dreigespann des Posthalters kommen zu lassen. Ich sollte mit Moynet, Troisky und Kalino in meiner Tarantasse weiterreisen. Victor Iwanowitsch sollte mit seinem Diener unser Gepäck in seinem eigenen Wagen bis zur Rückkehr der Pferde bewachen und uns in Temir-Khan-Schura einholen, wo wir einen Tag rasten wollten. Eine aus vier Kosaken bestehende Wache sollte bei ihnen bleiben.

Ich musste nachgeben. Die Pferde wurden angespannt. Wir bestiegen die Tarantasse und fuhren ab.

Bei Anbruch der Nacht kamen wir an einen Kosakenposten. Die Kosaken, die uns begleitet hatten, ritten wie gewöhnlich im starken Galopp zurück, und Kalino begab sich in den Hof der kleinen Festung, um dem Kosakenoffizier unser Ansuchen vorzutragen.

Der Offizier kam mit Kalino heraus, um mit dem »französischen General« persönlich zu sprechen. Er konnte uns zu seinem größten Bedauern nur vier Mann zur Begleitung geben. Seine Kosaken waren auf einem Streifzug, nur sechs waren bei ihm geblieben, und zwei musste er doch zurückbehalten. Dies war bei der Nähe der Lesghier in der Tat nicht zu viel.

Wir nahmen die vier Kosaken mit Dank an und fuhren ab.

Die Sonne war untergegangen, es fing an zu regnen. Eine halbe Werst von dem Kosakenposten fanden wir rechts eine Baumgruppe, unter der wir fünfundzwanzig Kreuze zählten.

Wir waren gewohnt, tatarische Grabsteine, aber keine christlichen Kreuze zu sehen. Diese Kreuze, die durch die Dämmerung und den feinen Regen ein noch traurigeres Aussehen erhielten, schienen uns den Weg zu versperren.

Die Geschichte dieser Kreuze war schauerlich einfach. Fünfundzwanzig russische Soldaten hatten einen Geleitzug für Reisende begleitet. Es war Mittag, die kaukasische Sonne brannte heiß auf die Köpfe der Soldaten und des führenden Unteroffiziers. Sie fanden dieses hübsche Wäldchen und beschlossen auszuruhen. Man stellte eine Wache auf, die dreiundzwanzig Soldaten und der Unteroffizier legten sich in den Schatten und schliefen ein.

Was nun vorging, hat niemand erfahren, obgleich es heller Tag und nur eine halbe Werst vom Kosakenposten war. Man fand um vier Uhr nachmittags fünfundzwanzig geköpfte Leichen.

Die Soldaten waren von den Tschetschenen überfallen worden, und fünfundzwanzig Kreuze, die wir sahen, bezeichneten die Stelle, wo die Unglücklichen ermordet worden waren.

Wir fuhren noch ein paar Hundert Schritte weiter; danach mochte die schauerliche Geschichte wohl in dem Kopf des Kosaken, der sie uns erzählt hatte, und des Kutschers spuken, denn er hielt die Pferde an und beriet sich mit den Kosaken.

Das Ergebnis der Beratung war, dass der Weg in der Nacht sehr schlecht für den Wagen und sehr gefährlich für die Reisenden sei, zumal bei der schwachen Eskorte. Unsere vier Kosaken würden sich freilich bis auf den letzten Mann verteidigen, und auch wir könnten mit unseren Waffen einen langen Widerstand leisten, aber die Sache würde dadurch nur um so gefährlicher für uns, da wir es mit erbitterten Gegnern zu tun haben würden.

Daraufhin kehrten wir um. In zehn Minuten waren wir bei dem befestigten Posten, an dessen Tor eine Wache stand. Wir waren in Sicherheit, aber wir befanden uns auf einem gewöhnlichen Kosakenposten, und man muss wissen, was ein Kosakenposten für zivilisierte Menschen ist.

Es ist ein aus Lehm erbautes und mit Kalk übertünchtes Haus, in dessen Ritzen man im Sommer Taranteln, Skorpione und Tausendfüßler findet. Im Winter ziehen sich diese klugen Tiere in Schlupfwinkel zurück, die nur ihnen allein bekannt sind und in denen sie warm und behaglich den Frühling abwarten. Im Winter bleiben nur die Flöhe und Wanzen in der unmittelbaren Nähe der Menschen. Vier Monate haben die armen Tiere nur die raue Rinde der Linienkosaken oder von Zeit zu Zeit die etwas minder harte Haut der Donkosaken zu saugen. Die Tage oder vielmehr die Nächte, in denen sie einen Donkosaken zu fassen bekommen, sind ihre Galanächte, ihr größtes Fest aber ist, wenn ein weichhäutiger Europäer ihre Beute wird.

Ein solches Fest bereiteten wir ihnen.

Man führte uns in das schönste Zimmer, dessen ganze Einrichtung aus einem Kamin, einem Ofen, zwei Stühlen ohne Rücklehne und einem in die Wand eingemauerten Brett bestand. Letzteres diente als Feldbett.

Die Frage war, wie wir unseren Hunger stillen sollten. In der Voraussetzung, dass wir in Helly oder Tamir-Khan-Schura übernachten würden, hatten wir keine Lebensmittel mitgenommen. Wir konnten einen Kosaken zum Aul schicken; aber wie konnten wir ihn der Gefahr aussetzen, sich den Kopf abschneiden zu lassen, um ein Dutzend Eier und vier Koteletts zum Abendessen zu bekommen?

Kalino hatte sich schon in das Unvermeidliche gefügt. Wenn er nur seine zwei Gläser Tee hatte, so genügte dieser dünne Trank vollkommen, seinen Hunger einzuschläfern oder vielmehr zu ersäufen. Ebenso ging es dem Leutnant Troisky. Wir hatten zum Glück für die beiden Russen unsere Reiseschatulle mit Tee, Samowar und Zucker bei uns. Auch unsere Feldküche, bestehend aus Bratofen, Fleischtopf, vier Zinntellern und ebenso vielen Gabeln und Löffeln, hatten wir im Wagen mitgenommen. Aber eine Küche ist nur dann gut, wenn man etwas zu sieden oder zu braten hat, und wir hatten gar nichts auf den Rost oder in den Topf zu tun.

Kalino, der den Vorteil und zugleich den Nachteil hatte, dass er der Sprache kundig war, wurde abgeschickt, um irgendetwas Essbares aufzutreiben. Es wurde ihm zu diesem Zweck ein Kredit bis zu zehn Rubel eröffnet.

Doch es war alles vergebens; er hätte für schweres Geld kein Dutzend Eier, kein Pfund Kartoffeln gefunden. Er brachte ein Stück Schwarzbrot und eine Flasche schlechten Wein.

Moynet und ich sahen einander an. Wir verstanden uns. Wir hatten in der Abenddämmerung einen Hahn auf einer zum Heuboden führenden Leiter gesehen.

Moynet ging hinaus. In zehn Minuten kam er wieder.

»Man wird den Hahn um keinen Preis verkaufen«, sagte er; »er dient dem Posten als Uhr.«

»Das mag wohl sein«, erwiderte ich; »aber ich habe im Magen auch eine Uhr, die die Stunde der Mahlzeit immer sehr pünktlich anzeigt. Richard III. bot seine Krone für ein Pferd. Kalino, bieten Sie meine Uhr für den Hahn.«

Ich wollte meine Uhr aus der Tasche ziehen.

»Lassen Sie es nur gut sein«, sagte Moynet, »da ist er.«

Und er zog unter seinem Mantel einen prächtigen Hahn hervor; er hatte den Kopf unter einem Flügel und rührte sich nicht.

Ich nahm ihn bei den Füßen. Er war tot. Moynet hatte ihm, um den Kopf unter den Flügel zu stecken, den Hals nicht bloß gedreht, sondern wahrscheinlich umgedreht.

Im Handumdrehen war er gerupft, ausgeweidet, abgebrannt. In einer Viertelstunde war er gebraten.

Der arme Hahn schmeckte vortrefflich. Er hatte keinen Harem und demzufolge keinen Verdruss gehabt, kein Hader, keine ungestüme Leidenschaft hatte seine gemütliche Ruhe getrübt.

Als der Hahn verzehrt war, wurde eine neue hochwichtige Frage aufgeworfen: Wo und wie sollten wir schlafen?

Drei von uns, vorausgesetzt, dass sie schlank und zierlich von Gestalt waren, konnten auf dem Ofen liegen; dem Vierten blieb das Feldbett.

Es versteht sich, dass mir das Feldbett einstimmig zugesprochen wurde, denn ich hätte allein die Hälfte des Ofens eingenommen.

Die beiden Ersten stiegen, sich gegenseitig helfend, hinauf; der Dritte wurde hinaufgezogen. Die Sache war mit einigen Schwierigkeiten verbunden, denn der Raum zwischen der oberen Fläche des Ofens und der Zimmerdecke betrug kaum achtzehn Zoll.

Ich schob den drei Schlafkameraden ein Bündel Stroh unter den Kopf; dann hüllte ich mich in meinen Pelz und warf mich auf die Pritsche.

Nach einer Stunde schnarchten meine drei Stubengenossen um die Wette. Sie waren in ihrer Höhe wahrscheinlich für die sonst so leichtfüßigen Flöhe nicht erreichbar, und den Wanzen mochte die erhöhte Temperatur wohl zu warm sein. Aber ich konnte in der gemäßigten Zone kein Auge schließen; ich fühlte, wie sich die Haare meines Pelzes unter der Invasion verschiedener einheimischer Insekten bewegten.

Ich sprang von meiner Pritsche, zündete eine Kerze an und begann mit einer Hand zu schreiben, während ich mich mit der anderen kratzte.

Die Nacht verging, ohne dass ich wusste, wie viel Uhr es war. Meine Uhr stand still, und der Hahn war tot. Aber endlich geht auch die längste Nacht zu Ende.

Der Tag brach an. Ich weckte meine Reisegefährten.

Der erste, der erwachte, stieß mit dem Kopf an die Decke und diente den beiden anderen als Warnung. Alle drei drehten sich um und glitten vorsichtig vom Ofen herunter. Sie sahen freilich aus wie drei Pierrots in der Frühe des Aschermittwochs.

Es wurden nun alle Bürsten aus den Reisekoffern hervorgesucht, jeder bürstete seinen Nachbarn, und die ursprüngliche Farbe der Kleider kam wieder zum Vorschein.

Wir weckten sodann die Kosaken und den Kutscher, ließen einspannen und fuhren ab, ohne dass jemand bemerkte, dass dem Hahn ein Unglück begegnet war und dass die Uhr in der Nacht nicht geschlagen hatte.

Das Wetter war noch trübe. Es fiel ein feiner Regen, der sich in Schnee zu verwandeln drohte. Ich hüllte meinen Kopf in den Baschlik und ersuchte meine Reisegefährten, mich bis zur nächsten Station schlafen zu lassen und mich nur im Fall eines Angriffs der Tschetschenen zu wecken.

Ich hatte etwa zwei Stunden geschlafen, als ich geweckt wurde. Da der Wagen hielt, so glaubte ich, wir wären an der Station.

»Wir müssen hier vor allem einen Hahn und vier Hühner kaufen und den Kosaken für den verzehrten Hahn schenken«, sagte ich.

»Es ist weder von einem Hahn noch von Hühnern die Rede«, erwiderte Moynet.

»Aha! Die Lesghier sind also im Anzug?«

»Wenn's weiter nichts wäre! Sie sehen ja – wir stecken im Schlamm.«

Unser Wagen steckte bis an die Naben im Morast. Dazu regnete es in Strömen.

Wir bildeten das Zentrum von acht bis zehn Karawanen, die ebenfalls steckengeblieben waren. Mindestens fünfundzwanzig Fuhrwerke, mit Büffeln bespannt, waren mit uns in gleicher Bedrängnis.

Ich musste ungeheuer fest geschlafen haben, da mich das Schreien und Brüllen nicht geweckt hatte. Die schreienden und brüllenden Wesen waren Tataren.

Das Schlimmste war, dass der Berg, an dessen Fuß wir festsaßen, bis oben hin ein Morast zu sein schien. Meine hohen Stiefel schützten zwar gegen Nässe, aber ich wäre schwerlich zu Fuß aus dem Sumpf gekommen.

Kalino blieb wie gewöhnlich ganz ruhig; er sagte, in Moskau habe er im Tauwetter ganz andere Sümpfe gesehen.

»Aber wie hilft man sich denn heraus?«, sagte Moynet.

»Man hilft sich gar nicht heraus«, antwortete Kalino ganz gelassen.

Inzwischen hatte sich der Regen allmählich in Schneegestöber verwandelt. Wenn es so fortschneite, musste der Erdboden am nächsten Morgen sechs Fuß hoch mit Schnee bedeckt sein.

»Es scheint hier nur ein Ausweg möglich«, sagte ich zu Kalino. »Wir bieten den Leuten ein paar Rubel, wenn sie vier Büffel vor die Tarantasse spannen wollen; wenn vier nicht genug sind, so muss man sechs oder acht vorspannen.«

Der Antrag wurde gemacht und angenommen. Man spannte vier, sechs, acht Büffel vor, aber vergebens, die armen Tiere glitten mit ihren gespaltenen Klauen aus und fielen jämmerlich ächzend auf die Knie. Nach einer halben Stunde fruchtloser Versuche musste man darauf verzichten.

Der Sturm wurde immer heftiger. Aber ungeachtet des furchtbaren Wetters konnte ich von einem auf der anderen Seite des Tales liegenden Aul meine Blicke nicht abwenden. Durch das Schneegestöber glaubte ich, etwas wunderbar Schönes zu bemerken.

Ich wollte Moynet darauf aufmerksam machen, aber er war nicht in der Verfassung, meine Bewunderung zu teilen; er schlotterte vor Kälte.

Was war zu tun? Die Büffel wurden ausgespannt, denn sie hatten den Wagen keinen Schritt weitergezogen.

Da fiel mir etwas ein.

»Kalino, fragen Sie doch, wie weit wir noch von Temir-Khan-Schura entfernt sind.«

»Zwei Werst«, war die Antwort.

»Schicken Sie sogleich einen Kosaken mit unserem Geleitschein voraus, er soll fünf Pferde holen.«

Unser Kosak ritt im Galopp fort. Wir mussten uns in Geduld fügen und warten.

Als das Schneegestöber eine Weile aufhörte, bat ich Moynet, wenigstens einen Blick auf den herrlichen Aul zu werfen.

Mitten aus einem Häusermeer erhob sich ein ungeheurer unzugänglicher Fels, und auf der Spitze dieses Felsens stand eine Festung, deren Besitzer vermutlich ganz ruhig zusah, wie wir im Morast zappelten.

»Fragen Sie doch«, sagte ich zu Kalino, »wer so verwegen gewesen ist, dort oben sein Nest zu bauen.«

»Der Schamkhal Tarkowski«, antwortete er.

»Hören Sie wohl, Moynet? Ein Nachkomme der persischen Abbasiden.«

»Was kümmern mich die persischen Abbasiden! Sie müssen den Teufel im Leibe haben, um sich bei diesem Wetter mit solchen Dingen zu beschäftigen.«

»Moynet, da kommen die Pferde!«

Er sah sich um. Unsere fünf Pferde kamen wirklich im Galopp.

Die frischen Pferde wurden eingespannt. Sie zogen die Tarantasse mit der größten Leichtigkeit aus dem Morast.

Eine Viertelstunde danach waren wir in Temir-Khan-Schura, und unsere Kosaken nahmen als Ersatz für den verzehrten Hahn einen lebendigen nebst vier Hühnern mit.

Wir fanden einen warmen Ofen. Leutnant Troisky wohnte bei einem Kameraden, den er durch den vorausgeschickten Kosaken von unserer Ankunft in Kenntnis gesetzt hatte, und der Kamerad hatte für den warmen Ofen gesorgt.

Die Lesghier

Ich erkundigte mich, ob in der Stadt etwas zu sehen sei; man antwortete: Nein. Temir-Khan-Schura – oder Schura, wie man gewöhnlich sagt – ist erst in neuerer Zeit entstanden. Es war die Station des Regimentes Apscheron.

Da in Schura nichts zu sehen war, blieb uns nichts übrig, als abzureisen. Wir ließen Pferde und Kosaken kommen und reisten um acht Uhr morgens ab. Viktor Iwanowitsch war übrigens in der Nacht mit unserem Gepäck angekommen.

Gegen zehn Uhr zerteilte sich der Nebel, und das Wetter wurde herrlich. Der Schnee war verschwunden. Die Sonne verbreitete eine behagliche Wärme, obgleich wir in der letzten Hälfte des Oktobers und auf der Nordseite des Kaukasus waren.

Gegen Mittag kamen wir nach Paraul, einer Poststation ohne Pferde. Wir begnügten uns natürlich nicht mit der Erklärung des Posthalters, sondern untersuchten den Stall. Er war leer.

Dieser Beweis war unwiderlegbar. Es war aber doch hart, nur zwanzig Werst an diesem Tage zurückzulegen.

In der Nacht kamen Pferde zurück, aber nur zwei Dreigespanne. Der arme Viktor Iwanowitsch musste wieder zurückbleiben.

Wir reisten um zehn Uhr morgens ab. In der Nacht waren die Posten alarmiert worden, ohne dass wir es erfahren hatten.

Nach einer Stunde, während der Nebel zu verschwinden begann, ließen wir eine Viertelstunde vor dem Dorf Helly den Wagen halten.

Es war ein Gegenstück zu dem Aul des Schamkhal Tarkowski. Vor uns lag ein reizendes Wäldchen, zwischen dessen prächtigen Bäumen ein wahrhaft idyllischer Bach floss. An heißen Sommertagen muss dieser Teil der Landschaft eine erfrischende

Oase sein. Dort erstreckte sich, von einem hellen Sonnenstrahl erleuchtet, das Dorf Helly, ein prächtiger tatarischer Aul, auf einem Hügel und zwischen zwei hohen Bergen, die von diesem Hügel durch zwei reizende Täler getrennt waren.

Das Dorf schien in großer Aufregung zu sein. Die Plattform eines Minaretts, das hoch über dem Aul hervorragte und der Gipfel des noch höheren Berges waren mit vielen Menschen bedeckt, die einander Zeichen gaben und deren Blicke auf einen einzigen Punkt gerichtet schienen. Es trug sich offenbar etwas Außerordentliches zu, und wir wünschten, die Ursache dieser Bewegung kennenzulernen.

Es war allerdings ein wichtiger Anlass. Wir erhielten nun endlich Nachricht von jenem Raubzug der Lesghier, von dem wir seit drei Tagen unbestimmte, aber drohende Gerüchte vernommen hatten. Die Miliz von Helly musste sich bereits mit den Lesghiern herumschlagen.

Am frühen Morgen waren zwei Hirten, denen die Hände gebunden waren, nach Helly gekommen und hatten Folgendes berichtet: Eine Schar von fünfzig Lesghiern hatte unter Führung des gefürchteten Abrek von Gaubden tags zuvor die Schafe aus den Hürden geraubt und die beiden Schäfer mitgeschleppt. Die Räuber hatten sich im Nebel verirrt und hatten Schafe und Schäfer im Stich gelassen und das Waldgebirge zwischen Helly und Karabadakent aufgesucht.

Sogleich hatte nun der Fähnrich Mohammed Imam Pasalew die aus etwa zweihundert Mann bestehende tatarische Miliz von Helly zusammengerufen und hundert Freiwillige verlangt, die mit ihm ausrücken sollten.

Die kleine Schar war seit drei Stunden fort. Es war beinahe zwölf Uhr mittags, und man hatte eben aus der Schlucht von Silly-Kaka, etwa zwei Stunden von dem Aul, starken Rauch aufsteigen sehen.

Wir ließen so schnell wie möglich die Pferde wechseln. Zwölf Mann waren zu unserer Begleitung bereit, ehe wir sie verlangt hatten. Wir hätten fünfzig Mann und das ganze Dorf samt Weibern und Kindern mitnehmen können, wenn wir ge-

Lesghier

wollt hätten. Wir fuhren im Galopp mitten durch diese Schar heulender Hyänen.

Außerhalb des Auls übersahen wir die Ebene und das Gebirge, wo es auf jeden Fall zu einem Zusammenstoß gekommen war. Wir glaubten, in der angedeuteten Richtung eine schnelle Bewegung lebender Wesen zu bemerken; aber in der weiten

Entfernung war es unmöglich zu unterscheiden, ob es Menschen oder Tiere waren; man sah nur dunkle Punkte.

Vor uns erstreckte sich etwa eine Stunde lang eine vollkommen ebene Fläche von der Straße bis zum Gebirge. Mit Zustimmung meiner beiden Reisegefährten befahl ich dem Kutscher, seitwärts zur Schlucht von Silly-Kaka zu fahren.

Zu meinem Erstaunen hatten wir keinen Schuss gehört, keinen Pulverdampf gesehen. Unsere Tataren erklärten uns das: Die Bergvölker und Milizen schießen nur beim ersten Zusammenstoß mit Flinten und Pistolen aufeinander; dann ziehen sie ihre Handschare und Schaskas, und der Kampf wird mit der blanken Waffe entschieden.

Die beiden Wagen hielten am Fuß des Berges; sie konnten nicht weiter.

Wir machten unseren Tataren den Vorschlag, sie sollten uns drei von ihren Pferden geben, die neun übrigen Reiter sollten uns ins Gebirge begleiten, die drei Unberittenen die Fuhrwerke und das Gepäck bewachen. Im Falle eines längeren hartnäckigen Kampfes könne eine Verstärkung von neun Mann – wir waren so bescheiden, uns nicht mitzuzählen – den Milizen von Nutzen sein.

Der Vorschlag wurde angenommen. Drei Tataren saßen ab und gaben uns ihre Pferde. Ich ernannte aus eigener Machtvollkommenheit und als »General« den am klügsten aussehenden Tataren zum Kommandanten, und so ritten wir, die schussbereiten Gewehre auf den Knien haltend, den Berg hinauf.

Auf dem ersten Plateau sahen wir die Papaks einer Reiterschar, die uns entgegenzukommen schien. Unsere Tataren erkannten auf den ersten Blick die Ihrigen und galoppierten ihnen laut jubelnd entgegen. Aber auch die Leute mit den Papaks hatten uns erkannt. Sie brachen ebenfalls in ein lautes Hurra aus und einige von ihnen hoben die Arme und zeigten Gegenstände, die wir zu erkennen glaubten.

»Golowij! Golowij! – Köpfe! Köpfe!«, riefen die Reiter, die uns voraneilten.

Bald trafen die beiden Reiterscharen zusammen. Eine dritte Schar kam langsam nach, die Toten und Verwundeten tragend.

Im ersten Augenblick war es unmöglich, von dem lebhaften Gespräch, das sich entspann, etwas zu verstehen. Anfangs sprachen sie Tatarisch und Kalino verstand es nicht. Vier oder fünf abgeschnittene blutige Köpfe bedurften indes keiner weiteren Erklärung, und nicht minder malerisch nahm sich ein Sortiment von Ohren aus, die auf Peitschenstielen steckten.

Unterdessen kam auch die Nachhut mit drei Toten und fünf Verwundeten. Drei andere Verwundete konnten sich auf ihren Pferden halten und ritten im Schritt.

Fünfzehn Lesghier waren gefallen. Die Leichen lagen, eine halbe Meile von hier, in der Schlucht von Silly-Kaka.

Der Offizier erbot sich, uns selbst dorthin zu führen. Er trug das Kreuz des Georgsordens und hatte zwei Lesghier mit der blanken Waffe getötet. In der Hitze des Kampfes hatte er ihnen die Köpfe abgeschnitten und brachte nun das Paar mit heim. Er war mit Blut bedeckt.

Jeder Tatar, der einen Lesghier getötet hatte, brachte außer Kopf oder Ohren die dem gefallenen Feinde abgenommene Beute mit. Einer von ihnen hatte ein prächtiges Gewehr erbeutet. Ich hätte es gern gehabt, aber ich getraute mich nicht, ihm Geld dafür anzubieten.

Wir ritten dem Kampfplatz zu. Unterwegs erzählte uns Mohammed Imam Pasalew Folgendes: Er hatte mit seinen hundert Mann, von den Schäfern geführt, den Weg nach Gilley eingeschlagen. Unweit Gilley hatte er die Schafherde gefunden, die die Lesghier im Stich gelassen hatten, um schneller fortzukommen. Die Schäfer hatte er bei ihrer Herde gelassen und die Spur der Räuber verfolgt.

So kamen die Tataren in die Schlucht von Silly-Kaka, die noch mit dichtem Nebel bedeckt war. Plötzlich erblickten sie die Feinde und wurden von einem Kugelregen empfangen. Ein Mann und zwei Pferde fielen. Nun rief Imam Pasalew seinen Leuten zu: »Nicht schießen, sondern mit Schaska und Handschar angreifen!« Und ehe die Lesghier, die sich in der Schlucht ausruhten, ihre Pferde besteigen konnten, wurden sie angegriffen, und es entspann sich ein Kampf Mann gegen Mann.

Russische Einquartierung in einem daghestanischen Aul

Imam Pasalew, der tüchtig einhieb, sah nicht, was um ihn vorging. Er hatte bereits zwei Feinde niedergemacht. Aber der Kampf musste furchtbar gewesen sein, denn als er sich umsah, zählte er dreizehn Tote, außer den beiden, die er selbst niedergehauen hatte. Die übrigen hatten die Flucht ergriffen. Die Tataren hatten keinen Schuss abgefeuert.

Inzwischen kamen wir auf dem Kampfplatz an, dessen Boden mit Blut bedeckt war. Rechts lagen die fast entblößten

Leichen. Fünf waren enthauptet, den anderen fehlte das rechte Ohr.

Die von den Handscharen geschlagenen Wunden waren schrecklich anzusehen. Eine Kugel macht ein kleines Loch mit einem blauen Ring; aber hier sah man nur gespaltene Schädel, lange und tiefe Brustwunden und Arme, die vom Leib fast losgetrennt waren.

Imam Pasalew zeigte uns seine beiden Toten, die er an ihren Wunden erkannte. Ich wünschte die Waffe zu sehen, deren er sich mit so großem Erfolg bedient hatte. Es war ein einfacher Handschar mit einem Griff aus Horn und Elfenbein. Er hatte freilich die Klinge von einem guten Schwertfeger gekauft und stark beschlagen lassen. Die ganze Waffe hatte acht Rubel gekostet.

Wir überließen die Walstatt einigen Adlern, die über uns schwebend unsere Abreise mit Ungeduld zu erwarten schienen.

Am Fuß des Berges fanden wir unsere Fuhrwerke, nahmen Abschied von Imam Pasalew und entließen unsere Tataren, die große Lust zu haben schienen, mit ihm nach Helly zurückzukehren und mit ihren Freunden den Sieg zu feiern. Nach dieser derben Züchtigung war zu vermuten, dass sich die Lesghier eine Zeit lang nicht in der Umgegend von Helly zeigen würden.

Unangefochten erreichten wir Karabadakent. Der Fürst Bagration war, wie wir hörten, kurz zuvor durchgereist, hatte nach uns gefragt und wollte uns einholen. Jetzt mussten wir uns beeilen, um ihn einzuholen.

Als wir in Buinaki ankamen, sahen wir einen Mann von dreißig bis fünfunddreißig Jahren in eleganter Tscherkessentracht. Es war Fürst Bagration.

Der Karanay

Er war uns wirklich nachgereist.

Ich kannte den Fürsten dem Namen nach als einen der tapfersten Offiziere der russischen Armee. Er ist Befehlshaber des Regiments der eingeborenen Bergvölker. Ein Georgier, der den Befehl über Bergvölker führt, muss tapferer sein als der beste seiner Soldaten. Bagration stammt von den alten Königen ab, die von 885 bis 1097 über Georgien herrschten. In der Chronologie des Kaukasus finden sich schon siebenhundert Jahre vor der christlichen Zeitrechnung die Spuren dieses uralten Geschlechts.

Ich erzählte ihm unsere Abenteuer: den Schneesturm und unser Steckenbleiben im Sumpf.

»Es tut mir sehr leid«, sagte der Fürst, »aber Sie müssen umkehren.«

»Wohin? Nach Schura?«, fragte ich.

»Nein, nein, nein!«, sagte Moynet, »ich habe genug.«

»Das möchte ich bezweifeln, Herr Moynet«, entgegnete der Fürst, »denn Sie haben den Karanay nicht gezeichnet.«

»Was ist der Karanay?«, fragte ich.

»Das Schönste, das Sie unterwegs finden werden. Denken Sie sich einen Berg. Doch nein, denken Sie sich nichts. Ich nehme Sie mit und Sie werden sehen.«

»Ist's weit von hier?«, fragte ich.

»Vierzig Werst, das sind zehn Meilen. Ihre beiden Fuhrwerke lassen Sie hier; mein Diener soll zurückbleiben, um sie zu bewachen; wir nehmen meinen Wagen; in dreieinhalb Stunden sind wir dort; wir speisen; dann begeben Sie sich zur Ruhe, um fünf Uhr sollen Sie geweckt werden; wir steigen zweitausend

Meter mit guten Pferden, es ist eine Kleinigkeit, und dann – werden Sie sehen.«

»Nun, es sei. Aber wir haben keine Zeit zu verlieren, Durchlaucht. Sie stellten ein Abendessen in Aussicht – wir haben Hunger.«

»Gut, wir wollen uns beeilen. Fünf Pferde vor meine Tarantasse – und vorwärts!«

Wir stiegen ein und fuhren im Galopp davon.

»Euer Durchlaucht scheinen hier sehr bekannt zu sein«, sagte ich lächelnd.

»Das will ich meinen«, antwortete er; »ich bin ja immer auf der Landstraße zwischen Schura und Derbent.«

Der Fürst war wirklich allen Leuten, selbst den Kindern bekannt. Als in Karabudakent die Pferde gewechselt wurden, rief er einige Kinder in tatarischer Sprache an und warf ihnen eine Handvoll Abasas, tatarische Münzen, zu.

Um acht Uhr abends kamen wir wieder in Schura an, das wir am Vortage um zehn Uhr morgens verlassen hatten. Wir hatten denselben Weg, der uns fast anderthalb Tage gekostet hatte, in weniger als vier Stunden zurückgelegt.

Zehn Minuten nach unserer Ankunft war der Tisch gedeckt. Wir schliefen in richtigen Betten; das zweite Mal seit Ipatiwo. Das erste Mal hatten wir in Tschiriurt, bei dem Fürsten Korsakow, diesen Hochgenuss gehabt.

Um fünf Uhr früh wurden wir geweckt. Es war noch nicht Tag, aber der Himmel funkelte von Sternen. Man hörte die Pferde vor der Tür wiehern und stampfen.

Der Fürst kam in unser Zimmer.

»Jetzt geschwind eine Tasse Tee oder Kaffee«, sagte er, »wir sehen die Sonne aus dem Kaspisee emporsteigen. Wir frühstücken in der Festung Ischkarti, wo wir mit einem wahren Löwenhunger ankommen werden.«

Wir tranken in aller Eile eine Tasse Kaffee und gingen hinaus. Hundert Mann vom Regiment des Fürsten erwarteten uns vor der Tür.

Dieses Regiment besteht, wie schon erwähnt, aus eingeborenen Gebirgsbewohnern, aber keineswegs aus unterworfenen

Lesghiern, Tschetschenen oder Tscherkessen. Es sind arme Teufel, die, wie man in Korsika sagt, »ein Loch in eine Menschenhaut gemacht haben«. Wenn ein Mann aus dem Gebirge der Blutrache anheimgefallen ist, so zieht er fort und tritt in das Regiment Bagration ein. Man kann sich vorstellen, wie sich die Leute schlagen; in Gefangenschaft geraten sie nie. Nur die kabardischen Jäger sind mit diesen Teufelskerlen zu vergleichen.

Wir ritten etwa eine halbe Stunde durch Waldungen. Es wurde allmählich Tag. Ein Berg erhob sich noch vor dem Kaspisee, von dem wir drei Werst jenseits Schura ein Stück wie einen großen blauen Spiegel gesehen hatten; auf der anderen Seite schimmerten die weiß getünchten Kasernen von Ischkarti, die man in der Morgendämmerung für weiße Marmorpaläste hätte halten können.

Wir ritten durch ein kleines Tal und jagten viele Rebhühner und Fasanen auf. Um halb acht kamen wir nach Ischkarti. Wir hatten fünfzehn Werst zurückgelegt.

Der Festungskommandant, den Fürst Bagration abends vorher auf unsere Ankunft vorbereitet hatte, erwartete uns. Das Frühstück war bereit. Fünfhundert Mann, die uns begleiten sollten, waren unter Waffen. Wir frühstückten schnell, aber gut. Um neun Uhr ritten wir wieder fort.

Bis zwölf Uhr ging es immer bergan. Dreimal machten die Infanteristen eine kurze Rast, und jedes Mal ließ der Fürst jedem Soldaten aus Fässchen, die von Packpferden getragen wurden, ein kleines Glas Wodka reichen.

Der Baumwuchs hatte längst aufgehört, die ununterbrochen aufeinanderfolgenden Hügel waren mit kurzem, dichtem Rasen bedeckt. Auf der Höhe eines Hügels glaubte man die höchste Spitze des Gebirges erstiegen zu haben; aber es türmte sich immer wieder ein Berg auf, der ebenfalls erstiegen werden musste.

Endlich kamen wir auf die höchste Kuppe. Jedermann zog hier unwillkürlich die Zügel an, um sein Pferd zurückzuhalten. Der Boden schien unter den Füßen zu schwinden, denn der Felsen, siebentausend Fuß hoch, fiel senkrecht ab.

Ich sprang vom Pferd. Ich fühlte das Bedürfnis, festen Boden unter den Füßen zu haben. Ein furchtbarer Schwindel ergriff mich. Ich warf mich zu Boden und hielt beide Hände vor die Augen. Das nervöse Zittern, das mich befiel, schien sich dem Erdboden mitzuteilen, ich glaubte zu fühlen, wie der Fels unter mir bebte und zuckte; aber es war mein ungestüm pochendes Herz.

Endlich richtete ich mich auf. Es bedurfte einer großen Selbstbeherrschung, um in den tiefen Abgrund hinunterzuschauen.

Ich sah ein endlos weites Tal, in dessen Hintergrund sich zwei Silberstreifen schlängelten.

Dieses Tal war das ganze Land der Awaren. Die beiden Silberstreifen waren der Koisu von Andi und der Koisu von Awarien, aus deren Zusammenfluss der Sulak entsteht. Zu unseren Füßen, am rechten Ufer des awarischen Koisu, sah man Gimry, den Geburtsort Schamyls, mit seinen prächtigen Obstgärten. Bei der Verteidigung dieses Dorfes fiel Kasi-Mullah und erschien Schamyl zum ersten Mal auf dem Kriegsschauplatz.

Auf der anderen Seite des Flusses, auf einem ziemlich hohen Plateau lag das Dorf Unsukun, in dem jedes Haus befestigt und mit einer Mauer umgeben ist.

Am Horizont sind die Trümmer von Achulgo noch sichtbar, obschon der Ort nicht mehr bewohnt ist. In diesem Aul wurde der junge Dschemal-Eddin gefangengenommen. Links liegt, kaum sichtbar, der Aul Khunsak. Weiterhin, in einem Tal, wo der awarische Koisu entspringt, erscheint ein kaum bemerkbarer Punkt, das Dorf Kabada, in das sich Schamyl, falls er aus seinem Versteck vertrieben wird, aller Wahrscheinlichkeit nach zurückziehen wird.

Rechts von Kabada, wenn man den Lauf des Koisu von Andi verfolgt, sieht man eine bläuliche Schlucht, wo alle Gegenstände in Dunst verschwimmen. Es ist das Land der Tuschinen, eines mit Russland verbündeten christlichen Volksstammes, der mit Schamyl in ewiger Fehde lebt. Einige hier und da aufsteigende Rauchsäulen zeigen die nicht sichtbaren Dörfer an.

Auf dem Gipfel des Karanay sieht man sehr plastisch die staunenswerte Zerklüftung der Kaukasuskette. Kein Land der Welt ist durch vulkanische Erschütterungen mehr heimgesucht worden als Daghestan. Die Berge scheinen wie die Menschen durch einen rastlosen, erbitterten Kampf zerrissen worden zu sein.

Eine alte Sage erzählt, der Teufel habe einen auf dem höchsten Gipfel des Kaukasus wohnenden frommen und Gott wohlgefälligen Eremiten unaufhörlich geplagt. Damals bestand der Kaukasus noch aus einer Reihe fruchtbarer, mit Rasen bedeckter, leicht zugänglicher Berge. Der Eremit bat Gott um Erlaubnis, dem Satan ein für alle Mal seine tückischen Streiche zu verleiden. Gott gab ihm die Erlaubnis, ohne ihn zu fragen, wie er seinen Zweck zu erreichen gedenke.

Der Eremit machte nun eine Zange weißglühend, und als der Teufel wie gewöhnlich den Kopf in die Tür steckte, rief der fromme Mann den Himmel um Beistand an und fasste mit der glühenden Zange die Nase Satans.

Satan fühlte so große Schmerzen, dass er wie rasend auf den Bergen herumtanzte und den Kaukasus von Anapa bis Baku mit seinem Schwanz peitschte. Überall, wo der Schweif des Satans den Erdboden traf, entstanden Täler und Schluchten in so toller Verwirrung, dass es in der Tat am vernünftigsten ist, sich der Legende anzuschließen und dem Teufel die Ursache dieser Verwüstung zuzuschreiben.

Wir blieben etwa eine Stunde auf dem Gipfel des Karanay. Ich hatte mich nach und nach an diese wunderbare, schwindelnde Felsenkuppe gewöhnt und musste Bagration gestehen, dass ich weder auf dem Faulhorn und Rigi noch auf dem Ätna eine solche Aussicht gehabt hatte. Und doch fühlte ich mich unaussprechlich wohl, als ich diesem prachtvollen Abgrund den Rücken kehrte.

Aber vorher wurde uns noch eine Überraschung bereitet. Unsere fünfhundert Soldaten schossen mit echt russischer Präzision ihre Gewehre ab. Kein Donner, kein Vulkan kann ein furchtbareres Getöse verursachen.

Man führte mich noch näher an den Abgrund. Ich sah siebentausend Fuß unter mir die Einwohner von Gimry – oder vielmehr Ameisen, die man für menschliche Wesen hielt – aus den Häusern hervorstürzen. Sie mochten wohl glauben, der Karanay werde zusammenfallen.

Wir traten nun den Rückweg an. Ich fühlte mich unaussprechlich wohl in dem Bewusstsein, dass ich mich mit jedem Schritt mehr von dem Gipfel des Karanay entfernte.

Wir speisten in der Festung Ischkarti und hätten in Buinaki übernachten können, aber wir waren so ermüdet, dass wir dem Fürsten vorschlugen, erst am anderen Morgen abzureisen.

Während wir Tee tranken, wurde ich gebeten, in mein Zimmer zu gehen, wo mir der Regimentsschneider das Maß zu einer vollständigen Offiziersuniform nehmen wollte. Ich war auf den Vorschlag des Obersten von den Soldaten einstimmig zum Ehrenmitglied des Regiments der eingeborenen Bergvölker erwählt worden. Die Musik spielte den ganzen Abend zur Feier meiner Aufnahme in das Regiment.

Derbent

Bei Tagesanbruch reisten wir weiter. Das Wetter war wieder schön geworden, der Schnee war verschwunden und man verhieß uns eine sommerliche Reise bis Derbent.

In Buinaki fanden wir unsere Fuhrwerke und den Diener des Fürsten. Ich blieb mit dem Diener im Wagen des Fürsten; Moynet und Kalino nahmen von dem meinen Besitz. In fünf Minuten waren die Pferde gewechselt, und wir fuhren ab.

Zweihundert Schritte von dem Aul jagten wir ein Volk Rebhühner auf, das nur fünfzig Schritte weit flog und dann niederfiel. Wir hielten an, und ich schoss eines davon. Die Kette flog nun über einen kleinen Hügel, der uns die Aussicht raubte. Ich ging ihr nach.

Als ich die Anhöhe erreichte, vergaß ich die Rebhühner; ich hatte das Kaspische Meer vor mir. Die ganze blaue Wasserfläche war spiegelglatt, aber öde wie die Steppe, deren Fortsetzung das Binnenmeer zu sein schien.

Es war eine großartige Einöde, dieses hyrkanische Meer, wie es im Altertum hieß. Es war ein fast unbekanntes Gewässer vor Herodot, dem ersten Geschichtsschreiber, der über seine Ausdehnung und seine Grenze Auskunft gab. Der Kaspisee ist heutzutage nicht viel mehr bekannt als zur Zeit Herodots. Dieser größte See der Erde nimmt alle nördlichen, westlichen und südlichen Flüsse, im Osten aber nur Sand auf; er versandet daher immer mehr und wird wohl im Laufe der Zeiten die Zahl jener Salzsümpfe vermehren, die sich in den Kirgisen- und Nogaisteppen so häufig finden.

Gegen vier Uhr nachmittags trafen wir in Karakent ein. Wir nahmen die Lebensmittel aus dem Wagen und speisten.

Die russischen Betten haben den großen Vorzug, dass sie nicht zur Faulheit verleiten. Der erste Morgenstrahl fällt, weder von Fensterläden noch Vorhängen aufgehalten, auf die Augenlider des Schlummernden. Man schlägt die Augen auf und stöhnt oder flucht, je nachdem man ein melancholisches oder cholerisches Temperament hat. Man erhebt sich von der Pritsche, und die Morgentoilette ist fertig; denn man ist völlig angekleidet, gebürstet und wenn man nicht mit großer Hartnäckigkeit Wasser verlangt – sogar gewaschen.

Ich hatte in Kasan drei kupferne Waschbecken gekauft. Wenn wir sie aus dem Wagen nahmen, waren sie ein Gegenstand des Staunens für die Posthalter, die nicht begreifen konnten, wozu wir die Waschbecken mit Wasser füllten und unsere Köpfe und Hände vom Staub reinigten.

Wir standen bei Tagesanbruch auf. Das Dorf Karakent bot im Frühnebel, den die aufgehende Sonne mit ihren goldenen Strahlen durchbrach, einen reizenden Anblick.

Derbent war nur noch fünfzig Werst entfernt, und wenn kein Hindernis eintrat, sehr leicht in einem Tag zurückzulegen. Auf der Reise, zumal im Kaukasus, muss man freilich immer mit Schwierigkeiten rechnen. Das Hindernis kam: Achtzehn Werst von Derbent, in Khan-Mammet-Kalniskaja, waren keine Pferde zu haben.

Aber Fürst Bagration wusste das Hindernis schnell zu beseitigen. Er stellte sich mitten auf die Landstraße, hielt die ersten vorbeifahrenden Arabas an und verwandelte die Fuhrleute halb lachend, halb drohend, tatarische Wörter im Munde und Geld in der Hand, in Mietkutscher und ihre schlechten Gäule in Postpferde.

Wir fuhren ab. Unterwegs fanden wir Retourpferde und entließen die Tataren samt ihren Dreigespannen, um schneller vorwärtszukommen.

Gegen zwei Uhr nachmittags wurde uns die Nähe von Derbent, das noch hinter einer Hügelreihe verborgen war, durch einen tatarischen Friedhof verraten. Ein ganzer amphitheatralisch geformter, eine Werst hoher Hügel war mit Grabsteinen bedeckt.

»Aber was sehe ich da?«

»Es ist Derbent.«

Es war wirklich Derbent, aber eine lange pelasgische Mauer, die sich von der Höhe des Berges bis an den Kaspisee erstreckte, versperrte uns den Weg.

Jedoch ein weites, hohes Tor von orientalischer Bauart, das schon den Jahrhunderten Trotz geboten hatte, tat sich vor uns auf. Neben diesem Tor war ein Springbrunnen, vermutlich von den Pelasgern erbaut; Tatarinnen mit langen bunten Schleiern schöpften Wasser. An der Mauer standen, regungslos wie Bildsäulen, bewaffnete Männer. Sie sprachen nicht miteinander, sahen die an ihnen vorübergehenden Weiber nicht an – sie träumten.

Auf der anderen Seite der Straße sah man verfallenes Gemäuer, wie es im Orient fast immer bei den Stadttoren und Brunnen zu sehen ist; man konnte fast glauben, es sei bloß da, um die Landschaft malerischer zu gestalten. Im Innern des Gemäuers, das ohne Zweifel vormals ein Haus gewesen war, standen große Eichen und Nussbäume.

Wir ließen die Wagen anhalten. Man findet selten eine Stadt, die den Begriffen entspricht, die man sich nach Namen, Entstehung und wichtigen Begebenheiten von ihr gemacht hat. Aber Derbent war wirklich das »Eiserne Tor«; es war die große Mauer, die Asien von Europa trennen und gegen die furchtbaren Skythen schützen sollte. Es war die Grenzstadt, die zwischen Europa und Asien erbaute, zugleich europäische und asiatische Stadt.

In der oberen Stadt eine Moschee, ein Basar, Häuser mit flachen Dächern, steile Straßen, zur Festung hinanführend. In der unteren Stadt Häuser mit grünen Giebeldächern, Kasernen, Droschken, Lastwagen. In den Straßen wimmelte es von persischen, tatarischen, tscherkessischen, armenischen und georgischen Trachten.

Hier und da schritt langsam und gemessenen Schrittes, wie ein in das Bahrtuch gehülltes Gespenst, eine Armenierin mit ihrem langen Schleier. Das Gewand erinnerte an die Vestalinnen. Der Anblick war überraschend schön.

Wir hielten vor dem Haus des Gouverneurs. General Aktschejew war in Tiflis; aber die Dienerschaft empfing uns. Der

Tisch war gedeckt, Fürst Bagration hatte seinen Zauberstab von Schura nach Derbent ausgestreckt.

Wir aßen möglichst rasch, denn wir wollten die letzte Tageshelle nutzen, um uns bis an den nur zwei- bis dreihundert Schritte entfernten See zu begeben.

Bagration war so gütig, uns die Stadt zu zeigen. Derbent ist seine Stadt. Jedermann kannte und grüßte ihn.

Der erste Gegenstand, der meine Aufmerksamkeit erregte, war eine kleine, mit einer Kette umspannte Erdhütte. Vor dieser Hütte sind zwei Kanonen aufgepflanzt, und auf zwei steinernen Pfeilern stehen die Jahreszahlen 1722 und 1848 mit der russischen Inschrift: »Die erste Ruhe Peters des Großen.« Peter kam im Jahre 1722 nach Derbent. 1848 wurde die Kette um die von ihm bewohnte Hütte gezogen.

Der große Zar fand zu seinem Leidwesen keinen Hafen an dem großen Binnenmeer. Derbent hat nicht einmal eine Reede. Die Schiffe fahren durch einen fünfzehn Fuß breiten Kanal. Eine Art Hafendamm erstreckt sich etwa fünfzig Schritte ins Meer. Er ermöglicht bei ruhigem Wetter das Einschiffen außerhalb der Brandung; bei stürmischem Wetter aber schlagen die Wellen über ihn hinweg.

Vom Seeufer übersieht man die ganze amphitheatralisch sich ausbreitende Stadt. Es ist eine Häuserkaskade, die sich von der Höhe der ersten Hügelkette bis zum Strand erstreckt. Nach unten bekommen die Häuser ein immer mehr europäisches Aussehen. Die obere Stadt ist ein tatarischer Aul, die untere eine russische Kaserne.

Überall sind die Mauern unversehrt, hier und da ausgebessert. Kosru Nuschirvan hat diese Befestigungen um das Jahr 562 in seinen Kriegen gegen Justinian errichtet. Diese Ansicht scheint durch das südliche Tor bestätigt zu werden; man sieht über demselben den persischen Löwen.

Wir begaben uns erst in dunkler Nacht nach Hause in den Gouvernementspalast, und wir wünschten, die Nacht möge so schnell vergehen wie eine kurze Sommernacht, denn wir hatten großes Verlangen, die merkwürdige Stadt näher in Augenschein zu nehmen.

Oline Nestersow

Bei Tagesanbruch waren wir auf den Füßen. Wir wollen indes nicht undankbar sein gegen die Betten des Gouverneurs; in Derbent schliefen wir zum dritten Mal auf Matratzen und reinen Betttüchern.

Außer den Nebenstraßen hat Derbent zwei Hauptstraßen, die die eigentlichen Verkehrswege bilden und die Stadt kreuzweise durchschneiden. Die eine Hauptstraße verläuft von der Küste zur Perser- und Tatarenstadt hinauf bis zum Basar; die andere verbindet das südliche Tor mit dem nördlichen, oder – wenn man diese Benennung vorzieht – das Löwentor mit dem Springbrunnentor.

Die aufsteigende Hauptstraße hat auf beiden Seiten eine Menge Kaufläden, in denen fast ausschließlich Eisen- und Kupferschmiedewaren feilgeboten werden. In jedem Laden ist eine Nische, in der ernst und regungslos ein Sperber sitzt. An Feiertagen macht sich der Kupferschmied das noble Vergnügen, mit seinem Sperber auf die Lerchen- und Rebhühnerjagd zu gehen.

Nachdem wir den Basar besucht hatten, gelangten wir zur Moschee. Der Mullah war bereit, uns herumzuführen. Ich wollte, der orientalischen Sitte gemäß, meine Stiefel ausziehen; aber er ließ es nicht zu, er hob die geweihten Teppiche auf und ließ uns auf den Steinplatten gehen.

Als ich aus der Moschee trat, fiel mir eine Art Gedächtnissäule auf. Ich vermutete, dass sich eine Sage oder Geschichte an sie knüpfte und bat um Auskunft.

Ich hatte mich nicht geirrt. Vor etwa hundertdreißig Jahren stand Derbent, die Perserstadt, unter der Herrschaft Nadir Schahs. Die Einwohner empörten sich gegen einen sehr milden, friedlichen Statthalter und vertrieben ihn aus ihren Mauern.

Nadir Schah aber, der Herr Asiens, wollte sich das Tor von Europa nicht verschließen lassen; er schickte an die Stelle des milden Statthalters seinen grausamsten Günstling mit dem Befehl, die Stadt um jeden Preis wieder zu erobern und die rebellischen Einwohner zu züchtigen.

Der neue Khan zog vor Derbent, sprengte die Tore und nahm die Stadt in Besitz.

Am Tage nach seinem Einzug befahl der Khan allen Gläubigen, sich in die Moschee zu begeben. Die guten Moslem folgten der Weisung, die schlechten blieben zu Hause. Den Gehorsamen ließ er bei ihrem Eintritt in die Moschee ein Auge ausreißen; den Ungehorsamen, die zu Hause geblieben waren, wurden beide Augen ausgestochen.

Alle diese ausgestochenen Augen sind unter der Säule begraben, die vor der Moschee zwischen zwei Platanen steht.

Während ich dieser Erzählung zuhörte, die einem Märchen der Sultanin Scheherazade ziemlich ähnlich war, hatte man vier Reitpferde vorgeführt.

»Wir reiten auf die Zitadelle, weil der Weg nicht fahrbar ist«, sagte der Fürst.

»Können wir denn nicht zu Fuß hinaufgehen?«

»Jawohl, wenn Sie Ihre Stiefel im Kot stecken lassen wollen; aber wenn Sie sich dem Kommandanten, seiner Frau und Tochter in anständiger Verfassung vorstellen und oben frühstücken wollen, so steigen Sie zu Pferde.«

»Wie, wir sollen beim Kommandanten frühstücken?«

»Er hat mir wenigstens sagen lassen, dass er uns erwartet.«

Ich bestieg ein Pferd. Der Fürst Bagration ritt voran, und bald kamen wir in die Festung.

Der Oberst erwartete uns mit seinem Adjutanten am Tor. Nach der ersten Begrüßung bat ich um Erlaubnis, mich umzusehen. Ich erblickte nun die Stadt von oben. Sie dehnte sich in einer Länge von drei Kilometern und in einer Breite von einem Kilometer aus. Man sah nur die von Straßen durchschnittenen Reihen von Dächern und in der ganzen Stadt nur zwei Baumgruppen. Die eine war der öffentliche Garten, die andere bestand aus den Platanen, welche die Moschee umgeben und in deren Schatten die Augen der Einwohner von Derbent begraben sind.

Es war ein großartiges Bild, das sich vor meinen Blicken entrollte, und ich würde es noch länger betrachtet haben, wenn der Fürst mich nicht aufgefordert hätte, das Frühstück nicht kalt werden zu lassen.

Wir wurden von einer liebenswürdigen Familie empfangen. Die Frau des Hauses, die Tochter, die Schwester, alle sprachen französisch. Beim Frühstück erzählte mir der Kommandant, dass Bestuschew-Marlynski nach seiner Rückkehr aus Sibirien in der Festung gewohnt habe.

»Wissen Sie auch«, setzte die Frau des Hauses hinzu, »dass Oline Nestersow fünfhundert Schritte von hier begraben ist?«

»Nein«, antwortete ich, »ich weiß es nicht.«

Bestuschew war mir wohlbekannt. Alexander Bestuschew, unter dem Schriftstellernamen Marlynski bekannt, war der Bruder Nicolai Bestuschews, der mit Pestei, Kakowski-Rylejew und Murajew wegen der Dekabristenverschwörung vom 14. Dezember 1825 in Petersburg hingerichtet wurde. Alexander Bestuschew war, wie sein Bruder, zum Tode verurteilt worden, aber der Kaiser Nikolaus schenkte ihm das Leben und schickte ihn in die sibirischen Bergwerke. Zwei Jahre später erhielt er die Erlaubnis, den Krieg im Kaukasus als gemeiner Soldat mitzumachen. Als er in der Zitadelle von Derbent wohnte, war er wieder zum Fähnrich vorgerückt.

Ich kannte also Alexander Bestuschew-Marlynski als Dekabristen, als Verbannten, Künstler, Dichter und Schriftsteller. Aber ich sah darin keinen Zusammenhang mit Oline Nestersow, deren Grab sich fünfhundert Schritte von der Festung befand. Ich bat daher um Auskunft.

»Wir wollen Ihnen zuerst ihr Grab zeigen«, sagte die Frau des Kommandanten, »und dann sollen Sie ihre Geschichte hören.«

Als wir gefrühstückt hatten, erboten sich die Damen, uns zum christlichen Friedhof zu führen.

Wir stiegen noch etwa hundert Schritte hinauf, um aus der Festung zu kommen, und befanden uns auf einem Plateau, das auf der einen Seite eine tiefe Schlucht beherrscht, auf der anderen aber eine Abstufung des noch höher aufsteigenden Berges bildet.

Wir wandten uns nach links, als wir aus dem Bergtor getreten waren. In der Nähe eines kleinen Friedhofes, der den Kaspisee beherrscht, steht ein einfaches Grabmal. Auf der einen Seite befindet sich die Inschrift: »Hier ruhen die Gebeine des Fräuleins Oline Nestersow, geboren 1814, gestorben 1833«. Auf der anderen Seite ist eine vom Blitzstrahl zerrissene, entblätterte Rose in den Stein gehauen. Darüber steht das russische Wort Sudba – Verhängnis.

Oline Nestersow war die Geliebte Bestuschews. Seit einem Jahr erfreuten sie sich eines ungetrübten Glückes. Bei einem fröhlichen Gelage rühmte Bestuschew die Treue seiner Geliebten. Einer der übrigen drei Genossen bot eine Wette an, er werde Oline zur Untreue verleiten. Bestuschew nahm die Wette an. Der glückliche Mensch weiß ja selten sein Glück zu schätzen und wird seiner wohl gar überdrüssig.

Oline soll ihrem Geliebten untreu geworden sein. Bestuschew, der keinen Zweifel hegen konnte, erschoss sie und ließ sie in ihrem Blut schwimmend liegen.

Man eilte zu der Sterbenden. Der Schuss war ihr durch die Brust gedrungen. Eine abgeschossene Pistole lag neben ihr. Sie konnte noch sprechen und ließ einen Priester kommen. Zwei Stunden später verschied sie.

Der Priester beteuerte, Oline Nestersow habe ihm erklärt, dass sich die Pistole zufällig entladen habe, als sie diese den Händen Bestuschews entreißen wollte. Sie habe dem Geliebten diese unfreiwillige Tötung verziehen.

Es wurde gegen Bestuschew eine Untersuchung eingeleitet, aber auf die beschworene Aussage des Priesters wurde er freigesprochen.

Er ließ ihr das Denkmal setzen, die Inschrift eingravieren und die vom Blitzstrahl zertrümmerte Rose in den Stein hauen – ein schauerlich wahres Symbol des Schicksals der armen Oline.

Seit jenem Schreckenstag aber war Bestuschew in sehr trüber, düsterer Stimmung; er suchte die Gefahr, er sehnte sich nach dem Tod. Er nahm als Freiwilliger an allen Kriegszügen teil, und wie tollkühn er sich auch in den dichtesten Kugelregen stürzte, er blieb immer unverletzt.

Endlich, im Jahre 1841, wurde ein Kriegszug gegen die Abaserzki unternommen. Als man gerade in einen Wald marschieren wollte, brachten Kundschafter die Nachricht, eine den Russen dreifach überlegene Schar von Feinden halte den Wald besetzt und habe sich verschanzt. Der Oberst ließ zum Rückzug blasen. Bestuschew kommandierte die Plänkler mit dem Hauptmann Albrand. Statt dem Hörnersignal Folge zu leisten, drangen beide tief in den Wald. Hauptmann Albrand kam zurück, Bestuschew aber nicht.

Fürst Tarkanow schickte Hauptmann Albrand mit fünfzig mingrelischen Jägern ab, um Bestuschew zu suchen. Während diese Abteilung den Wald durchsuchte, brachte man dem General eine Taschenuhr, die als Bestuschews Eigentum erkannt wurde.

Das ist alles, was man je von ihm gefunden und erfahren hat.

Die Karawanserei des Schah Abbas

Wir mussten scheiden. Seit vier Tagen reisten wir mit dem Fürsten Bagration und hatten uns nicht eine Stunde des Tages voneinander getrennt. Er war alles für uns: unser Cicerone, unser Dolmetscher, unser Wirt.

Vor der Abreise wollte ich, wie gewöhnlich, einige Lebensmittel einkaufen; aber der Fürst antwortete: »Sie haben in Ihrer Tarantasse schon einige Hühner und Fasanen, harte Eier, Brot, Wein, Salz und Pfeffer; überdies werden Sie bis Baku überall den Tisch gedeckt finden.«

»Und in Baku?«, fragte ich lächelnd, denn ich glaubte nicht, dass sich sein Zauberstab weiter erstreckte.

»In Baku wohnen Sie bei Herrn Pigulewski, dem Bezirkschef. Sie werden einen freundlichen, zuvorkommenden Mann, eine liebenswürdige Frau und eine schöne Tochter finden. In Schemacha werden Sie bei dem Stadtkommandanten sehr freundliche Aufnahme finden. In Nuksa ist der Fürst Tarkanow, ein wackerer Degen. Er wird Ihnen einen Brillantring zeigen, den ihm der Kaiser für zweiundzwanzig Banditenköpfe zum Geschenk gemacht hat. Küssen Sie in meinem Namen seinen zwölfjährigen Sohn, der so gut französisch spricht wie Sie. In Zarska-Kalatzi finden Sie den Fürsten Mellikow und den Grafen Toll, die Ihnen Pferde geben, um einen der hundert in Trümmern liegenden Paläste der Königin Tamara zu besuchen. In Tiflis endlich kehren Sie bei Ihrem Konsul, Baron Finot, ein. Was hinter Tiflis ist, kümmert mich nicht mehr, dafür müssen andere sorgen.«

»Und alle diese Herren sind benachrichtigt?«

»Vor drei Tagen ist ein Kurier abgegangen. Überdies haben Sie bis Baku einen Nuker bei sich, der den Auftrag hat, für Ihre Reisebedürfnisse zu sorgen. In Baku werden Sie einen anderen bis Schemacha und von dort bis Nukha wieder einen bekommen.«

Endlich fuhren wir um eine Straßenecke, und ich warf noch einen Blick auf die Straßen von Derbent und auf das prachtvolle Tor, das wahrscheinlich von Kosru Nuschirvan erbaut worden ist.

Wir kamen in den zweiten Weltteil Asien.

Die Landschaft war herrlich. Links breitete sich der Spiegel des Kaspisees aus, rechts erhoben sich die Berge. Unzählige Pelikane plätscherten im Wasser. Plötzlich entstand eine große Verwirrung unter den sonst so ruhigen Vögeln; sie flogen schreiend auseinander. Dies erregte meine Aufmerksamkeit. Mein scharfes Auge entdeckte zwei oder drei kaum bemerkbare schwarze Punkte, die ich als die Ursache der Verwirrung erkannte.

Die schwarzen Punkte waren Falken, die Jagd auf die Pelikane machten. Bald verschwanden die schwarzen Punkte, und nur die weißen Flecke der fliehenden Pelikane blieben nach einer Weile zwischen dem doppelten Azurblau des Himmels und des Wasserspiegels sichtbar, bis sie endlich ebenfalls wie schmelzende Schneeflocken in der Luft verschwanden.

Unsere Eskorte machte es ungefähr ebenso wie die Pelikane. Als wir Derbent verließen, hatten wir fünfzig Milizsoldaten und sechs Linienkosaken. Einige der Milizsoldaten, die keine Uniform, sondern beliebige Anzüge trugen, sahen äußerst malerisch aus. Die Tataren verwenden alles auf die Waffen; mancher Milizmann, dessen Kleider zerlumpt waren, trug einen Gürtel, der fünfzig Rubel wert war; Handschar und Schaska hatten gewiss hundert, die Patronentaschen fünfundzwanzig Rubel gekostet.

Als wir die zweite Station Kulasch erreichten, bestand unsere Eskorte nur noch aus fünfzehn Milizen und drei Kosaken. Übrigens war es nur eine Ehrenbegleitung, denn zwischen Derbent und Baku ist nichts zu fürchten, obschon der Weg an der lesghischen Grenze hinführt.

Nach der dritten Station kamen wir an das Ufer des Samur. Dieser reißende Gebirgsbach tritt gewöhnlich im Mai über die Ufer und überschwemmt eine halbe Werst. Wir fanden ihn von der Breite eines gewöhnlichen Baches, aber er tobte und brauste gegen die Wagenräder, als wir hindurchfuhren.

Wir fuhren das steile Ufer, das eine mehr als zwanzig Fuß hohe Böschung bildet, im Galopp hinauf. Wenn die Pferde beim Hinunterfahren stürzten, so wäre man verloren; wenn sie beim Ersteigen einer Anhöhe zurückwichen, wäre man ebenfalls verloren. Aber die Pferde stürzen nicht und weichen nicht zurück, und so kommt man glücklich mit dem Leben davon.

Gegen Abend trafen wir in Kuba ein. Es war schon dunkel, als wir in die Judenvorstadt kamen. Die Juden sind hier ausnahmsweise mehr Landwirte als Kaufleute.

Wir fuhren durch ein enges Tor und glaubten einen See, aus dem die Häuser wie Inseln hervorragten, vor uns zu haben. Die Straßen hatten Ähnlichkeit mit den Kanälen in Venedig. Unsere Tarantassen kamen bis an die Achsen ins Wasser. Da war mir der Samur, trotz seines übermütigen Tobens und Brausens, doch lieber; man sah wenigstens den mit Kieseln bedeckten Boden durch das kristallhelle Wasser.

Der Führer unserer Eskorte zeigte uns unsere Wohnung, wo das Abendessen zubereitet war.

Die Stadt ist mit der Umgebung wegen der ungesunden Luft berüchtigt. Die russische Garnison wird daher auch sehr oft gewechselt, die Soldaten würden es hier keine drei Jahre aushalten.

In Kuba sieht man immer den höchsten Gipfel des Kaukasus, unter anderen den Schah-Dagh (Königsberg), einen mit ewigem Schnee bedeckten Bergriesen.

Um acht Uhr morgens waren die Pferde angespannt, die Eskorte bereit. Der Bezirkschef, der uns vortrefflich bewirtet hatte, begleitete uns an den Wagen.

Während wir weiterfuhren, dehnte sich das lange Vorgebirge Apscheron zu unserer Rechten aus; mit jeder Werst glaubten wir das Ende desselben zu sehen, und immer kam eine neue noch größere Landspitze. Übrigens war das Wetter herrlich, die Luft ganz sommerlich mild, und je weiter wir kamen, desto schöner belaubt wurden die Bäume.

Wir kamen in der Nacht zur Station Pumgaid. Fünfhundert Schritte von uns hörte man das Brausen des Kaspischen Meeres, das wir seit einiger Zeit aus dem Gesicht verloren hatten. Ich stieg auf einen kleinen Sandhügel, um es im Sternenlicht zu sehen.

Von der spiegelglatten Wasserfläche wandte sich mein Blick wieder zur Steppe, die sich zwischen uns und der äußersten Landspitze ausbreitete. Zwei oder drei Werst von der Station brannten mehrere Lagerfeuer.

Ich eilte zur Post zurück. Die Pferde waren noch nicht gewechselt. Ich schlug meinen beiden Reisegefährten vor, zwei Werst weiter zu fahren und wieder einmal in unserem Zelt zu schlafen, um ein Tatarenlager in Augenschein zu nehmen.

Der Vorschlag wurde angenommen. Ich bot dem Kutscher einen Rubel Trinkgeld, und dieser zweite Vorschlag wurde mit noch größerer Freude angenommen als der erste. Das Abendessen wurde in die Telega gebracht, wir setzten uns wieder in die Tarantasse und fuhren ab in Begleitung eines Tataren, der uns bei unseren neuen Bekannten als Dolmetscher dienen sollte.

Zehn Minuten später sahen wir zu unserer Rechten das Tatarenlager, das inmitten der Wüste um ein in Trümmern liegendes großes Gebäude errichtet war.

Wir fragen zuerst nach dem Gebäude. Man antwortete uns, es sei eine der von Schah Abbas nach seiner Eroberung zurückgelassenen Karawansereien. Die Trümmer bestanden aus einer langen Mauer mit Türmen, die eingestürzt waren, einst aber Terrassen gebildet hatten.

Beim flackernden Licht der Lagerfeuer könnte man auf dieser Mauer Hieroglyphen erkennen, die in den Stein gehauen waren. Außer der langen Mauer und den Türmen gab es noch drei niedrige Bogenwölbungen, die auf einen mit Trümmern bedeckten Platz führten, und einige Tataren hatten sich hier um ein Feuer gelagert.

Karaiten und Tataren

Wir fragten die Tataren, ob wir bei ihnen unser Zelt aufstellen könnten. Sie antworteten, es stehe uns frei, unser Zelt aufzuschlagen, wo es uns beliebe, die Steppe sei Gemeingut. Auf unsere Anfrage, ob wir ihr Lager besuchen dürften, hießen sie uns willkommen.

Während vier Kosaken unser Zelt von der Telega nahmen und auf der anderen Seite der Straße an einem ausgetrockneten Brunnen aufschlugen, gingen wir auf den Teil des Lagers zu, der sich neben der langen Mauer befand und uns am nächsten war. Es schien das Hauptlager zu sein.

Die Tataren saßen im Kreise auf Mehlsäcken, die sie aus Baku geholt hatten und der kaukasischen Armee zuführten. Sie waren gerade mit Brotbacken beschäftigt. Dies ging schnell. Sie schnitten von einer großen Masse frischgekneteten Teigs ein faustdickes Stück ab, legten es auf eine mit Kohlen geheizte eiserne Trommel, breiteten den Teig mit einer hölzernen Walze aus, ließen ihn auf der einen Seite backen, wandten ihn um, und das Brot war fertig. Einer der Tataren stand auf, ging uns entgegen und reichte uns ein Stück Brot und Steinsalz als Symbol der Gastfreundschaft.

Wir nahmen Brot und Salz und setzten uns auf einige Mehlsäcke.

Die Bewirtung mit Brot und Salz schien man jedoch nicht für ausreichend zu halten, denn ein Tatar schnitt von einer an der Mauer hängenden Pferdekeule ein großes Stück ab, zerschnitt es in dünne Scheiben und legte diese auf die Trommel, die zum Brotbacken gedient hatte. Das Fleisch fing an zu dampfen und zu zischen. In fünf Minuten war es gebraten, und man gab uns zu verstehen, dass es für uns bestimmt sei. Wir zogen nun die kleinen Messer hervor, die in jeder Handscharscheide stecken, spießten die gebratenen Fleischscheiben auf und aßen sie mit Brot und Salz.

Wir hatten oft an vornehmen Tafeln weit schlechter gegessen. Dieses Lager hatte allerdings auch etwas Poetisches. Wir waren ja die Gäste der Nachkommen Dschingis-Khans und Timurs, in den Steppen am Kaspisee, bei den Ruinen einer vom Schah Abbas erbauten Karawanserei. Auf der einen Seite hatten wir die himmelhohen Berge von Daghestan, aus denen jeden Augenblick eine Räuberhorde hervorbrechen und uns überfallen konnte, auf der anderen Seite das große Binnenmeer, das noch jetzt in Europa so unbekannt ist wie zur Zeit Herodots in Griechenland. Rings um uns klingelten die Schellen von fünfzig Kamelen, die das verdorrte Gras abweideten oder mit langgestrecktem Hals auf dem Sande lagen. Fürwahr, eine solche Nacht macht einen zu tiefen Eindruck auf die Phantasie, als dass man sie je wieder vergessen könnte.

Wir schieden mit freundschaftlichem Händedruck von unseren Gastgebern. Der Tatar, der uns begrüßt hatte, reichte uns zum Abschied wieder ein Brot.

Ich fragte den Häuptling nach seinem Namen; er heißt Abdel-Asim. Gott behüte ihn!

Baku

Bei Tagesanbruch erwachten wir und sahen uns nach den Tataren und ihren Kamelen um; aber das ganze Lager war in der Nacht abgebrochen worden, die Steppe war so verödet wie der große See, auf dem kein Segel zu sehen war.

Unser Tatar hatte uns frische Pferde kommen lassen, während wir noch schliefen und wir konnten ohne Verzug abreisen.

Ein über der Erde lagernder bläulicher Dunst verhieß einen schönen Tag. Auf den Vorbergen sprangen Scharen von wilden Ziegen, die so scheu waren, dass ich ihnen nie auf Schussweite nahekommen konnte. Die Berge waren auf den Gipfeln rosenrot, in den unteren Teilen violett; die Steppe war goldgelb, das Meer tiefblau.

Wir sollten nun den verödeten, vergessenen Kaspisee verlassen, um ihn erst in Baku wiederzusehen. Wir waren nämlich an der Stelle der Halbinsel Apscheron, wo der Weg, der seit Kisil-Burun am Seeufer hinführte, sich plötzlich rechts wendet, in die Steppe dringt und die Halbinsel wie eine Lanzenspitze vortreten lässt.

Die ersten fünf bis sechs Werst, die wir zurücklegten, waren flach und gehörten zur Steppe; dann kamen wir an die ersten wellenförmigen Bodenerhebungen, die allmählich in Berge übergehen. In diesem Hügelland, das an Burgund erinnert, liegen kleine Dörfer, deren Schornsteine friedlich rauchten, deren Herden ruhig weideten. Das Getreide war aufgegangen, und die grünen Felder bezeichneten den Wiederbeginn der Zivilisation.

Ich seufzte unwillkürlich. Ich hatte von Zivilisation so lange nichts gehört, und es war mir recht wohl gewesen. Sollte der malerische, gefahrvolle Teil unserer Reise wirklich zu Ende sein? Unser Tatar, den wir befragten, beruhigte uns über diesen letzten Punkt. Am anderen Abhang des Kaukasus, zwischen Schemacha und Nukha, würden wir hinsichtlich der malerischen Gegenden und der Gefahren nach Wunsch bedient werden.

Der Weg führte ziemlich lange durch dieses Hügelland, bis wir endlich an eine steilere Anhöhe kamen. Wir stiegen ab, um den Pferden eine Erleichterung zu verschaffen und um den Gipfel dieses letzten Hügels zu ersteigen, der uns Baku zu verbergen schien.

Auf seinem höchsten Punkt sahen wir den Kaspisee wieder; aber zwischen uns und dem Ufer lag Baku in einem Tal.

Die Stadt besteht aus zwei getrennten Teilen, der sogenannten weißen und der schwarzen Stadt. Die Erstere ist eigentlich eine Vorstadt, die fast ganz unter der russischen Herrschaft erbaut worden ist. Die schwarze Stadt ist das alte Baku, die Perserstadt, die Residenz der Khane, mit Mauern umgeben, die zwar nicht so großartig und malerisch sind wie die von Derbent, aber doch ein eigentümliches Gepräge haben.

Mitten in der von Mauern eingeschlossenen Stadt, unter den dunklen Häusern unterscheidet man den noch dunkleren Palast der Khane, das verfallene Minarett, die alte Moschee und den Jungfernturm.

Eine Volkssage, die sich an diesen Turm knüpft, hat ihm diesen für ein so hohes und dickes Turmgebäude sonderbaren Namen gegeben. Ein Khan von Baku hatte eine sehr schöne Tochter; im Gegensatz zu Mirrha, die eine sündhafte Leidenschaft zu ihrem Vater hegte, wurde sie von ihrem Vater geliebt. Sie wusste nicht, wie sie die frevelhafte Begierde des Khans abweisen sollte. Schließlich sagte sie in ihrer Angst, sie werde sich seinen Wünschen fügen, wenn er ihr zum Beweis seiner Liebe den höchsten und stärksten Turm der Stadt bauen und ihr zur Wohnung einrichten wolle.

Der Khan berief sogleich die nötigen Arbeiter und ließ Hand ans Werk legen. Der Turm erhob sich schnell, der Kahn schonte weder Steine noch Menschen. Aber für die »Jungfer« war der Turm immer noch nicht hoch genug. »Noch ein Stockwerk!«, sagte sie so oft, als der Khan den Bau beendet glaubte. So wurde der Turm, obschon am Seeufer, in der unteren Stadt stehend, so hoch wie das im oberen Stadtteil stehende Minarett.

Endlich musste doch der Turm für fertig erklärt werden. Das Innere wurde mit den prächtigsten persischen Stoffen ausgeschmückt. Als der letzte Teppich gelegt war, stieg die Tochter des Khans, von ihren Dienerinnen gefolgt, auf die Plattform des Turmes unter dem Vorwand, sich an der schönen Aussicht zu weiden. Sie trat an die Zinnen, betete zu Allah und sprang in den See.

Baku

Die uralten Befestigungen von Baku gleichen denen der stärksten mittelalterlichen Burgen. Durch drei Mauern führen so enge Tore, dass man mit einer Troika nicht durch kann und die drei Pferde voreinander spannen muss. Wenn man in das nördliche Tor gekommen ist, befindet man sich auf einem Platz, wo die Bauart der Häuser ganz europäisch ist. Rechts steht die christliche Kirche.

Wir fuhren zu dem Bezirkskommandanten, Herrn Pigulewski, der uns sehr freundlich empfing und uns zum Essen einlud. Er hatte zwei tatarische Fürstinnen, Mutter und Tochter, zu Tisch, die nach mohammedanischer Sitte ihre Schleier in Gegenwart von Fremden nicht lüften durften.

Man gab uns einen Essaul, einen Fähnrich, der uns zu der für uns bestimmten Wohnung führte. Diese bestand aus den Klubzimmern, die man uns zur Verfügung gestellt hatte.

Wir freuten uns der kurzen Muße, um uns nach Herzenslust zu waschen; aber kaum plätscherten wir in unseren Waschbecken, so kam Herr Pigulewski.

Die beiden tatarischen Prinzessinnen waren bereit, von ihren nationalen und religiösen Gewohnheiten abzugehen. Sie wollten mich durchaus sehen. Der Koch hatte sogleich wieder Hand ans Werk gelegt, und es sollte in einer Viertelstunde gespeist werden.

Beim Eintritt in den Salon des Bezirkskommandanten fand ich seine heitere, frohe Stimmung sehr erklärlich; er ist der glücklichste Gatte und Vater. Seine Familie, bestehend aus einer bildschönen Frau von etwa vierunddreißig Jahren, einer sechzehnjährigen Tochter, die man für die jüngere Schwester ihrer Mutter halten könnte, und aus zwei kleineren Kindern, kam uns freundlich entgegen und begrüßte uns.

Die beiden tatarischen Fürstinnen und der Gemahl der jüngeren vervollständigten den Kreis, in dem wir eine so herzliche Aufnahme fanden.

Die eine Tatarin war die Frau, die andere die Tochter Machtikulis, des letzten Khans von Karabasch. Die Mutter mochte vierzig, die Tochter zwanzig Jahre alt sein. Beide waren in ihrer Nationaltracht. Die Tochter war reizend in dieser mehr reichen als geschmackvollen Tracht.

Ein vierjähriges Mädchen, das ebenso gekleidet war wie die Mutter, sah uns mit großen schwarzen Augen ganz erstaunt an, und an die Großmutter schmiegte sich ein fünfjähriger Knabe, dessen Hand zufällig oder unwillkürlich den Griff seines Handschars gefasst hatte. Es war ein wirklicher Handschar, zweischneidig und scharf. Eine französische Mutter würde in Ohnmacht fallen, wenn sie ein solches Spielzeug in den Händen ihres Kindes sähe.

Der Vater, Fürst Khasar-Uzmiew, war ein schöner, ernster Mann von fünfunddreißig Jahren. Er sprach das reinste Französisch. Er trug einen schwarzen Anzug mit goldenen Schnüren und die spitze georgische Mütze, an seiner Seite die vergoldete Scheide des Handschars mit elfenbeinernem Griff.

Ich gestehe, dass ich ganz überrascht war, ihn so geläufig und in so gewählten Ausdrücken sprechen zu hören.

Die Damen, die schon gespeist hatten, blieben als Zuschauerinnen bei Tisch. Die Tochter des Hauses, eine reizende Blondine, war unsere Dolmetscherin.

Nach Tisch setzten wir uns wieder in den Wagen, um die berühmten Feuersäulen Bakus zu sehen.

Sechsundzwanzig Werst von Baku befindet sich das Heiligtum Artesch-Gah, wo das ewige Feuer brennt. Dieses Feuer wird durch Naphtha unterhalten.

Nach einer zweistündigen Fahrt kamen wir auf einen Hügel, wo wir sämtliche Feuer übersahen. Man denke sich eine Ebene, etwa eine Quadratmeile groß, aus der hier und da Flammen hoch auflodern und vom Wind hin und her bewegt werden. Mitten unter diesen nie erlöschenden Feuern steht ein großes viereckiges, mit Kalk übertünchtes Gebäude, dessen Zinnen wie riesige Gasbrenner Flammen ausstrahlen. In der Mitte ist eine Kuppel, an deren vier Ecken hohe Flammen lodern. Die größten Flammen aber brennen an dem auf der Ostseite befindlichen Haupttor. Da wir von der Westseite kamen, so mussten wir um das Kloster herumfahren.

Der Anblick war ungemein glänzend und feierlich; nur an Festtagen findet eine allgemeine Beleuchtung statt. Herr Pigulewski hatte unsere Ankunft gemeldet, und es war Festtag.

Wir stiegen vor dem von Flammen umloderten Tor ab und gingen in das Gebäude. Das Innere besteht aus einem großen Hof, in dessen Mitte ein Altar mit einer Kuppel steht. Auf dem Altar brennt das ewige Feuer. An den vier Ecken glühen vier Herde, die von dem unterirdischen Feuer gespeist werden.

Ein Parse legte sein Priestergewand an; der andere, der ganz nackt war, zog eine Art Hemd über. Sie stimmten sodann einen ungemein lieblichen, wenn auch nur aus vier bis fünf Tönen bestehenden Gesang an. Von Zeit zu Zeit warf sich der Priester mit dem Gesicht zu Boden, und unterdessen schlug der Gehilfe zwei Becken aneinander.

Nach beendeter Zeremonie gab der Priester jedem von uns ein kleines Stück Kandiszucker und erhielt als Gegengeschenk ebenso viele Rubel.

Wir besuchten nun die äußeren Brunnen. Der tiefste ist etwa sechzig Fuß tief; man schöpfte früher Wasser daraus, das freilich einen salzigen Geschmack hatte. Das Wasser verschwand plötzlich; man warf einen brennenden Span hinein, um zu sehen, was aus dem Wasser geworden sei; der Brunnen entzündete sich sogleich und brennt seitdem immerfort. Es ist nicht ratsam, sich zu weit über diesen Brunnen zu lehnen, man könnte durch die aufsteigenden Dünste betäubt werden und hinunterstürzen. Dieser Brunnen ist daher mit einem Geländer umgeben.

Die Stadt, Basare und Moschee, Wasser und Feuer

Am anderen Morgen gegen neun Uhr meldete man uns den Tatarenfürsten Khasar-Uzmiew. Er machte uns mit echt europäischer Etikette seinen Besuch und stellte sich zu unserer Verfügung.

Die Pariser denken sich unter einem Tatarenfürsten einen Wilden mit einem Schafpelz, mit einer gurgelnden unverständlichen Sprache, ohne Kenntnis unserer Staatsverfassung, unserer Literatur und Zivilisation.

Diese Vorstellung ist indes falsch. Ein Tatarenfürst, wenn er Khasar-Uzmiew heißt, ist ein ganz anderer Mann. Er ist, wie schon erwähnt, ein sehr schöner Mann von fünfunddreißig Jahren, mit regelmäßigen Gesichtszügen, klugen, feurigen Augen, blendend weißen Zähnen, dunkelbraunem Bart. Er trägt eine sehr feine, zierliche Mütze von schwarzem Lammfell, eine lange schwarze, mit Goldfäden besetzte Tscherkesska; auf der Brust vergoldete Patronentaschen, eine breite Goldtresse als Gürtel, an dem in goldener Scheide ein zierlicher Handschar mit elfenbeinernem Griff hängt; dazu schwarze Beinkleider von persischem Tuch, die unter dem Knie von Gamaschen zusammengehalten werden. Feine Stiefel bedecken seinen schmalen Fuß.

Mein nächster Besuch galt Frau Freygang, die ich bei Herrn Pigulewski kennengelernt hatte und die mir nun den Basar von Baku zeigen wollte.

Für mich hatten die Teppiche, die persischen Stoffe und die Waffen ein besonderes Interesse. Aber Madame Freygang, eine wahre Evatochter, führte mich zu ihrem Goldschmied, einem Perser, namens Jussuf. Welche Augenweide für einen Künstler bieten diese orientalischen Goldwaren, diese Stoffe, Teppiche und Waffen! Ich hatte so viel Selbstbeherrschung, nur einen Rosenkranz aus Korallen und ein aus tatarischen Münzen zusammengesetztes Halsband zu kaufen. Dann verließ ich eilends das Warenlager des Zauberers mit der Wünschelrute, ohne mich um Madame Freygang zu kümmern.

Diese Goldschmiede, diese Benvenuto Cellinis mit spitzen Mützen wohnen in elenden, halbverfallenen Hütten. Man läuft auf der Treppe Gefahr, sich den Hals zu brechen, und der Wind bläst durch die zerbrochenen Fensterscheiben das Feuer auf dem Herd an.

Madame Freygang eilte mir nach. Sie glaubte, ein Skorpion habe mich gebissen.

»Zum Basar! Zum Basar!«, sagte ich, »Ihr Goldschmied ist ein gefährlicher Mensch, dessen Nähe man meiden muss.«

Er hatte uns in der Tat Becher gezeigt, wie man sie nur in Tausendundeiner Nacht sieht, und Diademe für Sultaninnen, und Gürtel, die für eine Peri gemacht zu sein schienen. Alles war mit den einfachsten Werkzeugen, mit Hammer, Meißel und Stichel gemacht worden. Alles war freilich nicht so sauber gearbeitet wie die Schmucksachen, die man in den Läden Pariser Juweliere findet; aber wie originell im Design!

Und mitten in diesem Schmutz, mitten unter den umherlaufenden Spinnen und knabbernden Mäusen und krabbelnden Kindern steigt aus einer kupfernen Pfanne ein köstlicher Wohlgeruch auf.

Wohlgerüche, Edelsteine, Waffen, Kot und Staub – das ist der Orient.

Der Basar ist eine Lockung anderer Art. Überall findet man etwas Schönes, Verführerisches: Hier persische Seidenstoffe, dort türkischen Samt, Teppiche aus Karabagh, Polster aus Inchoran, Goldborten aus Tiflis.

Ich verließ den Basar erst, als es Zeit war, zu Tisch zu gehen.

Das Wetter war stürmisch gewesen, und der See trieb den ganzen Vormittag hohe Wellen; aber der Wind hatte sich gelegt, und Madame Freygang hoffte uns ein merkwürdiges, wunderbares Schauspiel zu zeigen, das man nur in Baku sehen kann,

Kosakentrupp

nämlich die Seefeuer. Zugleich wollten wir die Fatima-Moschee besuchen.

Um fünf Uhr lag die Barke bereit. Wir beeilten uns, denn wir hatten Dinge zu sehen, die noch am Tage und andere, die in der Nacht gesehen werden mussten.

Vor allem die Trümmer einer jetzt vom Wasser bedeckten Karawanserei, deren Türme bei ruhigem Wetter einen Fuß aus dem See hervorragen. Diese Türme sind durch eine Mauer verbunden.

Wir zündeten eine aus Werg und Naphtha bereitete und mit einer bleiernen Kugel beschwerte Rakete an und warfen sie in einen dieser Türme. Die Tiefe wurde nun erhellt zum größten

Schrecken einiger Fische, die ihren Wohnsitz hier aufgeschlagen hatten und die Eingangspforte nicht sogleich finden konnten. Dieses griechische Feuer wird von den Tataren zubereitet. Es erinnerte mich an das Feuer, das die Türken den Kreuzfahrern zuwarfen und das zum größten Schrecken der Ritter mitten im Nil brannte.

Wir fuhren in unserer Barke weiter.

Nach zehn Minuten umschifften wir das Kap Baikow und landeten am Kap Schikow. Der Kapitän machte uns auf das Aufwallen des Wassers aufmerksam. Die sonst spiegelglatte Wasserfläche war hier in Bewegung wie von einer unterirdischen Feueresse.

Als wir wieder an Land stiegen, lag die Fatima-Moschee hundert Schritte vor uns. Wir erkannten sie in der Dunkelheit an ihrem zierlichen Minarett, von dem herab der Muezzin die Gläubigen zum Gebet ruft. Obgleich es schon sechs Uhr abends und ganz dunkel war, ließ man uns ein und zündete die Naphthalampen an, die ihre altertümliche Form beibehalten haben. Zwei Derwische gingen voran. Vor der Tür wollten wir unsere Stiefel ausziehen, aber man gab es auch hier nicht zu und unsere Ciceroni hoben nur die geweihten Teppiche auf, um sie vor der Berührung unserer unheiligen Füße zu schützen.

Man führte uns zum Grab der Fatima, die der arabischen Dynastie der Fatimiden den Namen gegeben hat und unweit Baku in der Verbannung gestorben sein soll. Die Moschee ist ein Wallfahrtsort für unfruchtbare Frauen. Diese pilgern zu Fuß hierher, halten eine neuntägige Andacht und – sehen in Jahresfrist ihre Hoffnungen erfüllt. Die Fürstin Khasar-Uzmiew, mit der wir tags vorher gespeist hatten, war in einer solchen Lage; sie pilgerte zu der heiligen Moschee und wurde noch im selben Jahre Mutter eines Knaben. Aus Dankbarkeit für dieses Geschenk des Himmels hat der Fürst auf seine Kosten einen Weg von Baku zu der Moschee anlegen lassen.

Ungeachtet dieses weitverbreiteten Rufes schien uns die Fatima-Moschee nicht sehr reich zu sein. Die Tatarinnen von Baku und der Umgegend brauchen wahrscheinlich selten die Hilfe der Enkelin des Propheten anzurufen.

Wir stiegen wieder in die Barke, wo die Ruderer uns erwarteten, und fuhren nochmals auf Kap Baikow zu.

Die Nacht war still und sehr finster. Aber trotz der Windstille erkannten die Schiffer in den ziemlich hochgehenden Wellen die Vorboten eines stürmischen Wetters. Wir mussten uns daher beeilen, um nicht vom Sturm überrascht zu werden.

Wir wollten indes noch einmal an der Stelle anhalten, wo wir das Aufsprudeln des Wassers bemerkt hatten. Die Stelle war leicht zu finden, man wurde durch den Naphthageruch geleitet.

Ein Matrose nahm zwei Hände voll Werg, zündete es an einer Laterne an und warf es auf beiden Seiten über Bord. Augenblicklich entzündete sich die Wasserfläche in einem Umkreis von einer Viertelwerst.

Unsere Barke sah aus wie Charons Nachen, der über den Höllenfluss fährt. Wir fuhren buchstäblich auf einem Flammenmeer. Zum Glück waren diese goldgelben Flammen harmlos wie Weingeistflammen, wir fühlten kaum die wohltuende Wärme, und wir konnten dieses wunderbare Schauspiel in aller Ruhe beobachten. Die Wasserfläche brannte in mehr oder minder großen Inseln; einige dieser Flammeninseln waren so groß wie ein runder Esstisch für zwölf Personen, andere kamen dem Bassin in den Tuilerien an Umfang gleich; wir fuhren durch die Meerengen, und von Zeit zu Zeit führten die Matrosen auf Befehl des Kapitäns die Barke mitten durch eine Flammeninsel.

Es war in der Tat ein feenhafter Anblick, der sich wohl nirgends auf der Erde wiederholt. Wir würden wahrscheinlich die ganze Nacht auf dem brennenden Wasserverdeck geblieben sein, wenn wir nicht die ersten Windstöße und damit einen stärkeren Wellenschlag gefühlt hätten.

Die kleinen Flammeninseln erloschen zuerst, dann die mittleren und endlich die großen. Eine einzige brannte noch.

»Wir müssen uns beeilen«, sagte unser Kapitän, »wir könnten sonst vielleicht in der Tiefe des Kaspis die Ursachen des merkwürdigen Phänomens erforschen, das wir auf der Oberfläche gesehen haben.«

Wir steuerten auf die Stadt zu. Der Nordwind trieb uns gegen die Moschee, aber die kräftigen Arme unserer acht Ruderer bewältigten ihn, wie er die Flammen bewältigt hatte.

Der Wind bezwang und dämpfte endlich die letzte Flammeninsel. Wir sahen sie noch lange gegen ihn kämpfen, in den nassen Tälern verschwinden, dann auf den Wellen emporsteigen, und wieder verschwinden, um noch einmal aufzutauchen und endlich wie ein scheidendes Leben zu erlöschen.

Als wir uns dem Hafen näherten, zündete einer unserer Matrosen einen auf einer Stange steckenden Pechkranz an. Auf dieses Zeichen wurden alle im Hafen von Baku ankernden Kriegsschiffe augenblicklich erleuchtet, und wir fuhren durch einen wahren Wald von Lichtern.

Tiger, Schakale, Schlangen, Skorpione, Moskitos und Heuschrecken

Die Stadt Baku – der Name bedeutet »Nische der Winde« – würde vergebens in die Reihe der europäischen Städte einzuordnen sein: Sie ist asiatisch, vor allem persisch wegen ihrer Lage, ihrer Bauart, ihrer Produkte und der Tiere, die in den Wäldern hausen.

Der Tiger, der in den Wäldern von Inchoran sehr häufig vorkommt, setzt über den Aras und dringt bis nach Karabagh, zuweilen sogar bis nach Georgien vor, aber sehr selten geht er über den Kur. Man hat indes im Kaukasus einzelne Tiger angetroffen; zwei oder drei sind in Awarien geschossen worden. Vor etwa fünf Jahren machte ein Tiger an der Straße zwischen Inchoran und Astarinsk als Wegelagerer von sich reden. Eines Tages sah ein Kosak, der des Weges kam, ein Tier auf der Straße liegen, er näherte sich ihm, ohne zu wissen, was für ein Tier es war. Das Tier hob den Kopf, brüllte und wies die Zähne. Es war nicht mehr zu bezweifeln, dass es ein Tiger war. Der Kosak warf ihm ein Brot zu; der Tiger streckte die Tatze aus, zog das Brot an sich und begann zu fressen.

Der Kosak ritt vorbei, erzählte seinen Kameraden zu Astarinsk, was ihm begegnet war, und warnte sie vor dem Wegelagerer.

Am folgenden Tag lag der Tiger noch auf derselben Stelle. Ein armenischer Kaufmann kam nur davon, weil sich der Tiger auf seinen Hund stürzte.

Von nun an legte kein Reisender den Weg zwischen Inchoran und Astarinsk zurück, ohne, wie Äneas auf seinem Wege in die Unterwelt, dem grimmigen Cerberus einen Kuchen mitzunehmen. Anfangs fütterte man ihn mit Brot, aber bald genügte ihm dies nicht mehr; er gab durch Knurren sehr deutlich zu verstehen, dass er zu dem Brot auch Fleisch, und zwar blutiges Fleisch verlange. Man nahm nun Geflügel und Hammelkeulen mit, und jeder Reisende, der seinen Tribut pünktlich entrichtete, kam glücklich durch.

Aber die Sache kam der russischen Regierung zu Ohren, und eine Regierung kann einen Einnehmer nicht dulden, der kein Anstellungsdekret vom Finanzminister erhalten hat. Der Tiger hatte aber vom Gouverneur der Kaukasusländer gar keine Notiz genommen. Es wurde eine Treibjagd veranstaltet; der Tiger konnte anfangs nicht glauben, dass man es auf ihn abgesehen hatte; als er aber durch eine Kugel in den Rippen eines Besseren belehrt wurde, stürzte er sich auf die Unbesonnenen, die ihn in der Ausübung seines Berufes störten, und tötete zwei Jäger. Ein dritter wurde schwer verwundet.

Die russische Regierung, die weder vor Kasi-Mullah noch vor Schamyl zurückgewichen war, konnte doch nicht vor einem Tiger das Feld räumen. Eine zweite Treibjagd wurde angeordnet und eine ganze Kompanie abgeschickt. Der Tiger machte, nachdem er neunmal angeschossen worden war, noch einen Sprung und zerriss einen Kosaken, der auf einen Baum geklettert war. Dann verendete er. Diese zweite Jagd kostete den Kaiser Nikolaus fünf Mann.

Vor etwa vier Jahren tat ein Weib allein, was zwölf Jäger und hundert Soldaten mit so großer Mühe vollbracht hatten. Es war in dem Dorfe Dschemgamiram, das mitten im Walde liegt. Jedes russische oder russisch gewordene Dorf hat sein Dampfbad. Der ärmste Russe muss zweimal täglich seinen Tee und einmal wöchentlich sein Bad haben. Das Badehaus war am äußersten Ende des Dorfes. Es war Samstag, der allgemeine Badetag. Der Bademeister und seine Frau hatten Feuer unter dem Kessel gemacht und spalteten im Hof Holz, um noch stärker zu heizen. Bei ihrer Arbeit sahen sie einen Tiger, der ganz leise in das Badehaus schlich, und der Wärme nachgehend, sich auf die höchste Stufe des Schwitzbades legte.

Der Bademeister, der den Kessel nicht für den Tiger geheizt hatte, lief ins Haus, um ihn fortzujagen. Der Tiger aber blieb behaglich liegen. Der Mann nahm nun einen Eimer, füllte ihn mit heißem Wasser und schüttete es dem Tiger ins Gesicht.

Die Tiger lieben die Wärme, aber heißes Wasser können sie nicht leiden. Er stürzte sich auf den Bademeister. Zum Glück war ihm seine Frau mit der Axt in der Hand nachgeeilt. Sie schlug mit aller Kraft auf den Tiger und traf ihn mitten auf die Stirn. Der Tiger fiel tot nieder und riss das Ehepaar mit sich zu Boden. Mann und Frau kamen mit einigen Quetschungen davon.

Der damalige Gouverneur, Fürst Woronzow, ließ die Tigertöterin nach Tiflis kommen. Die Fürstin, die anfangs allein zugegen war, sagte im Scherz und mit scheinbarem Zorn zu der Frau: »Was, Ihr habt es gewagt, einen Königstiger zu töten?«

»Ach, Euer Gnaden«, antwortete die Frau, die den Scherz für Ernst nahm, »ich wusste nicht, wer er war.«

Die Fürstin Woronzow brach in lautes Gelächter aus und beruhigte dadurch die arme Frau.

Der Gouverneur kam nun ebenfalls. Er zollte ihrem Mut nicht nur das schmeichelhafteste Lob, sondern gab ihr auch eine Prämie von tausend Rubeln und eine Medaille, die sie auf der Brust trägt, wie der Soldat sein Ehrenkreuz.

Die Bademeisterin erzählte uns selbst das Abenteuer. Sie konnte nicht begreifen, wie man sie zum Gegenstand der Bewunderung machen konnte; es sei doch ganz natürlich, dass man auf eine wilde Bestie losschlage, wenn man sie erreichen könne.

Die Tiger ließen es sich zur Warnung dienen und kamen nicht mehr in die russischen Dampfbäder.

Im Dorfe Khanaka zeigte sich ein Tiger noch gemütlicher. Eine Frau wusch hundert Schritte vom Hause an einem Brunnen ihre Wäsche. Sie hatte ihr fünfzehn Monate altes Kind bei sich. Sie ging ins Haus, um Seife zu holen, und ließ ihr im Grase neben dem Brunnen spielendes Kind zurück. Während sie die Seife aus dem Kasten nahm, sah sie durch das offene Fenster nach dem Kind. Zu ihrem Schrecken bemerkte sie einen Tiger, der aus dem Walde kam, auf das Kind zuging und ihm seine breite Tatze auf die Schulter legte.

Die arme Frau war halbtot vor Schreck, sie war nicht imstande, von der Stelle zu gehen. Aber das Kind, das den Tiger wahrscheinlich für einen großen Hund hielt, fasste ihn mit seinen Händchen bei den Ohren und fing an, mit ihm zu spielen. Der Tiger hatte zum Glück ein joviales Temperament, er tändelte ebenfalls mit dem Kind.

Dieses bestürzende Schauspiel dauerte etwa zehn Minuten. Dann kehrte der Tiger in den Wald zurück, ohne dem Kind im Geringsten wehgetan zu haben.

Diese drei eben erzählten Vorfälle sind im Kaukasus ebenso verbreitet wie vormals die Geschichte vom Löwen des Androclus zu Rom.

Die Panther sind am Kur, zumal am rechten Ufer, ziemlich häufig. Sie halten sich im Schilf und Gebüsch auf und überfallen die Schafherden, die wilden Ziegen, sogar die zur Tränke kommenden Büffel.

Früher richtete man die Panther zur Gazellenjagd ab, wie noch jetzt die Falken zur Fasanenjagd. Wie der Jäger den Falken auf der Faust trägt, so nahm er den Panther vor sich auf den Sattelknopf. Diese bei den Khanen einst sehr beliebte Jagd ist seit dem Ende der persischen Herrschaft und seit der Einverleibung der verschiedenen Khanate ins russische Reich gänzlich abgekommen. Der Zolldirektor Tschelajew in Tiflis erinnert sich, in seiner frühen Jugend mit dem Khan von Karabagh eine solche Jagd mitgemacht zu haben.

Die Schakale finden sich in solcher Menge, dass der in einem Gebirgsdorf übernachtende Fremde durch ihr Geheul am Schlafen gehindert wird. Das Tier ist unschädlich oder vielmehr feig, aber sein Geheul ist fürchterlich.

Schlangen kommen in der Nähe von Baku nicht so häufig vor wie in den Steppen von Moyhan, wo man jeden Augenblick Gefahr läuft, auf eine Schlange zu treten oder von ihr gebissen zu werden. Baron Finot, der französische Konsul, der die Steppen mit Kosakenbegleitung durchreiste, hat sie zu Hunderten gesehen; ein Kosak spießte eine Schlange mit seiner Lanze auf; sie war schön goldgelb. Die gemeinsten sind schwarz und grün.

Die Stachelspinne (phalangium araneoides) ist in Baku und Umgebung sehr verbreitet. Man erkennt auf den ersten Blick, dass dieses Tier zu den Parias der Schöpfung gehören muss. Der Körper hat Daumengröße und ruht auf kurzen Füßen, aber trotz der Kürze dieser Füße läuft das Tier sehr schnell. Der Hals ist lang, das Maul mit Zähnen bewaffnet. Es ist ein sehr reizbares, bösartiges Tier. Zwei dieser riesigen Spinnen, in ein großes Glas getan, stürzen sogleich aufeinander los und kämpfen, bis die eine nicht nur tot, sondern zerrissen ist. Dasselbe geschieht, wenn man sie mit einem Skorpion einschließt. Der Skorpion setzt sich zur Wehr, wird aber fast immer besiegt.

Der Skorpion ist bekannt. Die roten Skorpione sind gefährlicher als die gelben und eine schwarze Abart noch gefährlicher als die roten.

Es war November, als wir in Baku waren, und wer sich die Mühe machte, konnte unter jedem dicken Stein auf der Südseite der Stadtmauer einen oder mehrere Skorpione finden. Minder gefährlich, aber noch lästiger als Skorpione, Riesenspinnen und Schlangen sind die Moskitos. Von Kasan bis Asterabad gehört von Mai bis Ende September die Luft den Moskitos. Sie dringen durch die feinsten Gewebe, saugen sich in die Haut ein und verursachen einen äußerst heftigen brennenden Schmerz.

Eine andere Landplage für Georgien und Persien, wie vormals für Ägypten, sind die Heuschrecken. Man sieht plötzlich am heiteren Himmel eine dunkle Wolke erscheinen. Man könnte sie für eine Gewitterwolke halten; aber die Wolke zieht so schnell heran, dass man Milliarden von Heuschrecken erkennt. Wo sie sich niederlassen, wird alles Gras, alles Getreide, alles Laub abgefressen.

Schah Hussein

Wir waren zufällig Zeugen eines tatarischen Festes, das alljährlich am 10. Oktober in Derbent, Baku und Schemacha gefeiert wird. Der 10. Oktober ist nämlich der Todestag Husseins, eines Sohnes Alis und Fatimas, deren Moschee wir besucht haben.

Die Mohammedaner zerfallen in zwei Sekten, die Sunniten und Schiiten. Die Türken gehören größtenteils der ersten, die Perser der zweiten an. Beide Konfessionen hassen sich heutzutage ebenso herzlich, wie sich die Katholiken und Hugenotten im sechzehnten Jahrhundert hassten.

Die Schiiten zeichnen sich zumal durch ihre Unduldsamkeit aus.

Die in Derbent, Baku und Schemacha wohnenden Tataren gehören dieser Sekte an, und sie feiern am eifrigsten das Totenfest des Sohnes der Fatima.

Hussein, der Vetter Mohammeds, heiratete dessen Tochter Fatima. Nach dem im Jahre 669 erfolgten Tod seines älteren Bruders Hassan wurde Hussein als Imam oder rechtmäßiges Oberhaupt des Islam betrachtet. So lebte er elf Jahre ruhig in Mekka, bis ihn 680 die Einwohner von Kuffa zu sich beriefen, um ihn als Kalifen zu begrüßen. Er leistete der Einladung Folge, war aber so unbesonnen, nur etwa hundert Mann als Begleiter mitzunehmen. Jesid, der Sohn des verstorbenen Kalifen, der Hussein mit Recht oder Unrecht als Urheber des Todes seines Vaters betrachtete, griff Hussein vor Bagdad an. Der Ort führt noch jetzt den Namen »Meschid-Hussein«, das Grab Husseins.

Diese Begebenheit wird von der orientalischen Phantasie mannigfaltig ausgeschmückt.

Einige Tage vor dem Beginn der Vorstellungen, die zehn Tage dauern, wird in der Hauptstraße der Stadt eine Bühne errichtet. Die Straße ist das Parterre, die Haustüren bilden das Orchester, die Fenster die Logen, die flachen Dächer die Galerie.

Am ersten Abend zündete man große Feuer an, und die Tatarenkinder tanzen um sie herum bis elf Uhr und rufen dabei aus Leibeskräften: Ali! Ali! Unterdessen schmückt man die Moscheen mit Fahnen, Teppichen und golddurchwirkten Stoffen, die man zu diesem Zweck von den reichsten Familien der Stadt borgt.

Karaiten- und Tatarenfrauen

Als wir in Derbent waren, hatte man in der Hauptmoschee ein Gemälde ausgestellt, das Rustan, den legendären Gründer von Derbent, im erbitterten Kampf mit dem Teufel darstellt. Rustan ist natürlich in Tatarentracht. Der Teufel hat den klassischen Schweif und Pferdefuß, dazu aber Fangzähne. An der Keule, mit welcher der Teufel bewaffnet ist, stecken vier Mühlsteine, und zwischen seinen Hörnern hängt eine Glocke.

Der Teufel wehrte sich tüchtig, aber trotz Glocke, Mühlsteinen und Fangzähnen wurde er von Rustan besiegt und gezwungen, die Stadt Derbent zu bauen.

Gegen elf Uhr abends begann die Vorstellung. Den Zug eröffnen Kinder mit Lichtern. Den Hussein spielt immer der schönste Mann, der zu finden ist. Man zieht ihm prächtige Kleider an und hängt ihm einen kostbaren seidenen Mantel um. Er erscheint in Begleitung seiner beiden Frauen, seines Sohnes, seiner Schwester, seiner Verwandten und seines Gefolges. Er hat die Reise nach Kuffa angetreten; aber da er die Nähe der feindlichen Scharen erfahren hat, hält er im Dorfe Bania-Sal an. Die Bühne stellt dieses Dorf dar.

Die Häuptlinge heißen ihn willkommen und bringen ihm Schafe zum Geschenk. Der Empfang wird durch das Erscheinen Omars, des Befehlshabers der von Jesid abgeschickten Truppen, gestört. Die Schlacht beginnt; sie dauert zehn Tage und wird mit abwechselndem Glück geführt. Der Geschichte zufolge hat der Kampf von Sonnenaufgang bis Mittag gedauert; da aber das Bild des Krieges den Tataren die größte Augenweide gewährt, so lassen sie die Schlacht sehr lange dauern, und jeder gibt darin die Beweise von Gewandtheit, die man bei den geschicktesten Reitern zu sehen gewohnt ist. Die Zuschauer genießen die Vorstellung also gewissermaßen tropfenweise, denn erst am zehnten Tage kommt der Schluss. Die Feuer lodern dann heller als je; die Menge schwärmt und summt wie ausgeflogene Bienen. Die flachen Dächer der Häuser füllen sich mit Zuschauern; zerlumpte Kinder laufen scharenweise umher; Tataren, deren jeder seinen Nachbar mit der linken Hand beim Gürtel hält und mit der rechten auf die Brust schlägt, tanzen im Kreise und singen Verse aus dem Koran. Während dieses Höllenlärms bringt man aus der Moschee das Grab Husseins, der inzwischen um einen Kopf kürzer gemacht wurde. Dieses Grab ist nach dem Modell der Moschee erbaut, mit zwei Minaretts, bunter Malerei und reicher Vergoldung.

Zugleich kommt ein anderer Zug von unten mit dem Modell der Moschee, in der Musselim, der Vetter Husseins, sich mit dessen Tochter vermählt hat. Jeder Zug ist von einem prächtig aufgezäumten, aber mit Pfeilen durchbohrten und blutenden Pferde begleitet. Das eine trägt die Rüstung Hassans, das andere die Rüstung Musselims; der Erstere war Husseins Sohn, und beide waren in der Schlacht gefallen. Wenn die beiden Züge zusammentreffen, wird noch heftiger auf die Brust geschlagen und noch lauter geschrien. Auf allen Seiten krachen Schüsse.

Die beiden Züge begeben sich nun zu der großen Moschee. Im Hofe werden die beiden Grabmäler aufgestellt. Es bietet sich ein unbeschreiblicher, zugleich grotesker und furchtbarer Anblick dar. Man denke sich Tausende von Tataren mit ihren glatt geschorenen Köpfen, schreiend und sich wie toll gebärdend. Der rötliche Schein der Naphthafeuer spiegelt sich auf den bunten Stoffen, auf den wehenden Fahnen, auf den Wänden der Moschee, vor der einige Reihen von Weibern in ihren langen, nur mit Sehlöchern versehenen Gewändern teils sitzen, teils stehen. Den Hintergrund bilden die dunklen Platanen und die Efeuranken, die sich an den Wänden emporschlängeln. Die den Hof umgebende Galerie glänzt von Spiegeln und Kronleuchtern. Der mitten im Hof befindliche Springbrunnen ist von Leuten umringt, die begierig ihren Durst löschen. Endlich erblickt man durch Baumzweige und Naphthadampf die Mondsichel, das Sinnbild des Islam; sie scheint noch bleicher und matter zu sein als gewöhnlich.

Wenn man dieses überraschende, seltsame Schauspiel eine Weile betrachtet hat und die Einzelheiten ins Auge fasst, so sieht man hier einen Knaben, dem das Blut übers Gesicht rinnt; sein Vater hat ihm zum Zeichen der Buße Einschnitte auf den geschorenen Kopf gemacht; dort einen Greis mit brandrot gefärbtem Bart einen Handschar schwingend; dort einen mit Staub und Schlamm bedeckten Tataren, der sich mit Rosenwasser besprengt.

Plötzlich nimmt die Vorstellung, die seit zehn Tagen nur ein Kampf ist, ihren Fortgang. Hussein ruft Allah zum Zeugen seiner redlichen Absichten an. Vergebens suchen seine Frauen und sein Sohn seinen Eifer zu bezähmen, er will nichts hören. Er zieht seinen Säbel und stürzt auf Omar zu. In diesem Augenblick fällt sein Schwiegersohn Musselim. Hussein nimmt den Leichnam auf sein Pferd und bringt ihn seinen Frauen, die fürchterlich heulen, denn es sind verkleidete Männer, die ihre Stimme nur mit Gewalt in einen Diskant hinaufzutreiben vermögen. Alle Zuschauer beginnen zu schluchzen.

Endlich sinkt Hussein erschöpft nieder, nachdem er neunzehnhundertfünfzig Feinde eigenhändig niedergesäbelt hat. Er fühlt das Bedürfnis der Ruhe, und überdies muss er seinen brustkranken Sohn aus dem heilkräftigen Brunnen trinken lassen.

Bis dahin war von der schwindsüchtigen Anlage des jungen Hassan noch keine Rede; aber die tatarischen Dramatiker nehmen es mit der Vorbereitung nicht so genau. Hussein nimmt Hassan, wie vorhin Musselim, in seine Arme und galoppiert auf den Brunnen zu; als er aber dem Ziel nahe ist, krachen mehrere Schüsse und Hassan wird in den Armen seines Vaters zu Tode getroffen.

Das Jammern und Weinen über diese unerwartete Katastrophe wird nach einer Weile durch die Ankunft eines von Medina kommenden Boten unterbrochen, der ein Schreiben der Tochter Husseins bringt und sich nach dem Befinden der ganzen Sippschaft erkundigt. Hussein deutet schweigend auf die gefallenen Lieben, auf Hassan und Musselim.

Da tut sich die Menge auf und lässt ein Dutzend schwarz bemalter Kinder durch. Es sind Dschins, Geister, die, empört über die Grausamkeit der Feinde Husseins, dem unglücklichen Vater ihre Dienste anbieten. Aber Hussein ist ein zu guter Mohammedaner, um sich mit Dämonen einzulassen; er antwortet, dass er allein auf sein gutes Recht und seinen Säbel vertraue. Aber kaum hat er diese trotzige Antwort gegeben, so wird er ebenfalls vom Pferd geschossen.

Die Trostlosigkeit erreicht nun den höchsten Grad. Überall wird geschrien, geheult, geschluchzt. Und es sind wirkliche Tränen, die fließen, so herzzerreißende Tränen, dass ein Panther von den benachbarten Felsen herabsteigt, um ebenfalls auf der Leiche Husseins zu weinen.

Nach dem Panther kommen zwei weiß gekleidete Engel mit großen Flügeln auf dem Rücken und zottigen Papaks auf den Köpfen. Sie steigen auf zwei Leitern herunter, um die Seele des Toten in den Himmel zu holen.

Bei dieser Abholung bewegen sich im Hintergrund große Fächer von Pfauenfedern. Trotz dieser himmlischen Kundgebung raubt der gottlose Omar den kostbaren seidenen Mantel des Verblichenen und schleppt die Frauen Husseins in die Gefangenschaft.

So endet dieses seltsame Schauspiel, das die Bevölkerung zehn Tage so sehr beschäftigt, dass alle Geschäfte ruhen, denn Männer, Weiber, Kinder, Greise widmen der Schaustellung die ganze Nacht und begeben sich erst nach Tagesanbruch zur Ruhe.

Bis um die Mittagszeit ist die ganze Stadt verödet.

Es versteht sich, dass in diesen zehn Tagen mancher aus Husseins Gefolge durch einen Seitenstoß mit dem Handschar oder durch eine im Gewehr steckengebliebene Kugel fällt. Aber die Opfer solcher Unfälle werden als Märtyrer betrachtet, die mit einem Sprung aus diesem irdischen Jammertal in Mohammeds wonnereiches Paradies eingehen.

Abschied vom Kaspischen Meer

Wir hatten noch zwei Merkwürdigkeiten zu sehen: In Baku den von Schah Abbas II. erbauten Palast der Khane und in der Umgegend von Baku das Wolfstor.

Der unbewohnte Palast der Khane ist um das Jahr 1650 im arabischen Stil erbaut. Der Vorhof ist großartig und reich verziert. Merkwürdig ist der sogenannte Gerichtssaal. In seiner Mitte befindet sich eine Art Verließ. Die Öffnung soll früher mit einer Säule bedeckt gewesen sein. Wenn eine Hinrichtung geheim bleiben sollte, nahm man die Säule weg, ließ den Verurteilten niederknien und schlug ihm mit dem Säbel den Kopf ab, der, wenn er geschickt abgeschlagen worden war, in das Verließ fiel, ohne den Rand zu berühren. Man trug den Leichnam fort, setzte die Säule wieder auf das Verließ, und niemand sprach mehr darüber.

Das sogenannte Wolfstor ist eine weite Öffnung, die fünf Werst von Baku in einen Felsen gehauen ist und zu einem Tal führt, das einem der vom Ätna verwüsteten Täler Siziliens gleicht. Nur in der Umgebung des Ätna, dessen Lava sich nach allen Richtungen ausbreitet, findet man eine so öde Landschaft wieder: nackte Felsen, tiefe, schauerliche Schluchten ohne die mindeste Spur von Pflanzenwuchs.

Unsere Fuhrwerke erwarteten uns, bespannt und bepackt, vor dem Haus des Herrn Pigulewski. Im Speisezimmer erwartete uns ein Frühstück. Wir frühstückten, nahmen Abschied von unseren dreitägigen Bekannten, die sich zum Lebewohl eingefunden hatten, und reisten ab. Wir verließen nun den Kaspisee.

Der Kaspisee war mir ein lieber Freund geworden. Wir waren fast einen Monat beisammen gewesen; man hatte mir nur von seinen Stürmen erzählt, und ich hatte nur sein freundliches Gesicht gesehen. Nur einmal, in Derbent, verlor er seine heitere Laune; aber am nächsten Morgen war er wieder um so schöner, ruhiger und heiterer.

Schemacha

Es war am 23. November, als ich mich etwa acht Werst von Baku im Wagen umsah und den letzten Scheideblick auf den Kaspisee warf.

Wir waren entschlossen, hundertzwanzig Werst an diesem Tage zurückzulegen – bei den schlechten Wegen im Kaukasus eine außerordentlich starke Tagesreise – und in Schemacha zu übernachten.

Auf halbem Wege stießen wir auf einen Offizier, der uns auf Befehl des Untergouverneurs von Schemacha mit einer Eskorte entgegengekommen war. Denn seit einigen Tagen brachen die Lesghier wieder aus den Gebirgen hervor.

Der Offizier verschaffte uns Pferde, obgleich die Nacht anbrach, als wir noch weit von dem Ziel unserer Tagesreise entfernt waren. Ohne ihn hätten wir um sechs Uhr abends haltmachen müssen; so reisten wir aber ohne Aufenthalt weiter und kamen um Mitternacht in Schemacha an.

Für mein Nachtquartier war gesorgt. Die hell erleuchteten und gewärmten Zimmer waren mit guten Sofas und Teppichen versehen. Der Tisch war gedeckt.

Nach dem Essen führte man mich in mein Zimmer. Zu meinem Erstaunen fand ich einen Schreibtisch mit Papier, ungeschnittenen Federn und einem offenen Federmesser.

Alte Bekannte hätten es nicht besser machen können oder hätten es wohl nicht einmal so gut gemacht.

Ich schlief freilich nicht in einem Bett wie bei Korsakow und Bagration, aber auf einem vortrefflichen Teppich.

Das Erste, was mir auffiel, war eine Schafherde, die auf einem Dach weidete. Das Dach war mit Erde bedeckt und bildete eine kleine Wiese, auf der ebenso üppiges Gras wuchs wie in den

Straßen von Versailles. Die Schafe ließen es sich wohlschmecken. Wie sie aber hinaufgekommen waren und wieder herunterkommen sollten, habe ich nicht erfahren.

Schemacha ist in eine obere und untere Stadt geteilt. Der Ort wird von vielen Plagen heimgesucht. Unten wütet drei Monate im Jahre ein äußerst bösartiges Fieber. In der oberen Stadt bleibt man davon verschont. Aber den häufigen Erdbeben entgeht man nicht. Schemacha weiß nie, ob die Stadt morgen noch stehen wird.

Aber Fieber und Erdbeben waren nicht die größten Feinde von Schemacha. Der Mensch brachte noch mehr Unglück. Schemacha war die Hauptstadt von Schirwan. Es war damals ein reiches Khanat, das seinem Khan jährlich Millionen eintrug. Die Stadt, die jetzt nur wenig über zwanzigtausend Einwohner zählt, hatte damals hunderttausend.

Olearius kam 1645 auf seiner Gesandtschaftsreise durch Schemacha. Die Stadt stand damals in ihrer vollen Blüte; sie trieb bedeutenden Handel als Mittelpunkt zwischen dem Westen, Süden und Osten. Leider wurden infolge einer Rauferei die russischen Kaufleute von den Einwohnern ermordet. Der Krieg brach nun zwischen Russland und Persien aus. Peter der Große eroberte und zerstörte Schemacha und Umgebung. Dann kamen die fortdauernden Angriffe auf Persien, die Bürgerkriege, die Pest, sodass die früher so blühende, volkreiche Stadt nur noch etwa zwanzigtausend Einwohner zählte.

Der letzte Khan zwang die Einwohner, die Trümmer der von Erdbeben und Fieber so arg heimgesuchten Stadt, die ihnen durch die Gewohnheit lieb geworden war, zu verlassen und ihm in die auf einem Felsen gelegene Festung Fitay zu folgen.

Die Stadt blieb nun ganz verödet. Gamba fand 1817 keine Nachkommen der hunderttausend Einwohner mehr, die Peter den Großen hatten einziehen sehen. Die Schakale hatten von den Trümmern Besitz ergriffen.

1819 erhielt der Khan, der von seinem Felsennest aus die Russen beunruhigte, von General Jermolow den Befehl, sich nach Tiflis zu begeben. Der Khan, der wohl kein reines Gewissen hatte, oder es unter seiner Würde hielt, Erklärungen zu geben, flüchtete nach Persien und überließ den Russen sein Khanat, seine Festung und seine Untertanen.

General Jermolow ermächtigte die zwanzig- bis dreißigtausend Einwohner, von der verödeten Stadt wieder Besitz zu nehmen. Die Karawane der Verbannten zog wieder in die Mauern ein; die noch stehenden Häuser wurden bezogen, die übrigen ließ man vollends einstürzen.

Noch mehr hat die Umgegend von Schemacha durch diese Umwälzungen gelitten. Die fruchtbare Ebene war einst von Weingärten und Maulbeerbäumen bedeckt, und jetzt ist kaum noch ein Baum vorhanden, an dem sich die Weinreben emporschlängeln und dessen Blätter dem Seidenwurm Nahrung bieten könnten.

Wir besuchten den Basar, der eine ganze Straße einnimmt. Man verkauft Teppiche und Seidenstoffe, die zwar nicht im modernen Geschmack gearbeitet, aber sehr hübsch sind.

Als wir uns in der Frühe aus der unteren in die obere Stadt begaben, trafen wir den Stadtkommandanten bei einem Brunnen, den Moynet zeichnete. Der Kommandant hatte unsere Ankunft erfahren und suchte uns auf, um uns in sein Haus einzuführen.

Wir wurden von seiner Frau und seiner Schwester empfangen. Die Frau war jung und hübsch, die Schwester eine ältliche Dame, die sehr freundlich war und geläufig französisch sprach.

Wir mussten versprechen, um drei Uhr zu Tisch zu kommen. Wir hielten Wort. Wir konnten auch nicht anders, denn der Kommandant Oschischinski, ein munterer, rüstiger alter Herr, begleitete uns überallhin.

Während wir den Basar besichtigten, erhielten wir von Mahmud Beg, dem reichsten Tataren der Stadt, eine Einladung zu einem persischen Abendessen mit Bajaderentanz.

Die Bajaderen von Schemacha haben nicht nur in der Provinz Schirwan, sondern in allen kaukasischen Ländern einen guten Ruf. Sie sind ein Überbleibsel aus der Herrschaft der Khane. Sie waren die Hoftänzerinnen. Leider war ihre Anzahl auf drei – nämlich zwei Mädchen und einen Knaben – vermindert worden. Eine Vierte, namens Sonja, die sehr schön sein soll, hat infolge eines Vorfalls, der in Schemacha großes Aufsehen machte, das Land verlassen.

In der Nacht vom 1. zum 2. März erschienen Lesghier, um die schöne Sonja zu rauben. Sie schwärmte für ihre Kunst, und so kam es, dass sie um Mitternacht, statt zu schlafen, ihren Lieblingstanz einstudierte. Ihr Tanzmeister war ihr Vetter Nadschif Ismail Oglu. Ungeachtet ihrer eifrigen Studien hörten die beiden jungen Leute eine ungewöhnliche Bewegung im Nebenzimmer. Nadschif, der sehr mutig war, eilte mit dem blanken Handschar hinaus. Man hörte das Getümmel eines Kampfes und einen Schrei, der nicht zu verkennen war – einen Schrei, wie ihn nur die aus der irdischen Hülle scheidende Seele ausstößt. Sonja stürzte ins Nebenzimmer, fand die Leiche Nadschifs und fiel in die Hände von vier Lesghiern, von denen einer schwer verwundet war.

Sie ergriffen die Bajadere, raubten ihr nicht nur alle Kostbarkeiten, sondern auch die Kleider, die sie trug, und ließen ihr nur das Hemd. Dann banden sie die Unglückliche, knebelten ihr den Mund und legten sie auf ihr Bett.

Am anderen Morgen kam die Bajadere nicht zum Vorschein. Die Nachbarn hatten bei der schönen Sonja wohl Lärm und sogar Geschrei gehört; aber die Nachbarn einer Bajadere achten wenig auf derlei Dinge in einem Haus, wo zuweilen die ganze Nacht getanzt wird. Als aber die Tür um elf Uhr vormittags noch verschlossen blieb, wurden sie doch besorgt. Sie gingen zur Polizei. Die Tür wurde aufgebrochen und man fand im ersten Zimmer die von drei Dolchstichen durchbohrte Leiche Nadschifs, im zweiten die gebundene und geknebelte Bajadere.

Da Nadschif die rechte Hand fehlte, so hatte man sogleich die Lesghier als Täter erkannt.

Sonja gab der Polizei die nötige Auskunft über den Raubmord. Die Tataren, mit Gewehr, Schaska und Handschar bewaffnet, jagten wie gierige Spürhunde ihren Todfeinden nach und fanden sie in einer Höhle, eine Werst vor der Stadt.

Der von Nadschif schwer verwundete Lesghier hatte sich nicht einmal bis zu der Höhle fortschleppen können. Er hatte die Tataren auf die Spur der anderen geführt. Die Räuber verteidigten sich mutig, machten einen Ausfall und trieben die Tataren zurück; aber ein neuer Angriff zwang sie, sich in eine andere Höhle zu flüchten.

Es begann nun eine förmliche Belagerung, die sechs Stunden dauerte. Zehn bis zwölf Tataren wurden teils getötet, teils verwundet; endlich hatten die Lesghier ihr Pulver und Blei verschossen, ein Kampf mit der blanken Waffe folgte, und die Raubmörder wurden gefangengenommen. Alle geraubten Gegenstände wurden in ihren Taschen oder in der ersten Höhle gefunden.

Aber dieser Vorfall warf ein nachteiliges Licht auf die schöne Sonja. Sie hatte in der Stadt mehrere Liebhaber; jeder glaubte der einzige zu sein. Ihr Vetter, der mitten in der Nacht in ihrer Wohnung getötet worden war, ließ keinen Zweifel über den Anteil an einer Gunst, die dem armen Nadschif so teuer zu stehen kam.

Die schöne Sonja sah sich genötigt auszuwandern. Eines schönen Morgens blieb ihre Tür wieder verschlossen. Die Polizei erschien und fand das Haus leer. Niemand hat seitdem erfahren, was aus Sonja geworden ist.

Da aber die Dreizahl ergänzt werden musste, so ersetzte man die schöne Sonja durch einen Knaben, den man in Mädchenkleider steckte.

Die Abendunterhaltung sollte um acht Uhr beginnen. Wir mussten Herrn Oschischinski versprechen, uns nachher in die Festung zu begeben, wo uns ein europäischer Ball erwartete. Frau Oschischinski hatte als Ehrenvorsteherin einer Erziehungsanstalt die Schülerinnen zu einem Ball eingeladen.

Wir begaben uns zu Mahmud Beg. Er bewohnte das hübscheste persische Haus, das ich von Derbent bis Tiflis gesehen habe. Zuerst betraten wir einen orientalischen Saal, dessen einfache und zugleich reiche Verzierung unbeschreiblich schön war. Alle Anwesenden ruhten auf seidenen mit Gold gestickten Polstern, die mit Tüll überzogen waren. Die lebhaftesten Farben bekamen dadurch einen ungemein lieblichen, sanften Ton. Im Hintergrund, an einem prächtigen großen Bogenfenster saßen die drei Bajaderen und fünf Spielleute. Zu einem

Tanz, der ein so ganz lokales Gepräge hat, gehört auch die passende Musik.

Die eine der Bajaderen war von mittelmäßiger Schönheit; die andere musste außerordentlich schön gewesen sein, hatte aber viel von ihrer Frische verloren. Sie hatte die üppige, derbe Schönheit von Herbstblumen; Nyssa war ihr Name. Sie war geschmückt wie alle Orientalinnen; ihre Brauen berührten sich wie ein prächtiger dunkler Doppelbogen; unter dem ihre wundervollen Augen strahlten. Die Nase war schön geformt, der Mund klein und die etwas geöffneten, üppigen Korallenlippen ließen kleine perlenweiße Zähne sehen. Unter dem Samtkäppchen wallte das überreiche schwarze Haar hervor. Eine Schnur von tatarischen Goldmünzen war um das Käppchen geschlungen und fiel auf Schultern und Busen herab. Ihre Jacke war aus rotem Samt mit Gold bestickt, der lange Schleier aus Gaze, das Kleid aus weißem Atlas. Die Füße waren nicht zu sehen.

Die zweite Bajadere, die ihr an Schönheit nachstand, war weniger reich gekleidet. Den Knaben hätte ich für ein schönes Mädchen halten können.

Die Musik gab das Zeichen. Sie bestand aus einer auf eisernen Füßen ruhenden Trommel, die einem in der Mitte durchgeschnittenen Riesenei ähnlich war, aus einer türkischen Trommel, einer Flöte, einer kleinen Mandoline mit Kupfersaiten und einer Tschianuzy. Dieses Instrument ruht auf einem eisernen Fuß, dessen Griff sich in der Hand des Musikanten dreht, sodass die Saiten dem Bogen entgegenkommen und nicht von diesem aufgesucht werden.

Die Musik war sehr geräuschvoll, wenig melodisch, aber doch recht originell.

Der als Bajadere verkleidete Knabe stand zuerst auf und eröffnete, mit kupfernen Kastagnetten klappernd, den Tanz. Er fand großen Beifall bei den Tataren und Persern, die die Mehrheit der Versammlung bildeten.

Dann kam die zweite Bajadere; zuletzt Nyssa.

Der orientalische Tanz ist überall gleich. Es ist immer ein mehr oder minder rasches Trippeln und eine mehr oder minder rasche Schenkelbewegung. Beides schien die schöne Nyssa in größter Vollkommenheit zu leisten.

Das Ballett wurde durch das Abendessen unterbrochen. Die originellste Speise war Pilau bestehend aus Hühnerfleisch mit Granatäpfeln, mit Zucker und Fett zubereitet.

Nach dem Abendessen, bei dem der Hausherr und einige strenge Mohammedaner nur Wasser tranken, obgleich verschiedene Weinsorten gereicht wurden, fing das Ballett wieder an.

Um Mitternacht begaben wir uns wieder zum Kommandanten. Der Ball war matt und schleppend. Abgesehen von zwei bartlosen Tänzern, tanzten die jungen Mädchen miteinander.

Wir brachten fünf oder sechs Tänzer mit, unter anderen einen georgischen Fürsten, den Bruder des abwesenden Gouverneurs.

Die Georgier sind, wie ich glaube, nicht nur die schönsten Männer der Erde, sondern ihre Nationaltracht ist auch äußerst malerisch. Sie besteht aus einer spitzen Mütze von schwarzem Lammfell, die aber um die Hälfte niedriger als die persische Mütze ist; aus einem bis an die Knie herabgehenden Rock mit langen offenen, am Handgelenk zusammengehakten Ärmeln, aus einem seidenen, mit Gold bestickten Beschmett, dessen gefaltete Ärmel aus den offenen Rockärmeln hervorschauen; endlich aus seidenen Hosen und Saffianstiefeln, die mit Samt und Gold verziert sind.

Der georgische Fürst trug einen granatfarbenen, mit hellblauem Taft gefütterten Rock, einen Beschmett von weißem Atlas, mit Gold eingefasst, und taubengroße Hosen. Ein Gürtel aus Goldschuppen umschloss seinen Leib, und an diesem Gürtel hing ein Handschar mit elfenbeinernem Griff und silberner, mit Gold emaillierter Scheide. Dazu rabenschwarze Haare und Augen, eine zarte Gesichtsfarbe und blendend weiße Zähne.

Er empfahl uns seinem Oheim und seinem Vetter, die in Nukha wohnten. Sein Oheim war der Fürst Tarkanow, Gouverneur von Nukha, der Schrecken der Lesghier. Sein Vetter war der Fürst Iwan Tarkanow.

Um drei Uhr früh schlich ich aus dem Saal ins Vorzimmer und von da auf die Straße. Ich eilte in meine Wohnung.

Es war lange her, dass ich um drei Uhr von einem Ball nach Hause gekommen war. In Schemacha war ich vielleicht der erste Europäer, der sich so verspätet hatte.

Schamyl, seine Frauen und Kinder

Die Ursache meiner Flucht war natürlich nicht Unzufriedenheit mit dem Hause, wo ich so gut aufgenommen worden war, oder mit dem freundlichen Wirt, dem ich aufrichtigen Dank zollte, aber als Senior der Reisegesellschaft dachte ich an den nächsten Morgen.

Wenn wir in aller Frühe abreisten und die Kutscher zur Eile antrieben, so konnten wir in der Nacht nach Nukha kommen.

Kaum war ich in meinem Zimmer, so wurde an die Tür geklopft. Ich dachte an die Lesghier und die schöne Sonja. Wer konnte mir so spät noch einen Besuch abstatten? Ich fasste den Griff meines Dolches, sah mich nach meiner Büchse um und wartete.

Meine Vorsicht war überflüssig. Es war der Kommandant, der mein Verschwinden bemerkt hatte und mir nachgeeilt war.

Er beschwor mich im Namen seiner Gemahlin und Schwester, nicht abzureisen, ohne mit ihnen gefrühstückt zu haben. Ich entgegnete, dass ich noch denselben Abend in Nukha einzutreffen wünschte, aber er gab mir eine siegreiche Antwort; ich sollte in Gesellschaft eines Offiziers frühstücken, der bei den Gebirgsvölkern in Gefangenschaft gewesen war und mir über Schamyl, den er oft gesehen hatte, genaue Auskunft geben könne.

Einer solchen Versuchung konnte ich nicht widerstehen. Dazu kam, dass Mahmud Beg, dem ich von meiner Vorliebe für die Falkenbeize erzählt, dem Gouverneur zugeflüstert hatte, er werde mir für morgen seine beiden besten Falken leihen und zwei Falkner zu meiner Verfügung stellen. Zwanzig Werst von Schemacha würden wir einen an Fasanen und Hasen sehr reichen Landstrich finden. Dort könnten wir anhalten und ein paar Stunden jagen.

Der freundliche Kommandant wusste nicht, was er erfinden sollte, um uns einen Tag länger zurückzuhalten. Es wurde verabredet, dass wir um neun Uhr frühstücken, um elf Uhr abreisen und von ein bis drei Uhr jagen sollten. Wir mussten dann in Tomenschaja übernachten.

Am anderen Morgen um neun Uhr waren wir beim Kommandanten. Wir fanden den versprochenen russischen Offizier, einen Mann von vierzig bis fünfundvierzig Jahren, der sehr gut französisch sprach. Er war unweit Kuba gefangengenommen, ins Gebirge geschleppt und zu Schamyl geführt worden. Man hatte anfangs zwölftausend Rubel Lösegeld verlangt, war aber endlich auf siebentausend heruntergegangen. Die Hälfte dieser Summe war von den Verwandten und Freunden des Offiziers, die andere Hälfte von dem Grafen Woronozow, dem damaligen Gouverneur, bezahlt worden.

Seine Gefangenschaft hatte fünf Monate gedauert, und in dieser Zeit hatte er Schamyl zweimal wöchentlich gesehen. Er erzählte uns Folgendes über den Propheten und Führer der kaukasischen Bergvölker.

Schamyl mag etwa achtundfünfzig Jahre alt sein, sieht aber wie ein Vierziger aus. Er ist groß und hat ein sanftes, ruhiges, Ehrfurcht gebietendes Gesicht, dessen Hauptzug Schwermut ist. Man sieht es ihm jedoch an, dass seine Gesichtszüge auch den Ausdruck großer Energie und Entschlossenheit annehmen können. Seine blasse Gesichtsfarbe lässt die schön geschwungenen dunklen Brauen stark hervortreten. Seine Augen sind dunkelgrau, fast schwarz, und er hält sie nach Art der Orientalen halb geschlossen.

Der rötliche, wohlgepflegte Bart schmiegt sich um die roten Lippen, zwischen denen kleine, weiße, regelmäßig geformte Zähne hervorschauen. Seine Hand ist klein und weiß, sein Gang langsam und würdevoll. Man erkennt den Mann von hohen Geistesgaben, den zum Befehlen geborenen Führer.

Seine gewöhnliche Kleidung ist eine Tscherkesska von grünem oder weißem lesghischen Tuch. Um den Papak von

Ubyche, Dschigiti, Abchase, Türken
von der Handelskolonie an der Tscherkessenküste (v.l.n.r.)

schneeweißem Lammfell ist ein weißer Turban gewunden, dessen Ende über den Nacken herabfällt.

Schamyl hält sehr auf Sittenreinheit und ist gegen seine Umgebung ebenso streng wie gegen sich selbst. So erzählt man folgende Tatsache: Eine verwitwete, kinderlose Tatarin, die also frei über ihre Person verfügen konnte, lebte mit einem Lesghier, der ihr die Ehe versprochen hatte. Sie wurde Mutter; Schamyl erfuhr es und ließ beide hinrichten.

Schamyls Mäßigkeit übersteigt alle unsere europäischen Begriffe. Seine ganze Nahrung besteht aus Weizenbrot, Milch, Obst, Reis, Honig und Tee. Äußerst selten isst er Fleisch.

Er hat drei Frauen; die vierte, Mutter seines ältesten Sohnes Dschemal-Eddin, starb vor Kummer, als der Knabe im Jahre 1839 bei der Belagerung von Achulgo von den Russen gefangengenommen wurde. Sie hieß Patimate. Sie hinterließ ihm noch einen Sohn, Hadschi-Mohammed, der etwa vierundzwanzig Jahre alt ist; ferner den fünfzehnjährigen Mohammed-Sabeh, die vierzehnjährige Napisette und die zwölfjährige Patimate.

Die anderen drei Frauen heißen: Saida, Schuaneta und Aminetta. Die Letztere hat er verstoßen, weil sie ihm keine Kinder geboren hatte. Saida ist die Tochter eines alten Tataren, den Schamyl sehr hoch schätzt; er soll der Erzieher des Imam gewesen sein. Der alte Tatar heißt Dschemal-Eddin, und diesen Namen hat Schamyl seinem ältesten Sohn gegeben. Saida ist neunundzwanzig. Seit dem Tode der Patimate ist sie die erste Frau des Imam, dessen Kinder und Diener ihr gehorchen wie ihm selbst. Sie hat die Schlüssel in Verwahrung und verteilt die Lebensmittel und Kleidungsstücke. Schamyl hat von ihr eine zwölfjährige Tochter, deren Gesicht sehr schön und deren Verstand sehr glücklich entwickelt ist, aber sie hat verkrüppelte Füße. Sie heißt Narajata.

Der Imam hat seine Kinder sehr lieb, am zärtlichsten aber liebt er die unglückliche Narajata; vielleicht hat das Mitleid seine Gefühle inniger gemacht. Obgleich sie auf ihren verkrüppelten Füßen recht gut läuft, pflegt er sie doch auf dem Arm zu tragen.

Schuaneta, die zweite Frau Schamyls, ist sechsunddreißig; sie ist ziemlich klein, aber sehr hübsch. Sie hat prächtiges Haar, einen reizenden Mund und sehr weiße Haut, aber zu große Hände und Füße. Sie ist die Tochter eines reichen Armeniers aus Masdok. Vor zwanzig Jahren, als Schamyl die Stadt einnahm, führte er Schuaneta mit ihrer ganzen Familie nach Dargo, seiner damaligen Residenz. Der armenische Kaufmann bot für sich und die Seinen ein Lösegeld von hunderttausend Rubeln. Schamyl liebte Schuaneta, die damals Anna hieß. Er wies das Lösegeld zurück, erbot sich aber, der Familie die Freiheit zu schenken, wenn das junge Mädchen seine Gattin werden wollte. Die sechzehnjährige Anna hatte keine Abneigung gegen den Imam und willigte ein. Sie studierte zwei Jahre den Koran, trat zum Islam über und wurde die Gattin Schamyls, der ihr den Namen Schuaneta gab. Schuaneta ist der Schutzengel der Gefangenen Schamyls. Die Fürstinnen Tschautschawadse und Orbeliani fanden in ihr eine Beschützerin, der sie eine große Milderung ihres Schicksals verdankten.

Die dritte Frau Schamyls ist oder war Aminetta. Sie ist fünfundzwanzig Jahre alt und unfruchtbar geblieben. Dies ist das Unglück der armen Frau, die hübscher und jünger ist als die beiden anderen. Diese waren eifersüchtig auf sie, und insbesondere Saida warf ihr vor, dass sie den Imam nicht liebe und deshalb unfruchtbar geblieben sei. Sie hat ein regelmäßig ovales Gesicht, einen etwas zu großen, aber mit sehr schönen Zähnen geschmückten Mund und reizende Grübchen in Wangen und Kinn. Sie ist von tatarischer Herkunft. Sie wurde als fünfjähriges Kind geraubt und ihre Mutter, die sie nicht loskaufen konnte, folgte ihr freiwillig in die Gefangenschaft.

Im Harem des Imam befindet sich außerdem eine alte Frau namens Bakko, die Großmutter seines Sohnes Dschemal-Eddin und die Mutter der Patimate. Sie hat ihre eigene Wohnung und speist allein, während die anderen Frauen einen gemeinschaftlichen Tisch führten.

Die Liebe der drei Frauen Schamyls zu ihrem Herrn – dieses Wort ist im Orient passender als Gatte – ist außerordentlich, obgleich sie sich, je nach den Charakteren, in verschiedener Weise äußert. Saida ist eifersüchtig wie eine Europäerin, sie hat sich an eine Teilung nie gewöhnen können, sie hasst ihre beiden Ehegenossinnen und würde sie unglücklich machen, wenn ihnen die Gerechtigkeit des Imam keinen Schutz gewährte.

Schuaneta ist in ihrer begeisterten Liebe der größten Hingabe und Aufopferung fähig. Wenn Schamyl vorübergeht, leuchtet ihr Auge; wenn er spricht, scheint ihr Herz an seinen

Lippen zu hängen; wenn er ihren Namen nennt, strahlt ihr Gesicht vor Freude.

Schamyl ist fünfunddreißig Jahre älter als Aminetta, daher hatte sie eine mehr kindliche Zuneigung zu ihm. Wegen ihrer Jugend und Schönheit hatte sich der Hass Saidas gegen sie gewandt. Da sie keine Kinder hatte, so wurde sie von Saida verhöhnt und von dem Imam später verstoßen. Der sittenstrenge Schamyl fürchtete, man werde seine Liebe zu einer unfruchtbaren Frau als Liederlichkeit betrachten, und wie wehe es auch seinem Herzen tat, trennte er sie doch von sich.

Von Schemacha nach Nukha

Um zwölf Uhr mittags nahmen wir Abschied von dem freundlichen Kommandanten und seiner Familie.

Er gab uns zwölf Mann, unter dem Befehl seines tüchtigsten Essaul Nurmat-Mat, zur Begleitung bis Nukha. Die Lesghier waren auf einem Streifzug. Man sprach von gestohlenen Viehherden und von fortgeschleppten Landbewohnern; aber Nurmat-Mat bürgte für unsere Sicherheit. Die beiden voranreitenden Falkner, die die abgerichteten Vögel auf der Hand hielten, gaben unserer Abreise ein mittelalterliches Aussehen.

Von Schemacha nach Axus ist der Weg ziemlich gut. Auf beiden Seiten der Straße sieht man gewaltige Dornenbüsche, denen nur Kleider von lesghischem Tuch widerstehen. Die Luft war lau, der Himmel rein, die fernen Berge herrlich blau; wir legten die zwanzig Werst bis zum Sammelplatz in anderthalb Stunden zurück.

Den Sammelplatz erkannten wir schon von Weitem. Zwei Tataren erwarteten uns mit zwei Handpferden und drei Hunden.

Ich stieg auf und zeigte den Falknern eine Stelle, wo Fasanen saßen. Die Hunde wurden losgelassen, und wir ritten ihnen nach. Sobald die Fasanen aufflogen, wurden die Falken in die Luft geworfen.

Als ich etwa zweihundert Schritte geritten war, hatte mein Falke einen Fasan gefangen. Ich kam noch zur rechten Zeit, um den Fasan lebend zu bekommen. Es war ein prächtiger Hahn, der nur eine kleine Verletzung am Kopf hatte.

Unser Falkner nahm aus einem ledernen Sack ein Stück Fleisch und gab es seinem Falken als Entschädigung für den Leckerbissen, der ihm entrissen worden war. Der Falke begnügte sich damit und schien bereit, die Jagd unter den gleichen Bedingungen fortzusetzen.

Wir begaben uns wieder auf unseren Sammelplatz auf der kleinen Anhöhe, wo man die ganze Landschaft übersah, und schickten unsere beiden Falkner mit Falken und Hunden in die Gebüsche.

Ein einzelner Fasan flog auf; der eine Falke schoss auf ihn los, aber der Fasan kam glücklich davon.

Ein anderer Fasan flog auf, und der zweite Falke wurde auf ihn losgelassen. Der Fasan flog gerade auf uns zu. Da fiel der Falke, der ihn beinahe eingeholt hatte, plötzlich mitten ins Gebüsch, als ob er durch einen Schrotschuss flügellahm geworden wäre.

Ich schaute auf, um die Ursache dieser plötzlichen Schwäche zu suchen. Ein großer Adler schwebte etwa hundert Meter über mir. Der Falke hatte ihn bemerkt und im Gebüsch Schutz gesucht. Er mochte sich angesichts eines so gestrengen Herrn wohl als Wilddieb betrachten.

Der Adler flog weiter, ohne sich um ihn zu kümmern.

Ich eilte an die Stelle, wo der Falke niedergefallen war, und hatte einige Mühe, ihn zu finden. Er hatte sich in einen Grasbüschel verkrochen und zitterte an allen Gliedern. Ich holte ihn aus seinem Versteck; aber seine Krallen waren so fest zusammengezogen, dass er sich weder auf meiner Hand noch auf meiner Schulter halten konnte. Ich musste ihn auf meinen Arm legen. Der Falkner kam; er nahm mir den Falken ab und beschwichtigte ihn, aber erst nach einer halben Stunde entschloss er sich zur Verfolgung eines Fasans, den er aber nicht fing. Ungeachtet dieses unerwarteten Zwischenfalls hatten wir in zwei Stunden drei Fasanen erbeutet.

Wir mussten nun an das Weiterreisen denken, denn wir hatten noch etwa dreißig Werst bis Tumenschaja, wo wir übernachten wollten, und überdies führte der Weg über einen Berg, der auf jeden Fall noch am Tage zurückgelegt werden musste. Wir machten der Jagd ein Ende, gaben den Falknern einige Rubel und nahmen Hasen und Fasanen mit.

Unsere Eskorte war gewechselt worden, aber Nurmat-Mat blieb mit seinen zwölf Kosaken bei uns. Er schickte zwei von ihnen voraus, ließ zwei in einiger Entfernung folgen und ritt mit den acht anderen neben unserer Tarantasse. Die Vorsicht gebrauchte man im Allgemeinen, wenn die Straße nicht ganz sicher war.

Der Weg, obschon überall so breit, dass zwei Wagen nebeneinander vorbeifahren konnten, wand sich oft an tiefen Abgründen entlang, aber die Aussicht war so herrlich, dass wir die schreckliche Tiefe nicht beachteten.

Wir befanden uns nun zwischen zwei Gebirgsketten. Die zur Rechten war unten bewaldet, in der Mitte kahl und felsig, oben mit Schnee bedeckt; die auf der linken Seite war niedriger, der untere Teile war tiefblau, die Gipfel von der untergehenden Sonne vergoldet. Zwischen beiden Gebirgsketten lag ein weites Tal. Es war ein wundervoller Anblick.

Wenn ich in die Tiefe hinuntersah und die Entfernung, die uns von der Ebene trennte, mit den Blicken maß, fühlte ich mich bei jeder Biegung des Weges von einem Schauer durchbebt. Unser Kutscher schien wirklich den Teufel im Leibe zu haben; sobald es bergab ging, setzte er seine Pferde in Galopp, sodass alle unsere Kosaken zurückblieben.

Diese tolle Bergabfahrt, die zwei Stunden dauern sollte, wurde in fünfzig Minuten zurückgelegt. Endlich befanden wir uns in gleicher Höhe mit der Talsohle und hatten eine lange schnurgerade Straße vor uns, an deren äußerstem Ende die ersten Häuser von Axus sichtbar wurden. Aber als wir völlig geborgen zu sein glaubten, rief unser Kutscher dem neben ihm sitzenden Kalino zu: »Nehmen Sie die Zügel – ich verliere den Kopf!«

Wir verstanden nicht, was er sagte, aber seine Gebärden waren alles andere als beruhigend. Unsere Pferde bogen nicht seitwärts in die Straße ein, sondern liefen geradeaus auf einen Graben zu. Der Abhang zum Graben war steil wie ein Dach.

Kalino ergriff die Zügel, aber es war zu spät. Auch er hatte etwas von seiner gewohnten Besonnenheit verloren.

Was nun geschah, ging so schnell, dass man kaum mit den Blicken folgen konnte. Der Kutscher verschwand zuerst; er glitt herab oder schien zu versinken. Kalino hingegen wurde in die Höhe geschleudert – die Tarantasse war gegen einen Felsen gefahren.

Der heftige Stoß warf Moynet aus dem Wagen. Zum Glück fiel er auf weichen, von einem kleinen Bach bewässerten Rasen. Ich konnte glücklich einen Baumast erhaschen, an dem ich mich mit beiden Händen festhielt, sodass ich wie eine Klinge aus der Scheide aus der Tarantasse gezogen wurde.

Der Kutscher lag mit blutendem Kopf unter den Pferden. Kalino war auf Ackerland gefallen und hatte sich keinen großen Schaden getan.

Nun kamen auch die Kosaken. Sie hatten von Weitem unsere Luftsprünge gesehen und eilten uns zu Hilfe. Endlich gelang es ihnen, die Pferde wieder auf die Füße zu bringen und den Kutscher hervorzuziehen. Er war am Kopf und an einer Hand verletzt. Die zum Glück nicht gefährlichen Wunden wurden mit unseren in Quellwasser getauchten Taschentüchern verbunden.

Sobald unsere zwölf Kosaken wieder um die Tarantasse versammelt waren, konnte sie schnell aufgerichtet werden. Das solide Fuhrwerk hatte den Stoß ausgehalten. Die wieder angespannten Pferde zogen den Wagen auf die Straße. Eine Viertelstunde danach waren wir in Axus. Wir wechselten nur die Pferde und fuhren weiter.

Um acht Uhr abends kamen wir an die Station Turmanschaja, wo wir übernachteten.

Um sieben Uhr früh waren wir wieder unterwegs. Je weiter wir kamen, desto milder wurde die Luft. Es war ein schöner Sommertag im November.

Um elf Uhr erreichten wir die nächste Poststation. Ich befahl dem Kutscher, trotz der späten Stunde uns zu dem Kronhaus, dem staatlichen Rasthaus, in Nukha zu fahren.

Die Tarantasse rollte schnell an Häusern, Mühlen und Fabriken vorbei. Nach einer Viertelstunde befanden wir uns zwischen zwei Heckenreihen und hielten vor einem Gebäude mit dunklen Fenstern und verschlossener Tür.

Dies versprach uns keine sehr gastliche Aufnahme und dem Magen wenig Befriedigung.

Unser Kutscher ging in ein großes Haus, das dem zu unserer Aufnahme bestimmten gegenüberstand, um die Ankunft von Reisenden zu melden und den Schlüssel zu verlangen. Er kam mit einem Nuker des Fürsten zurück, der vollkommen bewaffnet war und ohne Zweifel Wache gehalten hatte. Der Mann sah unsere Waffen und fragte uns, ob und womit sie geladen wären. Wir antworteten, zwei Gewehre seien mit grobem Schrot und drei mit Kugeln geladen.

Diese Antwort schien ihm große Freude zu machen. »Karascho, karascho«, sagte er wiederholt; »sehr gut, sehr gut.« Ich nickte zustimmend, denn ich hatte keine Ursache, dem braven Mann Verdruss zu bereiten, zumal er fragte, ob wir etwas brauchten.

Der Nuker entfernte sich, um Essen zu besorgen.

Unterdessen nahmen wir unsere Wohnung in Augenschein. Sie bestand aus fünf bis sechs Zimmern, aber in keinem war etwas anderes zu sehen als drei Bretter auf zwei Böcken. Wir setzten uns auf eine Pritsche und warteten mit dem Vorsatz, am anderen Morgen weiterzureisen und dem Fürsten nur einen kurzen Besuch zu machen.

Der Diener brachte uns geräucherten Fisch, eine Fleischspeise, Wein und Wodka.

Wir aßen vor Kälte schlotternd. Man schob zwar Baumstämme in die Öfen, aber erst nach hartnäckigem Widerstand gaben sie sich den Flammen preis.

Unterdessen dampfte der Samowar und trug auch zur Erwärmung der Wohnung bei. So kamen allmählich Leben und Bewegung in die öden Zimmer. Der Hunger war gestillt, der Durst gelöscht, der Unbehaglichkeit folgte eine behagliche Ruhe, eine wohltuende Wärme. Der Tee, der in Russland ein Hauptbedürfnis ist, trug wesentlich zu unserer physischen und moralischen Kräftigung bei.

Zu unserer Überraschung fanden wir in den inzwischen gut geheizten Schlafzimmern dicke Filzdecken auf den Pritschen und Wachskerzen in den Nischen. Als wir alles, was bei einem so unerwarteten nächtlichen Besuch nur zu erwarten war, in reichem Maße erhalten hatten, erschien der Nuker wieder und fragte uns, ob wir alles hätten, was wir brauchten. »O ja!«, antwortete ich, »wir sind ja hier wie im Palast Mahmud Begs.«

»Es fehlt nur eine Bajadere«, sagte Moynet lachend. Der Nuker bat um die Erklärung der Worte des Franzosen; Kalino übersetzte sie ihm ins Russische. »Sitshass«, antwortete der Nuker und ging. Wir ließen das zweisilbige Wort unbeachtet, das in Russland und im Kaukasus das Echo jeder Frage ist.

Kalino und Moynet nahmen von dem größeren Zimmer Besitz, ich blieb in dem kleineren.

Der Mond war eben aufgegangen und seine Strahlen streiften meine Fenster, als ob sie durch die brennenden Kerzen zurückgescheucht würden. Ein großer Balkon zog sich um das ganze Haus. Ich trat in die Nacht hinaus.

Zu meinem großen Erstaunen sah ich eine unter meinen Fenstern auf und ab gehende Wache. Zur Bewachung unseres Gepäcks konnte es nicht sein, denn alle unsere Habseligkeiten waren im Haus. Auch nicht wegen meines »Tschins«, denn in Nukha hatte niemand meinen Geleitschein gesehen, der mir Generalsrang gab. War ich vielleicht ein Gefangener, ohne es zu wissen? Das war auch nicht wahrscheinlich. Ich ging, ohne mir den Kopf länger zu zerbrechen, wieder hinein, löschte das Licht aus und schlief den Schlaf des Gerechten. Ich mochte wohl eine Viertelstunde geschlafen haben, als ich die Tür aufgehen hörte. Ich sah mich um und erblickte unseren Nuker an der Seite einer weiblichen Gestalt, die in einen langen Schleier gehüllt war.

»Bajadere«, sagte er.

Ich gestehe, dass ich nicht wusste, was er damit sagen wollte.

»Bajadere«, wiederholte er; »Bajadere.«

Ich dachte nun an die scherzhaften Worte Moynets: »Es fehlt uns nur eine Bajadere, um uns in den Palast Mahmud Begs zu versetzen.«

Der Nuker hatte den Scherz ernst genommen. Aber ich hatte den Wunsch nicht ausgesprochen und folglich keinen Anspruch auf die Bajadere. Ich dankte dem Nuker und rief mit der vollen Kraft meiner Lunge: »Wer will eine Bajadere?«

»Ich«, antwortete Kalinos Stimme.

»Dann öffnen Sie die Tür und Ihre Arme.«

Die Tür ging auf und wieder zu. Ich aber kehrte mein Gesicht der Wand zu und schlief zum zweiten Mal ein.

Am Morgen führte uns der Nuker zum Fürsten Tarkanow, der dem Kronhaus gegenüber wohnte. Unter dem Tor empfing uns sein zwölfjähriger Sohn Prinz Iwan Tarkanow, ein intelligenter Knabe, der fließend Französisch sprach und mir als Dolmetscher im Gespräch mit seinem Vater wertvolle Dienste leistete.

Widderkampf, Tatarentanz und Badridzes Botschaft

Nach dem Frühstück fragte ich den jungen Prinzen, ob er die Güte haben wolle, mir die Stadt zu zeigen und mich zum Basar zu führen.

Der Fürst gab dem Essaul des jungen Prinzen einen Befehl, und vier Nuker schnallten ihre Gürtel mit dem Handschar um, setzten den Papak auf und schickten sich an, uns zu begleiten.

Nikolaus, der Essaul des jungen Prinzen, ging zehn Schritte voran; dann kamen wir, Moynet, Kalino und ich, mit dem jungen Prinzen; die vier Nuker beschlossen den Zug. Wir hatten also eine Vor- und Nachhut und waren gegen einen Überfall gesichert.

Die Stadt Nukha hat das Aussehen eines großen Dorfes und zwei bis drei Stunden im Umfang. Die Häuser liegen größtenteils verstreut, und selbst in der Innenstadt hat jedes Haus seine Einfriedung, seine prächtigen Bäume, seine Quelle. Viele Quellen sprudelten aus den Hecken hervor und flossen über den Weg. Der Fürst bewohnte ein ziemlich entlegenes Landhaus; daher die großen Vorsichtsmaßnahmen, die er treffen musste.

Wir gingen etwa eine Werst, ehe wir in die Hauptstraße kamen. Diese Straße ist zugleich das Bett eines kleinen Baches, der den Kiesboden mit zwei Zoll hoch Wasser bedeckt. Man geht entweder auf einem sehr schmalen Fußweg auf der Seite, der aber nur für Ziegen oder Seiltänzer gemacht zu sein scheint, oder man hüpft von Stein zu Stein wie die Bachstelzen, oder man watet durch das Wasser.

Auf beiden Bachufern stehen Bäume, deren Äste eine Laube über dem fließenden Wasser bilden. Von einem Ufer zum anderen führen Stege aus rohen Baumstämmen und Brettern.

Im Hintergrund sieht man steile, hohe, malerische Berge. Die ganze Landschaft ist reizend und zugleich großartig wie die herrlichsten Alpengegenden.

Endlich kamen wir an den eigentlichen Basar. Außer den Handelsleuten, die ihre Waren in Buden feilboten, gibt es viele Hausierer, die sich unter der Menge herumtreiben. Jeder verkauft nur eine Ware, nie zweierlei. Einige handeln mit Säbeln, Dolchen, Pistolen und Flinten aus Kuba; andere mit Teppichen aus Schemacha; wieder andere mit Rohseide aus dem Gebirge. Mitten unter diesen Handelsleuten sah man Lesghier, die Tuch feilboten. Dieses Tuch von weißer oder graugelber Farbe ist im Kaukasus sehr geschätzt, weil es ungemein dauerhaft ist und den Dornen widersteht.

Im Gegensatz zu den Hausierern, die sich begierig nach Kundschaft umsehen, sitzen die Budeninhaber ernst und gleichgültig und erwarten den Käufer, ohne ihn anzulocken oder zurückzuhalten. Keiner dieser stolzen Leute scheint verkaufen zu wollen. Da ist meine Ware, nehmt sie und bezahlt, wenn es euch beliebt, sonst geht nur weiter, ich kann recht gut ohne euch leben. Ich habe meine Bude geöffnet, um in freier Luft und im Schatten meine Pfeife zu rauchen und die Leute vorbeigehen zu sehen.

Sie sagen das nicht geradeheraus, aber es steht Wort für Wort auf ihren Gesichtern geschrieben.

Hier findet man die verschiedensten Waren. Die drei schönsten Basare, die ich gesehen habe, selbst den von Tiflis nicht ausgenommen, sind in Derbent, Baku und Nukha. Man verfertigt und verkauft hier alles, was eine früher persische und erst unlängst russisch gewordene Stadt braucht. Den Maßstab der europäischen Bedürfnisse darf man freilich nicht an diesen Basar legen. Man verfertigt und verkauft Teppiche, Waffen und Sättel, Patronen, Polster, Tischdecken, Fußbekleidungen aller Art, von den Sandalen der Bergvölker bis zu den hohen Stiefeln der Georgier. Man verfertigt und verkauft Ringe, Armspangen, Halsbänder mit ein, zwei und drei Reihen tatarischer Geldstücke, Hauben, Stecknadeln, Mieder mit goldenen und silbernen

Früchten, als Sinnbilder der noch kostbareren Früchte, die darin stecken sollen.

Und alles dies funkelt und flimmert und wimmelt und schreit und streitet. Hier und da kommt es auch wohl zu einer Rauferei, wobei von Peitschen und Messern Gebrauch gemacht wird. Aber es gibt auch höfliche Leute, die einander begrüßen und die Hände auf der Brust kreuzen und sich küssen.

Plötzlich hörten wir Geschrei und erblickten ein Gedränge. Drei oder vier unterworfene Lesghier, die Tuch feilboten, hatten einen Reiter angehalten und das Pferd beim Zügel gefasst. Was sie von ihm wollten? Ich weiß es nicht. Was er ihnen getan? Ich habe es nicht erfahren. Er hob seine Peitsche und schlug einen Lesghier über den Kopf. Der Lesghier fiel zu Boden; zugleich aber stürzte das Pferd und verschwand in dem Getümmel. Aber nun kam der Nuker, der ihm folgte, hinzu und mit jedem Faustschlag, den er austeilte, fiel ein Gegner. Der Reiter raffte sein Pferd wieder auf und schlug mit der Peitsche um sich. Die Menge tat sich vor ihm auf, sein Nuker schwang sich auf die Kruppe des Pferdes und beide ritten im Galopp davon. Zwei oder drei Lesghier lagen blutend auf der Erde.

Nach dem Essen, das zwei- oder dreimal durch Unterredungen des Fürsten mit ankommenden Reitern unterbrochen worden war, tranken wir den Kaffee auf der Terrasse. Im Hof stand ein Mann mit einem prächtigen rotbraunen Widder, um den der schwarze Widder des Fürsten mit herausfordernder Haltung die Runde machte. Die tatarische Abendunterhaltung sollte mit einem Widderkampf anfangen.

Die Gäste kamen bald, die in der Nähe wohnenden zu Fuß, die Übrigen im Wagen. Fünf bis sechs Männer kamen zu Pferd, obgleich sie nur einige Hundert Schritte von dem Haus des Fürsten wohnten; aber die Orientalen gehen nur im größten Notfall zu Fuß. Nach den üblichen Begrüßungen setzten sich die Gäste beiderlei Geschlechts auf den Balkon, der das Aussehen einer Theatergalerie bekam.

Gegen sechs Uhr abends war so ziemlich die ganze Gesellschaft versammelt.

Es erschienen nun vierzig Mann von der Miliz. Es waren die Tataren, die jede Nacht teils im Hof, teils in der Umgebung des Hauses Wache hielten. Die Wachen wurden aufgestellt, die Übrigen gruppierten sich um den Mann mit dem Widder.

Das Zeichen wurde gegeben. Man machte Platz, um den Kämpfenden freien Spielraum zu schaffen. Nikolaus, der Nuker des jungen Prinzen, der ihn nie verlässt, in der Nacht vor seiner Tür schläft und ihn vom Morgen bis zum Abend nicht aus den Augen lässt, fasste den Schwarzen Widder bei den Hörnern und entfernte ihn etwa zehn Schritt von dem roten.

Der rote Widder wurde von seinem Herrn gestreichelt, geküsst und dem schwarzen gegenübergestellt. Schließlich hetzten die Umstehenden die beiden Kämpfer gegeneinander.

Dieser Anfeuerung bedurfte es nicht. Kaum waren die Widder frei, so stürzten sie aufeinander los wie zwei Ritter, denen die Kampfrichter die Schranken öffnen.

Sie trafen sich mitten auf dem Kampfplatz und stießen mit den Köpfen gegeneinander. Es war ein heftiger dumpfer Schlag, die beiden Widder sanken mit den Hinterbeinen nieder, wichen aber keinen Schritt zurück.

Dann nahmen sie wieder ihre Ausgangsstellung ein, der schwarze Widder mit stolzer Haltung, der rote den Kopf schüttelnd.

Im Hof bildete sich ein Kreis aus Milizsoldaten, Dienern des Hauses und Vorübergehenden, die hereinkamen und zusahen. Man begann, den Besitzer des roten Widders zu verspotten. Die Zuschauer hielten das Kopfschütteln für eine üble Vorbedeutung.

Der Hof bot, von oben gesehen, einen höchst malerischen Anblick. Unter den von draußen gekommenen Zuschauern befand sich ein Kameltreiber mit drei Kamelen. Diese hatten sich wohl in der Meinung, es sei eine Karawanserei, niedergelegt und streckten den Hals aus, während der Führer, auf der Ladung des einen Kamels stehend, einen der besten Plätze für dieses unentgeltliche Schauspiel hatte.

Grusinische Kapelle

Andere waren zu Pferde in den Hof gekommen und sahen ebenfalls zu, nachdem sie den Hausherrn nach Landessitte begrüßt hatten.

Einige Tatarinnen und Armenierinnen, Erstere mit ihren großen Schleiern, Letztere mit ihren langen weißen Gewändern, standen regungslos wie Bildsäulen.

Die Milizsoldaten bildeten in ihrer malerischen Tracht und ihren im letzten Schimmer des Tages glänzenden Waffen einen Kreis, durch den einige Kinder geschlüpft waren. Es mochten im Ganzen wohl hundert Zuschauer im Hof sein. Das war mehr, als nötig war, den Sieger zu ermutigen und den Besiegten zu verhöhnen.

Doch der rote Widder war noch keineswegs besiegt. Er hatte nur den Kopf geschüttelt, und das steht jedermann frei, selbst einem Widder. Er war noch so kampflustig, dass sein Herr alle Mühe hatte, ihn zurückzuhalten. Es schien fast, als hätte er gemerkt, dass man an ihm zu zweifeln begann.

Ein zweiter, noch stärkerer Zusammenstoß erfolgte. Der rote Widder sank auf die Hinterbeine, stand wieder auf und wich einen Schritt zurück. Der schwarze Widder war ihm offenbar überlegen.

Beim dritten Zusammenstoß wurde diese Überlegenheit noch deutlicher: Der rote Widder schüttelte den Kopf noch stärker als zuvor. Der schwarze stürzte nun mit unbeschreiblicher Wut auf ihn los und stieß ihn in die Seiten, an die Stirn, an die Keulen, und mit jedem Stoß warf er ihn nieder. Der Besiegte schien mit dem Selbstvertrauen auch das Gleichgewicht verloren zu haben. Er flüchtete nach allen Seiten und durchbrach endlich den Kreis, der schwarze Widder ihm nach. Das Parterre jubelte dem Sieger Beifall zu. Der Besiegte flüchtete endlich unter einen Wagen. Er bekannte sich nicht nur für überwunden, sondern bat um Pardon.

In diesem Augenblick hörte man auf der Straße eine tatarische Trommel, begleitet von der georgischen Surna. Es wurde still, jedermann lauschte, um sich zu überzeugen, ob die Musik näherkomme. Das ganze Parterre eilte nun dem Hoftor zu, und in wenigen Augenblicken war der Hof leer.

Aber bald fand sich das Publikum zahlreicher ein als zuvor. Es erschienen zwei Fackelträger und hinter ihnen vier Musikanten, denen zwei andere Fackelträger folgten.

Dann kamen drei Tänzer und hinter diesen strömte die Zuschauermenge wieder in den Hof, bedeutend verstärkt durch neue Zuzüge, die sich auf der Straße den Musikanten und Tänzern angeschlossen hatten.

Die Tänzer gingen auf den Balkon und begrüßten den Fürsten. Die Menge rief Hurra und bildete einen Kreis. Die vier Fackelträger stellten sich so, dass sie das Ballett so gut wie möglich beleuchteten.

Zwei Tänzer trugen kurze, schwere Keulen; der dritte hielt einen gespannten Bogen, dessen Sehne mit eisernen Ringen behängt war, die durch ihr Geklapper die Musik begleiteten. Zwei Musikanten spielten abwechselnd die Surna, die beiden anderen eine Trommel.

Die Surna ist eine Art Sackpfeife, die den blasenden Musikanten sehr ermüdet; nur eine georgische Brust vermag dieses nationale Instrument zu spielen.

Der erste Tanz wurde plötzlich durch ein sehr heftiges Gewehrfeuer unterbrochen, das kaum eine halbe Stunde entfernt war. Die Tänzer hielten inne, den Surnabläsern ging der Atem aus, die tatarischen Trommeln schwiegen, die Milizsoldaten eilten zu ihren Waffen, die Essaule setzten sich rasch auf die bereitstehenden Pferde und die Zuschauer im Parterre wie auf der Galerie sahen einander fragend an.

»Es ist nichts, Kinder, es ist nichts!«, rief Fürst Tarkanow vom Balkon hinunter. »Badridze lässt seine Leute zum Vergnügen im Feuer exerzieren. Tanzt nur ruhig weiter!«

»Es sind wohl die Lesghier?«, fragte ich den jungen Prinzen.

»Es ist wahrscheinlich«, antwortete er; »aber Badridze ist da, man kann ganz unbesorgt sein.«

Die Musikanten begannen, die Surna zu blasen und die Trommeln zu rühren, und die Füße der Tänzer setzten sich wieder in Bewegung.

Jedermann nahm seinen Platz ein, und obgleich noch einzelne Schüsse fielen, schien sie doch niemand mehr zu beachten.

Der Tanz war in der Tat ganz eigentümlich und der Beachtung wohl wert. Die beiden Tänzer, welche die Keulen trugen, hatten sich am Rande eines Kreises aufgestellt; in der Mitte stand der Dritte, der den Bogen hielt. Sie schwenkten die Keulen mit staunenswerter Gewandtheit um den Kopf, steckten sie unter den Armen und zwischen den Beinen durch, während der dritte Tänzer in und mit seinem Bogen verschiedene Sprünge und Wendungen machte und die schon ziemlich wilde Musik durch eine noch wildere Begleitung verstärkte.

Die beiden Surnaspieler lösten sich ab; die schreienden, aufreizenden Töne des Instruments üben auf die Georgier dieselbe elektrisierende Wirkung aus wie die Sackpfeife auf die Bergschotten. Diese Musik schien die Kraft der Tänzer zu verdoppeln. Die Übungen, die der Stärkste unter uns kaum zwei oder drei Minuten ausgehalten hätte, dauerten länger als eine Viertelstunde, ohne dass die Tänzer die mindeste Ermüdung zu fühlen schienen.

Endlich schwieg die Musik und die Tänzer blieben stehen.

Wie jeder orientalische Tanz ist der Keulentanz sehr einfach. Der Tänzer schreitet vor- und rückwärts, wie es ihm beliebt, ohne sich an bestimmte Tanzfiguren zu halten. Nie erhebt er sich vom Boden, und die Arme spielen meist eine größere Rolle als die Beine.

Nach dem Tanz kam der Ringkampf. Zwei Tänzer legten ihre Oberkleider ab, verneigten sich gegen den Fürsten, rieben sich die Hände mit Staub und nahmen die Haltung von Raubtieren an, die aufeinander losstürzen wollen.

In dem Augenblick, als die Ringer ihre ganze Kraft aufboten und der Zuschauerkreis sich immer enger um sie zusammenzog, trat aus dem dunklen Hintergrund des Hofes ein Mann hervor, der auf einer Stange einen noch nicht erkennbaren Gegenstand trug. Neugierig trat er in den Kreis.

Als er näher kam, konnte man in dem flackernden Fackellicht die Umrisse eines Kopfes erkennen, und da man die dünne Stange nicht sah, so schien der Kopf, in der Luft schwebend, ganz allein näherzukommen, um von dem Schauspiel etwas zu sehen.

Der Mann dachte gar nicht mehr an seine Trophäe und trat so weit wie möglich vor. Man konnte nun alles deutlich sehen. Der Mann war mit Blut bedeckt und trug auf der Stange einen frisch abgehauenen Kopf, dessen Augen offen und dessen Gesichtszüge verzerrt waren.

Der geschorene Schädel, der eine tiefe Wunde hatte, zeigte, dass es ein Lesghierkopf war.

»Was bedeutet das?«, fragte ich den jungen Prinzen.

»Badridze schickt uns durch seinen Nuker Halim seine Visitenkarte«, lachte er.

Unterdessen hatten alle Anwesenden den Kopf gesehen. Die Frauen wichen zurück, die Männer traten vor.

»Halim!«, rief Fürst Tarkanow in tatarischer Sprache vom Balkon herab, »was bringst du da, mein Sohn?« Halim schaute auf und trat in den Kreis. »Es ist der Kopf des Häuptlings der Banditen«, sagte er. »Herr Badridze schickt Ihnen diese Trophäe; er wird bald selbst erscheinen, er wechselt nur seine Wäsche, denn es ist ihm warm geworden. Ich habe den Kopf abgeschnitten«, setzte er hinzu, »und Herr Badridze hat ihn mir geschenkt; ich bekomme also die zehn Rubel Kopfprämie.«

»Gut, gut«, sagte der Fürst, »bis heute Abend musst du schon warten. Lege den Kopf an einen Ort, wo ihn die Hunde nicht finden; er muss morgen auf dem Markt ausgestellt werden.« – »Jawohl, Durchlaucht«, erwiderte Halim und verschwand auf der zum Balkon führenden Treppe.

Bald darauf kam er mit leeren Händen wieder in den Hof. Er hatte den Kopf in Sicherheit gebracht.

Fünf Minuten später erschien Badridze in einem sauberen Anzug.

Die Lesghier waren in eine Falle gegangen, die er ihnen gestellt hatte. Er hatte auf sie feuern lassen, und drei Mann waren gefallen. Die Lesghier hatten ebenfalls geschossen, aber Badridze hatte sich auf ihren Anführer gestürzt, eine Weile mit ihm gekämpft und ihm endlich mit seinem Handschar den Schädel gespalten. Daraufhin hatten die Lesghier die Flucht ergriffen.

Der Ball begann nun. Die Damen tanzten die Lesghinka.

Gegen elf Uhr fand indes wieder ein Zwischenfall statt. Wir sahen Halim, der sehr unruhig zu sein schien, auf und ab gehen. Er suchte offenbar etwas.

»Was sucht denn Halim?«, fragte ich den jungen Prinzen. Er befragte den Nuker und kam lachend zurück. »Er weiß nicht, was aus seinem Kopf geworden ist«, sagte er, »er ist ihm abhandengekommen, vielleicht gestohlen worden. Suche doch, Halim, suche!«, rief er dem Nuker zu.

Halim entfernte sich.

Endlich fand er den Kopf. Er hatte ihn in einem dunklen Winkel des Vorzimmers auf eine Bank gelegt, und die Gäste hatten, ohne den Kopf zu sehen, Mäntel und Pelze darauf geworfen. Beim Fortgehen nahm natürlich jeder seinen Mantel oder Pelz, und so kam der Kopf wieder zum Vorschein.

»Haben Sie sich gut unterhalten?«, fragte mich Iwan, als er mich in mein Zimmer begleitete.

»Unglaublich, Prinz«, antwortete ich.

Am anderen Morgen wurde der Kopf des lesghischen Häuptlings in der Basarstraße mit einer Inschrift ausgestellt, die seinen Namen und die Veranlassung seines Todes verkündete.

Abreise

Der ausgestellte Kopf war der fünfte in diesem Jahr. Die Lesghier sind Bekenner des Islam und folglich Fatalisten; ein abgeschlagener Kopf macht auf sie keinen Eindruck. Es war so vom Schicksal bestimmt, sagen sie. Als wir am anderen Morgen den Basar besuchten, wurde der Kopf kaum noch beachtet.

Unsere Abreise war auf ein Uhr nachmittags festgesetzt. Wir wollten nur bis zur nächsten, höchstens zur zweiten Station reisen und die folgende Nacht in Zarke-Kalotzi, der letzten Station vor Tiflis, zubringen. Wir hatten also Zeit.

Wir verweilten ziemlich lange im Basar. Eine Ahnung sagte uns, dass es nirgends so schön sein werde wie in Nukha.

Und wie freundlich wurden wir von dem Fürsten Tarkanow und dessen Sohn bewirtet.

Wir frühstückten. Leider drängte die Zeit. Es war zwölf, um ein Uhr sollten wir abreisen. Der Fürst wusste nicht, was er uns versprechen sollte, um uns noch länger bei sich zu behalten.

Wir standen vom Tische auf. Die Tarantasse und Telega waren schon bespannt. Außerdem hielt der Wagen des Fürsten vor der Tür.

Gegen seine Gewohnheit verzichtete Iwan auf das Vergnügen des Reitens, um eine kleine Weile noch bei mir zu sein. Der liebe Knabe war mein Herzensfreund geworden. Alle Essaule und Nuker waren auf den Füßen. Badridze sollte uns mit fünfzehn Milizsoldaten bis zur nächsten Station begleiten.

Ich nahm mit dem Fürsten und Iwan in der Kalesche Platz; Moynet, Kalino und ein junger Arzt setzten sich in die Tarantasse, die anderen stiegen zu Pferd.

Die Karawane setzte sich in Bewegung. Die leichte Kalesche gewann bald einen Vorsprung vor den anderen schwer beladenen Fuhrwerken.

Von Zeit zu Zeit sah ich mich besorgt um. Ich sah die Tarantasse nicht kommen. Als ich dem jungen Prinzen meine Besorgnis äußerte, wurde Nikolaus zurückgeschickt. Fünf Minuten später kam er mit der Meldung, dass ein Rad der Tarantasse gebrochen sei. Man verlangte vierundzwanzig Stunden Zeit, um es auszubessern.

Iwan war sehr erfreut. Wir mussten noch einen Tag in Nukha bleiben. Mir hingegen war der Unfall sehr unangenehm, Moynet war außer sich.

Der Fürst Tarkanow bemerkte es und sagte leise einige Worte zu Nikolas, der im Galopp fortritt.

Dann wurden Flaschen und Gläser aus der Kalesche hervorgeholt. Die Flaschen enthielten natürlich Champagner. Im Kaukasus wie in Russland wünscht man mit Champagner glückliche Reise und trinkt auf baldiges Wiedersehen.

Man trank und plauderte. So verging eine halbe Stunde.

Plötzlich sahen wir die Tarantasse kommen. War ein Wunder geschehen? Nein, der Fürst hatte bloß den Befehl gegeben, von seiner Tarantasse ein Rad abzunehmen und an die unsrige zu stecken.

Der Augenblick der Trennung kam. Ich reichte dem kleinen Prinzen beide Hände. Er brach in Tränen aus.

Dann nahmen wir herzlichen Abschied von dem Fürsten, von Iwan und Badridze, setzten uns in die Tarantasse und fuhren ab.

Wir winkten uns noch lange ein Lebewohl zu, dann machte der Weg eine Biegung, und wir sahen einander nicht mehr.

Das Schloss der Königin Tamara

Je weiter man sich von Nukha entfernt, desto großartiger wird die Landschaft. Nukha ist inmitten der Bäume kaum sichtbar und verschwindet bald hinter einem Berg der Kaukasuskette.

Die Gebirgsformen sind prächtig, die Gipfel mit Schnee bedeckt. Wir waren in dem schönsten Tal des Kaukasus, und zweimal fuhren wir durch den kleinen Fluss Alasan.

Links von uns lag Kachetien, der Garten Kaukasiens und der Weinberg Georgiens. Der Traubensaft, der hier gekeltert wird, kommt dem Kislarwein gleich und würde dem französischen Wein gleichkommen, wenn die Einwohner die Zubereitung und zumal die Aufbewahrung besser verstünden. Man füllt den Wein in Schläuche von Bock- oder Büffelleder, und der bekommt dadurch einen von Liebhabern geschätzten Geschmack, den ich aber abscheulich finde. Zum Teil bewahrt man den Wein in großen Krügen auf, die in die Erde eingegraben werden.

Rechts hatten wir eine hohe steile Bergkette mit beschneiten Gipfeln und unbesteigbaren Felswänden, zwischen denen sich die noch unabhängigen Lesghier verbergen.

Bei Anbruch der Nacht kamen wir nach vier- bis fünfstündiger Fahrt durch das schöne Alasantal an die Station Babaratminskaja.

Hier hatten wir zwei hölzerne Ruhebetten, einen Tisch und zwei Schemel zur Verfügung. Zum Glück hatten wir von unserer Jagd noch drei Fasanen und einen Hasen bei uns.

Wir reisten in aller Frühe ab, denn wir wollten auf jeden Fall abends in Zarke-Kalotzi eintreffen. Endlich gegen sieben Uhr abends kamen wir dort an.

Es ist eine Stadt neuen Ursprungs, eigentlich ein Lager. Wir sahen ein großes Haus auf einer Anhöhe, hielten vor der Tür an und ließen nach Oberst Toll fragen. Der Diener, an den sich Kalino wandte, ging hinein, um mit dem Hausherrn zu sprechen.

Ein Offizier kam uns sehr freundlich entgegen. »Herr Alexandre Dumas?«, fragte er mich. Ich verneigte mich und reichte ihm mein Album, in dem die Zeilen des Fürsten Korsakow standen. »Herr Graf Toll?«, fragte ich ihn, als er das kurze Empfehlungsschreiben gelesen hatte.

»Nein«, sagte er, »ich bin Fürst Mellikow und freue mich, Sie bewirten zu können; ich werde nicht erlauben, dass Sie anderswo ein Nachtquartier suchen. Sie werden Graf Toll sehen, aber bei mir; ich werde ihn zum Abendessen holen lassen.«

Die kleine Täuschung, deren sich der freundliche Wirt bedient hatte, um uns in sein Haus zu locken, war derart, dass wir die Einladung unmöglich ablehnen konnten. Unser Gepäck wurde abgeladen und ins Vorzimmer gebracht. Wir selbst wurden in behaglich geheizte Zimmer geführt.

Eine halbe Stunde später kam Graf Toll. Er hatte lange in Paris gelebt und sprach sehr gut französisch. Das Billett des Fürsten Korsakow enthielt eine Nachricht: »Zeigen Sie Herrn Dumas das Schloss der Königin Tamara.«

Die Königin Tamara ist in Georgien allgemein bekannt. Sie lebte zur Zeit Ludwigs des Heiligen und führte wie er, aber mit mehr Glück, einen erbitterten Krieg gegen die Moslems. Wie in der Normandie alle alten Burgen an Robert den Teufel erinnern, so soll in Georgien jedes Schloss von der Königin Tamara erbaut sein. So hat sie vielleicht hundertfünfzig alte Schlösser, die jetzt von Adlern und Schakalen bewohnt werden. Sie alle haben eine schöne, malerische Umgebung.

Um neun Uhr frühstückten wir, und als wir aufstanden, fanden wir Reitpferde vor der Tür. Wir legten die vier bis fünf Werst zu den Ruinen in zwanzig Minuten zurück.

Das alte Schloss liegt auf einem einzeln stehenden Berg, der das Alasantal beherrscht. Im Hintergrund breitete sich die prächtige kaukasische Bergkette aus.

Sechs Werst von der Burg der Königin Tamara liegt ein anderer Berg, an den sich eine Sage knüpft. Wir hatten diesen Berg bei Sonnenuntergang in wunderbar schöner Beleuchtung gesehen.

Es ist der Eisberg. An seinem Fuß ist ein Salzsee. Eine sehr besuchte Kapelle steht in einer großen Grotte im Mittelpunkt des Berges. Der Sage nach wurde der Prophet Elias in dieser Grotte von einem Raben mit Speise versehen, und von dem Gipfel dieses Berges fuhr er gen Himmel. Es war die erste biblische Legende, der wir auf unserer Reise begegneten. Man merkte, dass Armenien nahe war.

Als wir wieder in das Haus des Fürsten kamen, trafen wir seinen Adjutanten, der uns sein Album zeigte. Er hatte den letzten lesghischen Kriegszug mitgemacht und verschiedene sehr merkwürdige Ansichten gezeichnet.

Eine von ihnen zeigte eine lesghische Tür, die mit abgehauenen Händen verziert war. Die Hände waren festgenagelt wie an den Türen unserer Meierhöfe die Wolfstatzen.

Die Tuschinen, die sich zum Christentum bekennen und die Feinde der Lesghier wie überhaupt aller Moslems sind, haben dieselbe barbarische Sitte. Jedem Feind, der ihnen in die Hände fällt, wird die Hand abgehauen.

Im letzten Feldzug kämpfte ein Tuschinenhäuptling mit seinen drei Söhnen in den Reihen der Russen. Der älteste wurde schwer verwundet. Er war der Liebling seines Vaters, aber dieser hielt es, obgleich es ihm das Herz fast brach, unter seiner Würde, ein Zeichen von Schwäche zu geben. Der Vater hieß Schette, der Sohn Gregory.

Man zeigte dem Vater das Haus, in das man den Verwundeten gebracht hatte. Schette ging hinein; Gregory, vom Schmerz überwältigt, jammerte und ächzte.

Schette trat an den Teppich, auf dem sein Sohn lag, stützte sich auf sein Gewehr, sah den Verwundeten mit finsteren Blicken an und sagte zu ihm: »Habe ich einen Mann oder ein Weib gezeugt?«

»Einen Mann, Vater«, antwortete Gregory.

»Nun, wenn du ein Mann bist, warum winselst du denn?«

Der Verwundete schwieg und gab ohne einen Klagelaut seinen Geist auf.

Als der junge Mann tot war, nahm der Vater den Leichnam, entkleidete ihn und legte ihn auf einen Tisch. Dann machte er mit seinem Handschar fünfundsiebzig Einschnitte in die Wand und zerschnitt den Leichnam in ebenso viele Stücke, die der Anzahl seiner streitbaren Verwandten und Freunde entsprachen.

»Was machst du da?«, fragte ihn der Oberst, der ihn bei dieser grausigen Arbeit überraschte.

»Ich räche Gregory«, sagte der Tuschine, »in einem Monat werde ich so viele Lesghierhände haben, wie ich Stücke abgeschnitten habe.«

Er hatte sich nicht verrechnet. In Monatsfrist erhielt er von seinen Verwandten und Freunden fünfundsiebzig Hände, zu denen er noch fünfzehn selbst heimgebrachte Hände legte. Im ganzen also neunzig. Gregory war gerächt.

Wir hatten noch etwa hundertzwanzig Werst bis Tiflis. Die Wege waren schlecht, und wir mussten die ganze Nacht fahren, wenn wir mittags in Tiflis ankommen wollten.

Bis zu den beiden Stationen Tscheroskaja und Zainaskaja ging alles gut, und wir fanden Pferde. Von da ab war der Weg sicher, und wir nahmen keine Begleitung; deshalb hielt man uns auf der dritten Station Magorskaja für Leute geringeren Standes, und trotz unseres Geleitbriefes erklärte uns der Postmeister, er habe keine Pferde. Wir kannten diese Antworten schon; aber da wir unseren Hunger stillen mussten, ehe wir weiterritten, antworteten wir, dass wir warten wollten. »Warten Sie in Gottes Namen«, sagte der Posthalter, ohne sich umzusehen, »es kommen in der Nacht keine Pferde.« Wenn die russischen Posthalter so grob werden, so erklären sie damit: Wir sind Gauner und wollen Euch brandschatzen. Auf diese Erklärung gab es nur eine Antwort: Die Peitsche bereitzuhalten. »Nehmen Sie meine Peitsche«, sagte ich zu Kalino.

»Und was soll ich mit Ihrer Peitsche tun?«

»Was die Zauberer mit der Wünschelrute tun: Sie werden Pferde aus der Erde stampfen.«

Während Kalino die Peitsche hervorsuchte, trat ich mit Moynet in den Warteraum. Die Stube war überfüllt. Alle Reisenden hatten dieselbe Antwort erhalten wie wir und mussten warten. Ein georgischer Fürst und sein Sohn verzehrten an einer Tischecke ein Huhn und tranken ein Glas Wodka dazu.

Als wir eintraten, standen sie auf, kamen auf uns zu und ersuchten uns, an ihrer Mahlzeit teilzunehmen. Wir nahmen die Einladung unter der Bedingung an, dass sie auch unser Abendessen mit uns teilen sollten. Wir hatten einen Hasen und drei Fasanen, die uns der Koch des Fürsten Mellikow gebraten hatte, und überdies eine große Kürbisflasche voll Wein. Zwei oder drei Reisende, die auf diesen unfreiwilligen Aufenthalt in Magorskaja nicht vorbereitet waren, tranken verdrießlich ihr Glas Tee. Etwas anderes hatten sie auf der Station nicht bekommen. Wir baten die beiden Fürsten um Erlaubnis, diese Reisenden zur Teilnahme an unserer Mahlzeit einzuladen.

Die Gastfreundschaft ist im Kaukasus so allgemein, dass sich die ganze Gesellschaft an den Tisch setzte, aus unserer Schüssel aß und aus unserer Kürbisflasche trank. Der Hase, die drei Fasanen und die sechs bis acht Flaschen Wein, die die Kürbisflasche enthielt, waren bald vertilgt.

Kalino, der nur so viel zu sich genommen hatte, dass sein Kopf in der gehörigen Verfassung war, wurde nun gebeten, die Peitsche zu nehmen und mir zu folgen.

Der Postmeister war im Hof und lehnte sich an eine der hölzernen Säulen, auf denen das Vordach der Poststation ruhte. Wir blieben vor ihm stehen; er sah uns über die Schulter an. »Kalino, verlangen Sie Pferde«, sagte ich. Kalino verlangte Pferde.

»Ich habe Ihnen ja gesagt, dass keine Pferde da sind.«

»Sagen Sie ihm, Kalino, dass wir ihn recht gut verstanden haben, aber dass wir ihn für einen Lügner halten.«

Kalino verdolmetschte meine Antwort; der Postmeister rührte sich nicht. »Soll ich von der Peitsche Gebrauch machen?«, fragte Kalino.

»Nein, wir müssen erst ermitteln, ob er lügt. Der Pferdestall muss durchsucht werden.« Ich blieb bei dem Postmeister, der sich nicht rührte.

Fünf Minuten später kam Kalino zornig und mit erhobener Peitsche zurück.

»Es sind vierzehn Pferde im Stall«, sagte er, »soll ich zuschlagen?«

»Noch nicht. Fragen Sie, lieber Kalino, wie es kommt, dass vierzehn Pferde im Stall sind, während er vorgibt, keine Pferde zu haben.« Kalino übersetzte meine Frage. »Es sind Pferde von anderen Stationen«, antwortete der Postmeister.

»Greifen Sie den Pferden unter den Bauch, Kalino; wenn sie schwitzen, ist es wahr, aber wenn sie nicht schwitzen, so hat er gelogen.«

Kalino eilte in den Stall und kam sogleich zurück. »Er hat gelogen«, sagte er, »die Pferde sind ganz trocken.«

»Dann schlagen Sie zu, Kalino.«

Kalino schlug; beim dritten Hieb sagte der Posthalter: »Wie viele Pferde brauchen Sie?«

»Sechs.«

»Sie sollen sie haben; aber sagen Sie den anderen nichts.« Zum Unglück war es zu spät. Die anderen hatten den Wortwechsel gehört, waren herbeigeeilt, und man konnte ihnen nicht mehr verhehlen, dass noch acht Pferde übrigblieben.

In fünf Minuten waren die Tarantasse und die Telega bespannt; es wurde noch ein Glas auf unsere glückliche Reise getrunken. Der georgische Fürst und sein Sohn versprachen, mich in Tiflis zu besuchen; wir bestiegen unsere Wagen und fuhren im Galopp davon.

Wir verweilten nur zwei Stunden auf der Station Sartischolskaja. Bei Tagesanbruch reisten wir weiter. Wir hatten noch 35 Werst bis zur Hauptstadt von Georgien; aber die Wege waren so abscheulich, dass unser Kutscher uns erst gegen zwei Uhr nachmittags von einer Anhöhe aus einen bläulichen Dunst mit einigen durchschimmernden weißen Punkten zeigte und sagte: »Das ist Tiflis.«

Er hätte ebenso gut sagen können: Da ist Saturn oder da ist Merkur. Wir hatten uns zuletzt eingebildet, Tiflis sei ein Planet, den wir nie erreichen würden, zumal die Nähe einer Stadt durch nichts angekündigt wurde. Man sah kein Haus, keinen Baum, kein beackertes Feld. Überall kahle, sonnenverbrannte Wüste.

Aber nach und nach bekam der Berg, dem wir uns näherten, das Aussehen einer mit Zinnen und Türmen gekrönten Festung. Bald wurde durch eine andere Erscheinung unwiderleglich bewiesen, dass wir in ein zivilisiertes Land kamen: Rechts am Wege standen drei Galgen.

Der mittlere war leer, an den beiden anderen hingen Säcke. Wir erschöpften uns in Vermutungen über die gehängten Gegenstände. Moynet behauptete, es könnten keine Menschen sein. Ich behauptete, es könnten keine Säcke sein.

Unser Kutscher entschied die Frage mit der Erklärung, dass es Menschen in Säcken seien. Wer diese Menschen aber waren, wusste er ebenso wenig wie wir.

Wir fuhren weiter in der Erwartung, dass sich in Tiflis das Rätsel lösen werde.

Inzwischen wurde die Stadt nach und nach sichtbar. Die beiden ersten Bauwerke, die hier, wie früher in Petersburg, unsere Augen beleidigten, waren zwei geschmacklose lange Häuser, wahrscheinlich Kasernen. Wir schüttelten unwillig den Kopf. War dies wirklich das ersehnte Tiflis? Sollte das georgische Paradies, wie man es gepriesen hatte, eine Täuschung sein?

Aber plötzlich wurden wir höchst angenehm überrascht. Bei einer Biegung des Weges sahen wir unten in einem tiefen Tal den schäumenden Kur und, an den Seiten des Berges, weit ausgebreitet und bis in die Tiefe der Schlucht hinabreichend, die Stadt. Die Häuser waren verstreut wie eine Schar weißer Vögel, die sich, anderswo verjagt, hier niedergelassen hatten. Wie sollten wir in den Abgrund hinunterkommen? Es war wohl ein Weg zu sehen, aber was für ein Weg?

Übrigens wurden wir jeden Augenblick aufs Neue überrascht. Es war in der Tat eine prächtige Fernsicht.

Unsere Tarantasse rollte wie der Donner mitten unter dem Geschrei unseres Kutschers: »Kabarda! Kabarda! Vorsicht!« dahin.

Es war ohne Zweifel am Morgen ein öffentliches Fest gefeiert worden. Wir erkundigten uns. Man hatte zwei Verbrecher gehängt.

Wir fuhren über eine hölzerne Brücke, die in einer Höhe von sechzig Fuß über den Fluss geschlagen worden war. Unter uns, auf einer vom Kur umflossenen Sandbank, lagen etwa hundert Kamele.

Nun gelangten wir aus der Vorstadt in die Stadt. »Wohin soll ich fahren?«, fragte der Kutscher.

»Zu dem französischen Konsul, Baron Finot«, antwortete ich.

Und die Tarantasse fuhr mitten durch die Volksmenge ebenso schnell die Anhöhe hinauf, wie sie den steilen Berg hinuntergefahren war.

Tiflis

Der Baron Finot wohnte in der oberen Stadt, in der Königsstraße, unterhalb der Davidskirche. Er war bei der Fürstin Tschautschawadze zu Tisch; aber da er uns längst erwartete, hatte er seinem Diener befohlen, uns die für uns bestimmte Wohnung anzuweisen. Man führte uns in ein prächtiges Haus am Theaterplatz, wo Herr Iwan Subalow, ein reicher Georgier, zwei Zimmer und einen großen Saal zu unserer Verfügung gestellt hatte. Moynet und Kalino nahmen das eine Zimmer, ich bezog das andere. Der Saal wurde zum gemeinsamen Atelier bestimmt.

Aus meinem Fenster sah ich deutlich die beiden Galgen und die im Winde schaukelnden Säcke. Es waren wirklich Gehängte. Die Hinrichtung hatte erst am Morgen stattgefunden. Auf meine Erkundigung erfuhr ich, dass sie zwei Uhrmachergehilfen des Herrn Georgiew ermordet hatten, um die im Fenster hängenden Taschenuhren und das in der Tischlade aufbewahrte Geld zu stehlen. Es waren Armenier. Sonderbar, die sanften, fügsamen Armenier sind oft Diebe, zuweilen Gauner, aber sehr selten Mörder.

Der Uhrenhändler Georgiew hatte zwei Gehilfen, die den ganzen Tag im Laden blieben, abends gewöhnlich den Schlüssel mitnahmen und früh den Laden wieder aufsperrten. Sie verkehrten mit zwei Armeniern, Schubakow und Ismail. Diese beschlossen den Uhrenladen zu plündern, und um diesen Plan auszuführen, wollten sie ihre beiden Bekannten in ein Wirtshaus führen, sie betrunken machen, ermorden, ihnen den Schlüssel abnehmen und den Laden aufsperren. Dieser Plan wurde tatsächlich ausgeführt bis auf einen sehr wesentlichen Umstand: Der Schlüssel fand sich nicht bei den Ermordeten.

Die Mörder zogen nun die Kleider der beiden Toten an und klopften an die Tür des Herrn Georgiew. Die Nacht war finster. Die Person, die sie einlassen würde, musste sie für die beiden Gehilfen halten; sie konnten eintreten und den Diebstahl ausführen.

Aber vor allem mussten sie die Toten beiseiteschaffen. Sie weckten einen auf der Straße schlafenden Muscha, so heißen in Tiflis die Lastträger, zeigten ihm die beiden Leichen und versprachen ihm vier Rubel, wenn er sie begraben wolle. Ein armer Muscha verdient nicht jeden Tag, noch weniger jede Nacht vier Rubel. Er nahm die beiden Leichen auf den Rücken, ging über die Alexanderbrücke und begrub die Toten auf dem sogenannten roten Hügel.

Aber es war Nacht. Der arme Teufel sah schlecht oder war schlaftrunken. Er grub sie nicht vollständig ein, und die Füße des einen ragten aus der Erde hervor. Daraufhin begab er sich wieder an die Stelle, wo man ihn geweckt hatte; der Platz war gut, er hoffte, dort neue Arbeit zu bekommen.

Unterdessen klopften die beiden Mörder an die Tür des Uhrenhändlers; dieser erschien aber selbst und mit einem Licht. Schubakow und Ismail liefen davon. Georgiew sah zwei Männer fliehen. Er glaubte an eine Neckerei, schloss die Tür wieder und begab sich wieder zur Ruhe.

Am anderen Morgen kamen die beiden Gehilfen nicht. Es war das erste Mal, dass sie sich einer solchen Pflichtverletzung schuldig machten. Georgiew wurde unruhig.

Gegen Mittag sah ein Hirt, der auf dem Berg die Ochsen hütete, zwei Füße aus frisch aufgewühlter Erde hervorragen. Er zog an den Füßen, und es kamen zwei Beine, dann ein ganzer Leichnam, dann zwei Leichname zum Vorschein. Er lief in die Stadt und erstattete Anzeige.

Die beiden Ermordeten wurden als die Gehilfen Georgiews erkannt. Man hatte sie abends mit den beiden Armeniern ausgehen sehen; der Verdacht fiel daher auf diese.

Sie wurden samt dem Muscha verhaftet, vor Gericht gestellt und zum Tode verurteilt, Schubakow und Ismail als Mörder, der Muscha als ihr Mitschuldiger.

Das Verbrechen machte großes Aufsehen und verbreitete großen Schrecken. Fürst Barjatinski, Statthalter der kaukasischen Provinzen, ließ die Untersuchung beschleunigen; die Beweise waren ja überzeugend. Als Stellvertreter des Kaisers hat der Fürst Gewalt über Leben und Tod: Er glaubte, zugunsten des Muscha die Todesstrafe in körperliche Züchtigung und achtjährige Zwangsarbeit in Sibirien umwandeln zu müssen. Der Muscha, ein Perser, sollte tausend Stockschläge erhalten. Ein Georgier, Armenier oder Perser, kann wohl tausend Schläge vertragen; ein Kaukasier aus dem Gebirge verträgt fünfhundert, ein Russe zweitausend. Kein Verbrecher überlebt dreitausend, die der Todesstrafe gleichkommen.

Der Muscha sollte seine Begnadigung jedoch erst auf dem Richtplatz erfahren. Es wurden also an derselben Stelle, wo die Leichen der beiden Uhrmachergehilfen gefunden worden waren, drei Galgen errichtet. Die Anhöhe ist in der ganzen Stadt sichtbar.

Am Tage unserer Ankunft, um die Mittagsstunde hatte man die Verurteilten auf einem Karren zum Richtplatz geführt. Unter dem Galgen wurde ihnen das Urteil vorgelesen. Dann ergriffen der Henker und sein Gehilfe den jüngsten und zogen ihm einen Sack über den Kopf, sodass nur die Füße am oberen Ende frei blieben. Zwei Leitern waren nebeneinander an den Galgen gelehnt; eine für den Henker und seinen Gehilfen, die andere für den Verurteilten. Zwischen ihnen hing der Strick.

Der Verurteilte, von dem Henker gehalten, stand auf der neunten Leitersprosse still. Es wurde ihm nun die Schlinge um den Hals und über den Sack gelegt – und ein Stoß von der Hand des Henkers schleuderte ihn in die Ewigkeit.

Die Leitern wurden nun an den anderen Galgen getragen, und der zweite Verurteilte baumelte schon, als der erste noch nicht tot war. Der Todeskampf dauerte lange, teils wegen der Säcke, die das feste Zusammenziehen der Schlinge hinderten, teils wegen der Unerfahrenheit des Henkers, der den Delinquenten weder den Gnadenstoß gab, noch sie bei den Füßen zog. Diese im Abendland üblichen zarten Rücksichten werden im Orient vernachlässigt.

Endlich kam die Reihe an den Muscha, einen neunzehnjährigen Burschen von bräunlicher Gesichtsfarbe und schmächtigem Körperbau. Er zitterte, als man ihm das Hemd auszog. Tausend Soldaten waren in zwei Reihen aufgestellt und jeder hatte eine dünne Rute von der Dicke des kleinen Fingers in der Hand.

Man band dem Delinquenten die Hände an einem Gewehrkolben fest. Ein Unteroffizier fasste das Gewehr und schickte sich an rückwärtszugehen, um ihm schnelles Gehen unmöglich zu machen. Zwei Soldaten, die ebenfalls rückwärtsgehen sollten, hielten ihm das Bajonett auf die Brust; zwei andere stellten sich hinter ihn und hielten ihm das Bajonett an die Hüften. So konnte er, mit gebundenen Händen und zwischen vier Bajonetten eingeschlossen, weder zu schnell noch zu langsam gehen.

Auf ein gegebenes Zeichen zischten die tausend Ruten durch die Luft. Beim hundertsten Schlag kam das Blut, beim fünfhundertsten war der ganze Rücken wund.

Wenn der Delinquent in Ohnmacht fällt, wird innegehalten; er bekommt ein Glas Branntwein oder sonst eine Herzstärkung, und sobald er wieder Kräfte gesammelt hat, wird fortgefahren. Der Muscha hielt seine tausend Rutenstreiche aus, ohne ohnmächtig zu werden. Ob er schrie, weiß man nicht. Die dem Sträfling folgenden Trommelschläger machen einen so großen Lärm, dass man die Schmerzenslaute nicht hört.

Man warf ihm das Hemd über den Rücken, und er kehrte zu Fuß nach Tiflis zurück. Vierzehn Tage nachher dachte er nicht mehr daran, und er wurde nach Sibirien abgeführt, um seine achtjährige Strafzeit zu verbüßen.

Wenn er je wieder einen Toten einscharrt, wird er Sorge tragen, dass kein Fuß aus der Erde hervorschaut.

Während wir mit unserem Einzug beschäftigt waren, kam Baron Finot mit der ihm eigenen heiteren Laune und Freundlichkeit. Ich hatte ihn seit 1848 nicht mehr gesehen. Er fand mich dicker, ich fand ihn grauer. Am Abend musste ich ihn ins Theater begleiten, wo er mich dem Fürsten Jagarin und anderen Persönlichkeiten von Stand und Rang vorstellte.

Er versprach mir, mich am anderen Morgen abzuholen, um mir den Basar zu zeigen und mich in ein paar Häuser einzuführen.

Finot hielt auch wirklich Punkt sechs Uhr vor dem Hause Subalows.

Wir hatten abends vorher unsere Namen bei dem Fürsten Barjatinski eingeschrieben, und der Statthalter der kaukasischen Provinzen ließ uns sagen, dass er uns nachmittags um drei Uhr erwartete.

Wir hatten hinlänglich Zeit, die Karawanserei und den Basar zu besichtigen, unsere Besuche zu machen und uns umzukleiden, um der Einladung des Fürsten Folge zu leisten.

Diese Karawanserei bietet einen merkwürdigen Anblick. Durch die Tore ziehen mit Kamelen, Pferden und Eseln die Vertreter aller Nationen des Orients und des nordöstlichen Europa ein: Türken, Armenier, Perser, Araber, Hindus, Chinesen, Kalmücken, Turkomanen, Tartaren, Tscherkessen, Georgier, Mingrelier, Sibirier. Und jede Nation hat ihr eigentümliches Gepräge, ihre Tracht, ihre Waffen, ihre Sitten und zumal ihre Kopfbedeckung, die im Allgemeinen am längsten der launischen Mode zu widerstehen pflegt.

Zwei andere Karawansereien sind von geringerer Bedeutung. Für die Unterkunft in diesen Herbergen, wo der Sibirier von Irkutsk neben dem von Bagdad kommenden Perser ausruht und wo die Abgeordneten des Handelsstandes aller orientalischen Völker eine Gemeinde zu bilden scheinen, wird nichts bezahlt; aber die Eigentümer erhalten ein Prozent Lagerzins von den verkauften Waren.

Die gewerbe- und handeltreibenden Straßen, die an die Karawansereien stoßen, sind von den Wohngebieten getrennt. Jede Straße ist einem besonderen Gewerbe gewidmet.

Unter den einheimischen Handwerkern – und zu diesen zähle ich die Tataren, Armenier und Perser ebenso wie die Georgier – verfertigt jeder nur einen besonderen Gegenstand oder Bestandteil. So macht in Tiflis der Stiefelmacher keine Schuhe, der Pantoffelmacher keine Babuschen, der Babuschenmacher keine andere Fußbekleidung. Noch mehr, der Stiefelmacher, der georgische Stiefel verfertigt, macht keine tscherkessischen Stiefel. Wer eine Schaska haben will, kauft eine Klinge, lässt einen Griff und eine hölzerne Scheide dazumachen, diese Scheide mit Leder überziehen und endlich den Griff verzieren – und alles von verschiedenen Handwerkern, die in verschiedenen Magazinen aufzusuchen sind. Alle Läden sind vorn offen, alle Handwerker arbeiten angesichts der Vorübergehenden.

Eine Wanderung durch diese Straßen ist sehr interessant; der Fremde kann sich nicht sattsehen.

Wir brauchten daher längere Zeit zu dieser malerischen Wanderung, als wir geglaubt hatten. Es war fast zwei Uhr, als wir an unsere Besuche dachten.

Wir begaben uns nach Hause, um Stiefel und Beinkleider zu wechseln und fuhren zum Fürsten Orbeliani.

Die Fürsten Orbeliani stammen aus dem himmlischen Reich. Ihre Ahnen sind im fünften Jahrhundert aus China nach Georgien gekommen.

Die persischen Bäder

Baron Finot hatte mir für den Abend eine besondere Überraschung versprochen. Er wollte mich in die persischen Bäder führen.

Im Galopp fuhren wir durch die holperigen, abschüssigen Straßen von Tiflis, die nur von den Laternen der spät heimkehrenden Whistspieler erleuchtet werden. Zum Glück war die steilste Straße, die mir am bedenklichsten schien, mit Kamelen angefüllt. Unser Kutscher musste also im Schritt fahren.

Es dauerte wohl eine Viertelstunde, bis wir den Weg durch die Kamele fanden, die in der Nacht das ihnen eigentümliche phantastische Aussehen hatten. Fünf Minuten danach hielten wir vor dem Badehaus. Wir wurden erwartet: Finot hatte schon am Morgen eine Badestube bestellt.

Ein Perser mit spitzer Mütze führte uns über eine Galerie, unter der ein tiefer Abgrund gähnte, und durch einen von badenden Personen angefüllten Saal.

In dem Dampf, mit dem der Saal angefüllt war, konnte ich anfangs nur die Umrisse menschlicher Wesen erkennen. Als ich aber näher kam, merkte ich, dass es Frauen waren. »Ich habe den Dienstag gewählt, an dem die Frauen baden«, sagte Finot, »eine Überraschung, die man Freunden bereitet, muss vollkommen sein.«

Es war wirklich eine Überraschung, nicht für die Damen, die nicht im Mindesten überrascht schienen, sondern für uns. Ich sah mit einer gewissen Demütigung, dass sie sich gar nicht um uns kümmerten. Zwei oder drei alte und hässliche verhüllten sich das Gesicht mit dem Tuch, das jeder Badegast erhält.

Es mochten wohl fünfzig Frauen da sein, teils stehend, teils sitzend, halb oder ganz entkleidet; den Saal füllte ein Dunst, ähnlich jener Wolke, die den Äneas hinderte, seine Mutter zu erkennen. Von einer Venus war aber hier nichts zu sehen.

Es wäre unbesonnen gewesen zu verweilen, ich hatte auch gar keine Lust dazu. Unsere Tür war offen, der Mann mit der spitzen Mütze ging voran.

Wir traten ein. Unsere Badestube bestand aus zwei Abteilungen. In der ersten standen drei Ruhebetten, die Platz für sechs Personen boten. In diesem Vorzimmer kleidet man sich aus, ehe man das Bad nimmt, legt sich nieder, wenn man aus dem Bad kommt, und kleidet sich wieder an, wenn man fortgehen will.

Sechs Wachskerzen brannten an einem großen hölzernen Armleuchter, dessen Fuß auf dem Boden stand.

Wir kleideten uns aus und mit unseren Tüchern versehen – vermutlich um uns im Fall der Not das Gesicht zu verhüllen – traten wir in die eigentliche Badestube.

Ich gestehe, dass ich umkehren musste, denn meine Lungen waren nicht imstande, diesen Dampf einzuatmen. Ich musste die Tür eine Weile offen lassen, um mich nach und nach an diese heiße Atmosphäre zu gewöhnen.

Das Innere der Badestube war äußerst einfach, die steinernen Wände waren nicht einmal übertüncht. Drei viereckige steinerne Wannen enthalten Wasser von verschiedener Temperatur. Die alten Badegäste stürzen sich mutig in das auf vierzig Grad erhitzte Wasser. Die minder fanatischen gehen in die zweite Wanne und begnügen sich mit einer Temperatur von fünfunddreißig Grad. Die Neulinge fangen zaghaft mit dreißig an, gehen dann zu fünfunddreißig und endlich zu vierzig über.

Im Kaukasus gibt es heiße Quellen von mehr als sechzig Grad. Sie sind wirksam gegen Rheumatismus, werden aber nur als Dampfbäder benutzt.

Der Konsul stürzte sich in die Vierzig-Grad-Wanne, ich hingegen fing mit dreißig an und stieg nachher ohne allzu großes Unbehagen in die wärmeren Wannen.

Als ich aus der Vierzig-Grad-Wanne stieg, ergriffen mich die Badediener. Ich wollte mich zur Wehr setzen; aber es half nichts, sie legten mich auf eine der hölzernen Pritschen, schoben mir ein nasses Polster unter den Kopf, zogen mir die Beine lang und drückten mir die Arme dicht an den Leib.

Dann nahm jeder einen Arm und reckte ihn aus, dass alle Gelenke, von den Schultern bis zu den Fingerspitzen, krachten. Dann ließen sie die Beine krachen, dann den Nacken, den Rückenwirbel und die Hüften.

Dieses Ausrecken, das zu einer vollständigen Gliederverrenkung zu führen schien, verursachte nicht nur keinen Schmerz, sondern sogar ein gewisses Wohlbehagen. Es war mir, als ob meine Glieder, die noch nie einen Laut von sich gegeben, ihr Leben lang gekracht hätten. Ich glaubte, man hätte mich wie eine Serviette zusammenlegen können, ohne dass ich geschrien hätte.

Nachdem ich tüchtig gekracht hatte, wurde ich umgedreht, und während mir der eine Badediener aus Leibeskräften die Arme langzog, tanzte der andere auf meinem Rücken und glitt von Zeit zu Zeit auf die Pritsche, hüpfte aber sogleich wieder auf meinen Rücken.

Der Mann mochte hundertzwanzig Pfund schwer sein, aber er schien mir so leicht wie ein Schmetterling. Er stieg wohl zwanzigmal auf meinen Rücken und glitt auf die Pritsche. Dabei war mir unaussprechlich wohl, ich atmete so leicht und frei wie noch nie. Meine Muskeln hatten eine außerordentliche Spannkraft, ich hätte gewettet, den Kaukasus mit straffen Armen aufheben zu können.

Die beiden Badediener begannen nun, mich mit der flachen Hand an Schultern, Seiten, Hüften und Waden zu schlagen. Ich war ein Instrument geworden, auf dem sie eine Klatschmelodie spielten. Überdies hatte sie den Vorzug, dass ich, der nicht einmal eine Strophe des Marlboroughliedes richtig singen kann, die Noten ganz richtig trällerte und mit dem Kopf im Takt dazu schlug. Ich befand mich im Zustand eines Träumenden, der wach genug ist, um zu wissen, dass er träumt, aber seinen Traum so angenehm findet, dass er sich alle Mühe gibt, nicht zu erwachen.

Endlich nahm das Ausrecken und Kneten und Schlagen zu meinem Bedauern ein Ende, und das Einseifen begann.

Der eine Badediener fasste mich unter den Achseln und setzte mich zurecht, wie Harlekin den Pierrot, als er glaubt, ihn umgebracht zu haben. Unterdessen zog der andere einen aus Rosshaaren geflochtenen Handschuh an und rieb mir den ganzen Körper, während der erste einen Eimer Wasser aus der wärmsten Wanne schöpfte und mich damit übergoss.

Plötzlich nahm der erste einen mit Seifenschaum gefüllten Sack und leerte den Inhalt auf mich aus, sodass ich ganz mit schneeweißem Schaum bedeckt war.

Abgesehen von einem leichten Prickeln in den Augen, habe ich mich nie so behaglich gefühlt wie in diesem Seifenbad. Mit dem weißen Schaum bedeckt, ließ ich mich zu dem Bassin führen und ich stieg mit so sehnsüchtigem Verlangen hinein, als ob es von Nymphen bevölkert gewesen wäre.

Meine Begleiter waren ebenso bearbeitet worden, aber ich hatte nur an mich selbst gedacht. Erst in der Wanne kam ich, nicht ohne einiges Widerstreben, wieder mit der Außenwelt in Berührung.

Wir blieben etwa fünf Minuten in der Wanne; dann gingen wir ins Vorzimmer, dessen kühle Luft uns anfangs empfindlich war, aber bald ein neues Wohlgefühl bereitete. Wir legten uns auf die Ruhebetten, und man brachte uns Pfeifen. Wir hatten die Wahl zwischen Khalian, Tschibuk und Huka, und jeder von uns wurde nach Belieben Türke, Perser oder Hindu.

Dann nahm einer von den Badedienern eine Laute, die mit einem Bogen gespielt wird, und begleitete ein Lied des persischen Poeten Saadi. Diese Melodie wiegte uns in sanften Schlaf.

Während meines sechswöchigen Aufenthalts in Tiflis besuchte ich jeden zweiten Tag die persischen Bäder.

Die Fürstin Tschautschawadze

Baron Finot hatte versprochen, mich bei der Fürstin Tschautschawadze einzuführen. Er holte uns am folgenden Nachmittag um zwei Uhr ab. Die Fürstin war zu Hause und empfing uns.

Sie soll in ganz Georgien, dem Lande der schönen Augen, die allerschönsten Augen haben; aber noch mehr als ihre Augen bewunderte ich ihr reines griechisches oder vielmehr georgisches Profil. Das georgische Profil gleicht dem griechischen, aber es hat noch mehr Leben als dieses. Eine Griechin ist die noch marmorkalte Galatea, eine Georgierin ist die belebte, weibgewordene Galatea.

Und bei diesem wundervollen Profil hat die Fürstin einen Ausdruck tiefer Schwermut in ihrem Gesicht. Woher diese Schwermut kommt? Sie ist eine glückliche Gattin und Mutter. Ist es etwa eine Schönheit, die ihr die Natur als Zugabe geschenkt hat, wie sie manchen ohnehin schon reizenden Blumen den lieblichen Duft gibt? Oder ist es die Folge des furchtbaren Ereignisses, das sie fast ein Jahr von ihrer Familie trennte?

Sonderbar ist es, dass sie ihrem früheren Zwingherrn Schamyl eine aufrichtige Bewunderung zollt.

Die Entführung hatte Schamyl schon lange vorbereitet, um seinen in russische Gefangenschaft geratenen Sohn Dschemal-Eddin wiederzubekommen. Der arme junge Mann war glücklich in der Gefangenschaft, in der Freiheit grämte er sich zu Tode.

Die Fürstin Tschautschawadze besitzt etwa vierzig Werst von Tiflis das prächtige Landgut Thinondale, am rechten Ufer des Alasan, in einer herrlichen Gegend. Sie pflegte alljährlich im Mai dorthin zu gehen und erst im Oktober nach Tiflis zurückzukehren. Im Jahre 1854 sprach man von Raubzügen der Lesghier, und die Fürstin blieb länger als gewöhnlich in Tiflis. Der Fürst wollte erst Erkundigungen einziehen. Die Nachrichten, die er aus guter Quelle zu erhalten glaubte, beruhigten ihn. Die Abreise wurde daher auf den 18. Juni festgesetzt.

Man wollte sonntags abreisen, aber es waren keine Postpferde zu haben. Man hätte montags abreisen können, aber der russische Montag ist, wie der französische Freitag, ein Unglückstag. Man verschob daher die Abreise auf den Dienstag.

Am ersten Tag zerbrachen zwei Arabas; am zweiten Tag zerbrach die Tarantasse. Man füllte eine neue Telega mit Heu und Teppichen, und die Fürstin nahm mit ihren drei jüngsten Kindern Tamara, Alexander und Lydia auf diesem Lager Platz. Tamara war vier Jahre. Alexander vierzehn Monate, die kleine Lydia erst drei Monate alt. Die beiden ältesten Kinder, Salome und Maria, folgten mit einer französischen Gouvernante, Madame Drançay, in einer zweiten Telega. Der Fürst war zu Pferde und überwachte den ganzen Wagenzug.

Am zweiten Tag um zwei Uhr kam die Familie im Schloss an. Dieses liegt auf einer Anhöhe, zu der man auf der einen Seite über einen ziemlich steilen Abhang gelangt, während auf der anderen ein von senkrechten Felsenwänden begrenzter Abgrund ist. Thinondale ist im Juni ein Feenpalast: Blumen, Weinreben, Granaten, Zitronen, Orangen, Geißblatt, Rosen blühen und reifen nebeneinander. Die Luft ist mit den köstlichsten Düften angefüllt. Frauen und Kinder trieben sich daher mit unbeschreiblichem Behagen in den herrlichen Gärten herum.

Die Fürstin Anna Tschautschawadze hatte ihre Schwester, die Fürstin Warwara Orbeliani, nach Thinondale eingeladen. Diese kam zwei Tage später mit ihrem siebenjährigen Sohn Georg und ihrer Nichte, der Prinzessin Baratow. Sie brachte zwei Wärterinnen und zwei Kammerfrauen mit. Sie war in tiefer Trauer, denn ihr Gemahl, der Fürst Elliko Orbeliani, war unlängst in einem Treffen gegen die Türken gefallen. Die Fürstin Tinn, eine alte Tante der Fürstin Tschautschawadze, begleitete sie.

Inzwischen erhielt der Fürst Befehl, sich als Kommandant in eine zwei Tagereisen von Thinondale entfernte Festung zu begeben.

Drei Tage danach erhielt die Fürstin einen Brief von ihrem Gemahl. Die Lesghier hatten die von ihm verteidigte Festung angegriffen; aber es sei nichts zu befürchten; er werde sie benachrichtigen, wenn er es für notwendig halte, dass sie Thinondale verlasse.

Die Gefahr, in der sich ihr Gemahl befand, verdrängte bei der Fürstin jeden Gedanken an die Gefahr, in der sie vielleicht selbst schwebte. Bis zum 1. Juli ging alles gut. Abends bemerkte man einen hellen Lichtschimmer in der Richtung von Telawi. Man sah alle Häuser in Flammen. Es war ohne Zweifel das Werk der Lesghier, die doch den Alasan überschritten haben mussten.

Gegen elf Uhr abends kamen die bewaffneten Landleute ins Schloss und suchten die Fürstin zur Flucht in die Wälder zu bereden. Die Fürstin weigerte sich. Ihr Gemahl hatte ja geschrieben, sie solle Thinondale nur auf seinen Rat verlassen.

Morgens ergriffen die Landleute die Flucht. Gegen zwei Uhr nachmittags kamen die Gutsnachbarn und beschworen die Fürstin, das Schloss zu verlassen und sie in die Wälder zu begleiten. Sie hatten sich nicht einmal Zeit genommen, ihre Habseligkeiten in Sicherheit zu bringen. Sie ließen alles im Stich, um nur ihr Leben zu retten.

Abends stieg man auf die Terrasse und sah die Feuersbrunst näher und stärker. Die Fürstin gab endlich den dringenden Bitten der Nachbarn nach, und man begann, Silberzeug, Juwelen und andere Kostbarkeiten einzupacken. Gegen Mitternacht erbot sich ein Bauer des Fürsten, namens Surka, auf Entdeckungen auszugehen. Die Fürstin willigte ein. Surka ging fort und kam nach drei Stunden zurück. Die Lesghier hatten auf ihn geschossen; seine Kleider waren von mehreren Kugeln durchlöchert.

Die Lesghier hatten indes den Fluss nicht überschritten, sie hatten sich am anderen Ufer des Alasan gelagert. Die brennenden Kornfelder waren auf dem linken Ufer.

Eine Stunde vor der Rückkehr Surkas war ein armenischer Kaufmann ins Schloss gekommen. Er sagte, dass er eine große Summe bei sich führe und nicht weiterreisen könne; aber er sprach das Armenische mit einem Akzent, der an das Gebirge erinnerte. Die Fürstin befahl der Dienerschaft, ihm die Waffen abzunehmen und wenn er einen Fluchtversuch machen würde, auf ihn zu schießen.

Um sechs Uhr früh wollte die Fürstin das Schloss verlassen. Zwei Eilboten wurden bald nacheinander nach Telawi geschickt, um Pferde zu holen; aber sie erhielten zur Antwort, die Pferde seien fort und würden erst in der folgenden Nacht zurückkommen; man könnte sie erst am Sonntag früh um sieben Uhr haben.

Abends war alles zur Abreise bereit. Man fühlte das Bedürfnis des Beisammenseins; man versammelte sich in dem Zimmer der Fürstin Warwara, legte die Kinder auf die Teppiche und löschte alle Lichter aus. Dann traten die Frauen auf den Balkon, wo sie die immer näher kommenden Flammen sehen konnten. Es war so hell, dass die Fürstinnen nicht entkommen konnten, falls die Lesghier einen Angriff machten.

Gegen vier Uhr morgens fiel im Garten ein Schuss. Dann folgte tiefe Stille. Ein Angriff war es nicht, aber es konnte ein Zeichen sein.

Die französische Gouvernante begab sich in den Garten und ging bis zu der von Weinstöcken umgebenen Kapelle. Von dort sah sie im Gebüsch einen Mann, der ein Gewehr in der Hand hatte. Es war offenbar derselbe, der den Schuss abgefeuert hatte. Ob es ein Freund oder Feind war? Madame Drançay konnte es nicht sagen; sie sah nur, dass er nicht zur Dienerschaft des Fürsten gehörte.

Sie schlich nun an den Rand des Abgrundes. Dort hatte man eine ziemlich weite Aussicht. Anfangs sah sie nichts; aber als sie in die Tiefe schaute, bemerkte sie, dass der unten fließende Bergstrom sehr gefallen war.

Zwei Männer, jeder zwei Pferde am Zügel führend, gingen am anderen Ufer, und es war leicht zu erkennen, dass sie eine seichte Stelle suchten.

Die Gouvernante eilte mit großer Angst ins Schloss zurück. Alle Anzeichen deuteten auf einen unmittelbar bevorstehenden Angriff.

Um fünf Uhr begannen die Kammerfrauen der Fürstin, den Tee zu bereiten. Der Tee ist eine hochwichtige Angelegenheit für alle Russen. Die Flamme des Samowar ist die erste, die im Haus leuchtet.

Gegen halb sechs kam ein Arzt aus Telawi. Es war der Hausarzt. Er war im Galopp herbeigeeilt, um die Fürstin zu schleuniger Flucht aufzufordern. Sie müsse fliehen, wie sie könne: zu Pferde, das seine stehe ihr zu Diensten; zu Fuß, er biete ihr seinen Arm an; aber fliehen müsse sie, ohne einen Augenblick zu verlieren.

Aber wie konnte sie zu Pferde oder zu Fuß mit sechs Kindern fliehen, von denen eines noch ein Säugling war, und mit der alten Tante, die keine Werst zu Fuß gehen konnte?

Während die Wagen bepackt wurden, hörte man plötzlich den Schreckensruf: »Die Lesghier!«

Der Doktor nahm ein Gewehr und eilte mit einigen bei der Fürstin gebliebenen Dienern dem Feind entgegen. Die Frauen flüchteten sich auf den Boden. Man hoffte, dass die Lesghier, die unten im Haus genug zu plündern fanden, nicht hinaufsteigen würden. Die Unglücklichen drängten sich in einen dunklen Winkel, und die Fürstin sagte ernst: »Wir wollen beten, der Tod naht.«

Die Tante der Fürstin war sechzig Jahre alt. Die Amme des Fürsten war eine Frau von fast hundert Jahren, dazu sieben bis acht Kinder, von denen drei Säuglinge waren. Alle waren in einem Winkel des Bodens zusammengedrängt.

Man hörte das Geschrei der Lesghier, das Klirren der zerbrochenen Fensterscheiben und Spiegel, das Krachen der zerschlagenen Hausgeräte. Zwei Pianos ächzten unter den rohen Fäusten der Plünderer. Durch eine Dachluke konnte man in den Garten hinabsehen. Der Garten füllte sich nach und nach mit wild aussehenden Männern mit Turban oder Papak; andere kamen, ihre Pferde am Zügel führend, die Anhöhe herauf.

Die Frauen lagen auf den Knien und beteten. Die Fürstin Tschautschawadze drückte ihr jüngstes Kind, die kleine Lydia, an die Brust. Die Fußtritte der Lesghier kamen immer näher; einige Dienerinnen eilten an die Bodentür und lehnten sich an dieselbe.

Die Fürstin Orbeliani stand nun auf, segnete ihren Sohn und trat mit würdevoller Haltung vor die Tür: Sie war die Erste, die von den eindringenden Räubern gesehen werden musste, und folglich die Erste, gegen die sich der Angriff richtete. Sie war seit drei Monaten von einem geliebten Gatten getrennt, und so war der Tod für sie die Wiedervereinigung mit dem Verstorbenen.

Die Fußtritte der Lesghier kamen immer näher. Schon kracht die hölzerne Bodentreppe; sie schlagen mit den Fäusten an die Tür; sie wundern sich, dass die Tür nicht aufgeht – sie erraten das Hindernis; zwei oder drei Schüsse krachen; eine der durch das Holz schlagenden Kugeln trifft eine Kammerfrau, die blutend niedersinkt; die übrigen fliehen auf die andere Seite, die Tür gibt nach. Die Frauen haben den Tod, ja noch Schlimmeres, die Sklaverei, zu erwarten.

Jeder Lesghier wählt nun aufs Geratewohl seine Gefangene, ergreift sie beim Arm, bei der Kehle, bei den Haaren und schleppt sie fort. Die schwache Bodentreppe bricht unter der Last zusammen, und die nachstürmenden Lesghier, Frauen, Kinder stürzen über- und durcheinander in das erste Stockwerk hinab.

Da entbrennt ein Kampf. Die unten gebliebenen Räuber sehen ein, dass die anderen, die die Gefangenen vom Boden geholt, die reichste Beute gemacht haben. Es sind ja Prinzessinnen darunter und diese bringen ein Lösegeld von mindestens hunderttausend Rubel ein. Die Dolche blitzen, die Pistolen werden abgefeuert, die Räuber berauben einander.

Die Fürstin Tschautschawadze lag, bis auf ihre Unterkleider entblößt, mit aufgelöstem Haar auf der Erde und drückte ihr ebenfalls fast nacktes, drei Monate altes Kind an die Brust. Die Pferde der Lesghier standen so nahe, dass die unglückliche Mutter mit ihrem Kind jeden Augenblick zertreten werden konnte.

Die französische Gouvernante, die ebenfalls von einem Tataren gefangen genommen war und von zwei Nukern gehütet wurde, eilte auf die Unglückliche zu. Diese richtete sich auf und rief in entsetzlicher Angst: »Die Kinder! Die Kinder!«

»Marie sitzt dort, auf einem Pferd«, antwortete Madame Drançay: »Salome ist weiter weg.«

In diesem Augenblick wurde sie von dem einen Nuker beim Arm gefasst und zurückgeführt.

Der Angstruf der Gouvernante hatte den vornehmen Stand und folglich den Wert der am Boden liegenden Gefangenen verraten. Vier oder fünf Lesghier stürzten auf sie zu, um sie zu ergreifen. Die Dolche blitzten, zwei Lesghier fielen. Der Sieger fragte in georgischer Sprache:

»Wer bist du? Bist du die Fürstin?«

»Ja«, antwortete sie. »Mein Sohn – wo ist mein Sohn?«

Der Lesghier zeigte ihr den auf einem Pferd sitzenden Knaben. Die unglückliche Mutter war so erfreut, ihn noch lebend zu sehen, dass sie ihre Brillantohrringe losmachte und sie dem Räuber gab. Dann sank sie ohnmächtig nieder.

In einer andern Ecke des Hofes saß die Prinzessin Baratow, ein schönes achtzehnjähriges Mädchen, auf einem Pferd. Die alte Tante hingegen war ganz ausgeplündert. Sie war der Oberkleider beraubt, und die aufgelösten Haare hingen ihr über das Gesicht.

Die alte Amme des Fürsten war bis auf das Hemd entkleidet, an einem Baum gebunden, von dem sie erst am folgenden Tag losgebunden wurde. Sie wurde samt der alten Fürstin zurückgelassen. In den Augen der wilden Horden hatte das Alter offensichtlich keinen Wert.

Das Schloss wurde geplündert. Jeder nahm, was ihm in die Hände fiel, ohne zu wissen, was er mitnahm; einer nahm Küchengeräte; dieser nahm Diamanten, jener steckte seine Taschen voll Spitzen. Die Plünderer aßen und tranken alles, was sie für genießbar hielten: Kreide und Pomade, Rosenwasser und Rizinusöl. Ein Lesghier zerbrach prächtige silberne Kredenzteller, um sie in seine Tasche zu stecken; ein anderer nahm die Vorräte an Zucker, Kaffee und Tee und ließ dafür weit wertvollere

Sachen zurück; ein dritter packte sorgfältig einen kupfernen Handleuchter und ein Paar Handschuhe ein. Es war barbarisch, entsetzlich und komisch.

Nach einer Stunde gaben die Anführer endlich das Zeichen zum Aufbruch. Die Frauen wurden mit auf die Pferde genommen. Nur die Fürstin Tschautschawadze musste zu Fuß gehen. Sie trug ihre kleine Lydia auf den Armen.

Die Gefangenen

Der Zug kam an den Bergstrom, nachdem die Fuhrwerke des Fürsten in Brand gesteckt worden waren. Die Fürstin Tschautschawadze musste den Fluss zu Fuß durchwaten. Mitten im Wasser wurde sie durch die starke Strömung umgerissen. Während sie, ohne ihr Kind loszulassen, zwischen den Steinen lag, stiegen zwei Lesghier vom Pferd, hoben sie auf und setzten sie auf ein Pferd.

Dies hatte sie gefürchtet. Denn um nicht vom Pferd zu fallen, musste sie den vor ihr sitzenden Reiter mit einem Arm umfassen, und sie fühlte, dass der andere Arm zu schwach war, das Kind lange zu halten. Nach und nach sank der ermüdete Arm, das Kind kam mit dem Sattel in Berührung und erlitt bei jedem Schritt des Pferdes einen empfindlichen Stoß. »Um Gottes willen«, rief die unglückliche Mutter, »ich beschwöre Euch bei Mohammed, gebt mir etwas, um mein Kind festzubinden, mein Kind fällt!«

Unterdessen war der kleine Alexander, ein Kind von vierzehn Monaten, seiner Amme entrissen und mitten auf den Hof geworfen worden; aber eine Kammerjungfer der Fürstin, ein kräftiges Mädchen namens Lucie, hatte ihn aufgenommen. Das brave Mädchen wusste nicht, was sie dem Kind zu essen geben sollte, und beschwichtigte es anfangs mit Wasser, dann mit Schnee und rettete so das Kind vor dem Hungertod.

Dem Prinzen Georg Orbeliani ließ man seine Wärterin. Er war munter und kräftig und gefiel daher den Lesghiern. Seine Wärterin erhielt auf dringendes Bitten einen Strick und band den Knaben damit an sich fest.

Salome und Marie waren von ihrer Gouvernante getrennt worden. Salome drohte und schlug mir ihren Händchen sogar den Räuber, der sie fortschleppte; die sanfte, schüchterne Marie hingegen weinte, sie hatte Hunger. Ein junger vierzehnjähriger Lesghier hatte Mitleid mit der Kleinen und gab ihr einen Apfel.

Ein Bauernknabe namens Ello war mit den Übrigen gefangengenommen worden. Der Zufall brachte die beiden Kinder zusammen. Sie saß zu Pferde hinter einem Lesghier; er rief Marie; die beiden Kinder erkannten sich und plauderten und lachten.

Die kleine dreijährige Tamara, die an die Fürstin Orbeliani gewöhnt war, weinte und rief unaufhörlich nach ihrer lieben Warwara. Die Lesghier wurden ungeduldig, sie steckten die Kleine in einen Sack und banden diesen an den Sattel. Das arme Kind schlief endlich ein.

Die Bande bestand aus etwa dreitausend Lesghiern. Sie ritten, die gebahnten Wege meidend, über Felder und durch Weingärten.

Endlich kamen sie an den Fluss, dessen hohes Wasser den Fürsten beruhigt hatte. Das Wasser war noch sehr hoch, und einen Augenblick gaben sich die Gefangenen der Hoffnung hin, dass die Lesghier es nicht wagen würden, den Fluss zu überschreiten; aber die vordersten ritten ohne Bedenken hinein. Die Reiter, die Kinder hinter sich hatten, nahmen diese und hielten sie mit der einen Hand über dem Wasser, während sie mit der anderen ihre Pferde lenkten. Den Frauen gab man nur den Rat, sich festzuhalten.

Die Pferde mussten schwimmen; das Wasser ging ihnen bis an den Hals. Am anderen Ufer des Alasan wurde eine kurze Rast gehalten. Es fielen einige Schüsse. Eine Handvoll Georgier verfolgten die Lesghier in der Absicht, die Fürstin zu befreien; aber die Lesghier, obgleich den kühnen Verfolgern zehnfach überlegen, jagten davon, denn sie glaubten, die kleine Schar sei nur die Vorhut größerer Streitkräfte. Es war die furchtbarste Stunde für die Fürstin Anna. Die Lesghier ritten so schnell, dass den Gefangenen fast der Atem ausging. Das Folgende konnte mir die Fürstin nicht erzählen; ihre Schwester nahm das Wort.

Schamyl (1797–1871) kaukasischer Freiheitskämpfer

Als die schnelle Flucht über Stock und Stein begann, hielt die Fürstin Anna ihr Kind nur noch mit der größten Anstrengung im Arm. Sie bot ihre letzten Kräfte auf; in ihrer Angst und Ratlosigkeit schrie sie laut auf; sie war erschöpft, und um ihr Kind nicht fallen zu lassen, versuchte sie es höher zu halten, um es mit den Zähnen zu fassen. Ein heftiger Stoß schleuderte ihr das Kind aus der Hand. Sie wollte vom Pferd springen, aber der Räuber hielt sie fest. Das Pferd, von der Peitsche getroffen, machte einen Satz, und die Mutter war im Augenblick zehn Schritte von ihrem Kind entfernt. Sie bat und flehte, aber vergebens. Es war auch schon zu spät; die übrigen Pferde folgten in rasendem Galopp; das schreiende Kind wurde von den Hufen zertreten – dann war es still, es war tot.

Erst lange nachher erfuhr die Fürstin die schreckliche Wahrheit. Die Leiche des Kindes wurde gefunden, erkannt und dem Vater gebracht.

Bei Anbruch der Nacht kamen sie in einen jener Wälder, die den Fuß der Hochgebirge bedecken. Diese Wälder, die aus Dornengebüsch bestehen, sind undurchdringlich. Man musste sich mit Schaska und Kandschar einen Weg bahnen. Es war nicht schwer für die Lesghier, deren Kleider allein diesen Dornen widerstehen; aber die unglücklichen Frauen bluteten und ihre Haare blieben jeden Augenblick an den stechenden Zweigen hängen.

Gegen zehn Uhr abends ging es bergauf. Um Mitternacht wurde zwei Stunden gerastet. Die Reiter warfen vier Burkas auf die Erde und ließen die Prinzessinnen darauf sitzen. Ein Naib, namens Hadschi-Kerrat, nahm seine zerrissene Tscherkesska und ließ sie von der Fürstin Warwara flicken.

»Was machen Sie denn da?«, fragte die Gouvernante die Fürstin.

»Wie Sie sehen, liebe Drançay: ich flicke die Tscherkesska meines Zwingherrn«, antwortete sie wehmütig lächelnd. Die Französin nahm ihr das Kleidungsstück aus der Hand und begann zu nähen.

In diesem Augenblick führte man Nianuka, das Kindermädchen, der Fürstin Anna vor. Das arme Mädchen hatte drei Säbelhiebe auf den Kopf bekommen. Zum Glück hatte sie sehr dickes Haar, sonst wäre ihr der Kopf gespalten worden; aber das Blut rann ihr über Gesicht und Schultern. Außerdem war ihr eine Hand verstümmelt; ein Finger hing nur noch an einer Sehne. Die Fürstin Orbeliani zerriss ihren Kragen und ihre Ärmel und verband die Hand der armen Nianuka. Die Kopfwunden blieben besser unberührt; das geronnene Blut bildete gleichsam einen natürlichen Verband.

Man brach wieder auf. Diesmal wurden nur die beiden Fürstinnen auf Pferde gesetzt, und zwar voneinander getrennt. Die übrigen Gefangenen mussten zu Fuß gehen. Die französische Gouvernante und Nianuka gingen nebeneinander. Durch den Blutverlust erschöpft, schleppte sich die Verwundete mit großer Mühe fort; aber sooft sie stillstand, wurde sie von einem Lesghier mit der Peitsche angetrieben. Endlich konnte sie nicht weiter, sie rief der Fürstin Orbeliani jammernd zu: »Duschka! Duschka!« »Meine Seele!« Die Fürstin hörte den Angstruf, erkannte die Stimme und hielt ihr Pferd an, ohne den Lesghier zu beachten, der sie führte. Sie wurde wegen ihres Ranges mit einiger Rücksicht behandelt, die man anderen nicht schuldig zu sein glaubte. Sie stieg ab, hob Nianuka aufs Pferd und versuchte zu gehen.

So ging sie wirklich zwei bis drei Stunden; aber da sie wegen des schlechten Weges zurückblieb, so musste sie endlich wieder auf das Pferd steigen; Nianuka erhielt die Erlaubnis, hinter ihr zu sitzen. Bald wurde die Fürstin ohnmächtig; sie war zu schwach, um mit Nianuka, die sich an ihr festhielt, im Gleichgewicht zu bleiben. Man ließ nun einen Tataren absitzen und gab der Fürstin sein Pferd.

Unterwegs holte man andere Gefangene ein und ritt an ihnen vorüber. Die Fürstin erkannte unter ihnen ein Mädchen aus dem Dorf Thinondale. Die Mutter war sterbend unterwegs zurückgelassen worden; das Mädchen ging neben Großmutter und Bruder. Dieser trug das jüngste Kind der Familie, ein kleines Mädchen von vier Monaten. Seit anderthalb Tagen hatte das Kind keine Milch bekommen.

Man kam an einen Bergstrom, der den Weg versperrte. Niemand kümmerte sich nun um die Verwundete, die sich kaum auf dem Pferd zu halten vermochte. Sie wurde auf das Pferd der Fürstin gehoben. Mitten im Wasser stand das Pferd still und schien sich der schweren Last entledigen zu wollen. Wenn die beiden Frauen ins Wasser fielen, waren sie verloren, da die Strömung zu stark war.

Ein Tatar eilte herbei, fasste das Pferd der Fürstin am Gebiss und zog es fort, aber am anderen Ufer musste Nianuka absteigen.

Man begab sich nach der Festung Pochalski, wo sich Schamyl befinden sollte. Er war von Weden hierhergekommen, um den Kriegszug von diesem Felsennest aus zu überwachen.

Man musste wieder fünf Stunden steigen, um zu dem Adlerhorst zu gelangen.

Endlich bemerkte man die Bergfestung, aber in solcher Höhe, dass man nicht wusste, wie man hinaufkommen sollte. Von allen Seiten eilten die lesghischen Hirten herbei, um die Gefangenen zu sehen. Man war längst nicht mehr in Georgien, man befand sich im Gebiet der Bergvölker. Die Einöde begann sich zu beleben.

In der Höhe, die man erstiegen hatte, breitete sich der grüne Rasen wie ein prächtiger Teppich aus; dieses Grün schien ewig zu sein wie der Schnee, der die höchsten Gipfel bedeckt. Aber der Weg wurde immer beschwerlicher; man musste jeden Augenblick wieder anhalten, denn die Gefangenen sanken erschöpft nieder und waren selbst nicht mit der Peitsche weiterzutreiben.

Man kam in die Nähe der Bergfestung. Auf der Plattform, die sich am Fuße der letzten Treppe befindet, war eine Schar von etwa zehntausend Mann aufgestellt. Sie waren fast nackt. Die gefangenen Frauen wurden von ihnen mit Blicken betrachtet, die nichts weniger als beruhigend waren. Die Leute sahen zum ersten Mal Frauen mit unverhülltem Gesicht, und was für Frauen – Georgierinnen! Sie schrien und brüllten vor Begierde. Die Frauen verhüllten sich das Gesicht mit den Händen, um nicht zu sehen und nicht gesehen zu werden. Die Naibs Schamyls, die durch Abzeichen kenntlich waren, hielten die Bergbewohner mit Peitschenhieben oder mit gezücktem Dolch zurück.

Endlich kam Hadschi-Cherieh, der Verwalter Schamyls, um die Fürstinnen samt den Kindern und ihrem Gefolge zu holen. Die Fürstin Orbeliani ging voran. Der Zug erstieg die in die Festung führenden Treppe. Sobald die gefangenen Frauen oben waren, führte man sie einige Stockwerke hinunter, und sie befanden sich in einem halbdunklen unterirdischen Raum.

Bald erschien Hadschi-Cherieh. »Schamyl fragt nach der Fürstin Tschautschawadze«, sagte er. »Er will sie sprechen.«

»Dann möge er kommen; ich gehe nicht.«

Als Hadschi dem Imam die Weigerung der Fürstin meldete, sagte Schamyl nach kurzem Besinnen: »Gut, führt die Gefangenen nach Weden; dort will ich sie sprechen.«

Inzwischen füllte sich der unterirdische Raum mit Neugierigen. Fürst Elliko Orbeliani war bei den Lesghiern sehr populär; er gehörte zu den Feinden, die man zugleich fürchtet, achtet und bewundert. Jedermann wollte daher die Witwe und den Sohn des gefallenen Fürsten sehen.

Fürst Orbeliani war in Gefangenschaft geraten, nach Weden gebracht und vor den Imam geführt worden.

Er wurde später gegen tatarische Gefangene ausgewechselt und blieb bei den Bergvölkern in gutem Andenken.

Es war daher nicht zu verwundern, dass die Lesghier die Witwe und den Sohn des im Türkenkrieg gefallenen Fürsten zu sehen wünschten. Noch mehr: Die einfachen Menschen suchten die Gefangene in ihrer Weise zu trösten. Alle huldigten der seit zwei Tagen hungernden, misshandelten Frau wie einer Königin.

Die Fürstin Orbeliani nutzte diese Stimmung, um sich zu erkundigen, welchen Preis Schamyl als Lösegeld für sie, ihre Schwester und die mit ihnen gefangenen Personen ihres Hauses verlange.

Ein Naib entfernte sich, um mit dem Imam zu sprechen und kam mit der Antwort zurück, der Kaiser Nikolaus solle ihm seinen Sohn zurückgeben und der Fürst Tschautschawadze eine Araba voll Gold schicken.

Die Fürstinnen seufzten, sie hielten die Erfüllung der beiden Bedingungen für ziemlich unmöglich.

Am anderen Morgen wurden die gefangenen Frauen aus der Festung geführt. Schamyl hatte den sichersten und zugleich schwierigsten Weg vorgeschrieben, um jede Entführung unmöglich zu machen. Er begab sich ebenfalls nach Weden, ohne die Fürstinnen gesehen zu haben.

Ungeachtet der Befehle Schamyls und der dringenden Bitten des Mullah, der die Gefangenen führte, verweigerte man ihnen zuweilen die Aufnahme. Der Fanatismus verbot den Moslems jede Berührung mit den Giaurs. Man übernachtete dann, wo man konnte, in einem verfallenen Haus oder unter freiem Himmel, auf blumigen Wiesen oder auf Schnee und Eis, wie es gerade kam.

Eines Abends kam man endlich in einen Aul, der nur noch zehn bis zwölf Werst von Weden entfernt war. Eine Frau teilte den Fürstinnen mit, dass sie am nächsten Morgen nach Weden kommen und noch am selben Tag den Besuch Schamyls erhalten würden. Der Prophet ließ sie ersuchen, sich verschleiert zu halten, da das Gesetz Mohammeds jeder Frau verbiete, sich vor einem Mann, außer ihrem Gatten, mit unverhülltem Gesicht zu zeigen.

Der Mullah ließ den Fürstinnen Musselin, Nähnadeln und Seide bringen. Sie waren mit der Anfertigung ihrer Schleier bis in die Nacht hinein beschäftigt.

Nach zweistündigem Marsch kam man in Weden an. Die letzten zwei bis drei Werst hatten sich viele Neugierige, insbesondere Frauen, dem Zug angeschlossen. Die Fürstinnen sahen sich nach der Wohnung des Imam um, als sie sich plötzlich vor einem sechs bis sieben Fuß hohen, mit Palisaden umgebenen Gebäude befanden, das eher einem Schafstall als einer menschlichen Wohnung glich.

Man zog durch drei Tore ein, die in ebenso viele Höfe führten. In dem dritten Hof war der Harem.

Die Gefangenen fanden ein helles, wohlunterhaltenes Feuer; es tat ihnen wohl, da sie von einem Gewitterregen durchnässt waren. Die Wände waren mit einem gelblichen Ton beworfen; alte, durchlöcherte Teppiche ließen einen schlecht zusammengefügten Fußboden erkennen. Das ganze, etwa achtzehn Fuß lange und zwölf Fuß breite Zimmer erhielt nur durch eine Öffnung von der Größe eines Taschentuches Licht.

Man brachte Pilau, die tatarische Nationalspeise. Der Rand der Schüssel war mit Honig und Früchten belegt. Dazu ungesalzenes Brot und klares Wasser. Schamyl ließ sich entschuldigen, er sei das Oberhaupt eines armen Landes und noch ärmer als das Land, er könne nicht mehr bieten.

Als die Mahlzeit beendet war, forderte man die Fürstinnen auf, ihre Schleier sorgfältig herabzulassen, denn der Prophet werde sogleich kommen.

Man trug nun einen hölzernen, mit Binsen belegten Stuhl vor die Tür. Drei tatarische Dolmetscher stellten sich in die Tür, ohne das Zimmer zu betreten.

Schamyl erschien. Er trug ein langes weißes Oberkleid, das vorn offen war, darunter einen kurzen grünen Rock und einen weiß- und grüngestreiften Turban.

Er setzte sich auf den vor der Tür stehenden Stuhl. Ein Diener hielt ihm einen Sonnenschirm über dem Kopf.

Er sprach die Fürstin Orbeliani an, aber ohne sie anzusehen; überdies hatte er, seiner Gewohnheit gemäß, die Augen halb geschlossen.

»Warwara«, sagte er, ohne der Fürstin einen Titel zu geben, »man sagt, du seist die Frau Ellikos, den ich gekannt und liebgewonnen habe. Er war ein Mann von edlem, mutigem Herzen, sein Mund sprach nie eine Lüge. Ich sage dies, weil ich ebenfalls die Doppelzüngigkeit verabscheue. Versucht daher nicht, mich zu betrügen. Ihr würdet Unrecht haben und euren Zweck nicht erreichen. Der russische Sultan hat mir meinen Sohn genommen, er muss mir ihn wiedergeben. Man sagt, Nina und Warwara, dass ihr die Enkelinnen des Sultans von Georgien seid; schreibt also an den russischen Sultan, dass er mir Dschemal-Eddin zurückgebe, und ich will euch wieder zu euren Verwandten und Freunden senden. Außerdem müsst ihr meinem Volk Geld geben. Ich verlange nur meinen Sohn.«

Die Dolmetscher übersetzten die Worte Schamyls. Der Imam fügte hinzu:

»Ich habe Briefe für euch; aber einer dieser Briefe ist weder in russischer noch in tatarischer noch in georgischer Sprache geschrieben. Niemand kennt hier die Schriftzüge. Es ist umsonst, dass man euch in einer unbekannten Sprache schreibt. Ich lasse alles übersetzen, und was nicht zu übersetzen ist, wird nicht gelesen. Allah empfiehlt den Menschen Vorsicht, und ich werde seinen Rat befolgen.«

Die Fürstin Warwara antwortete:

»Man wollte dich nicht betrügen, Schamyl. Wir haben eine Französin bei uns. Sie gehört einer Nation an, mit der du nicht im Krieg bist, die sogar mit Russland Krieg führt. Ich hoffe, dass du sie freilassen wirst.«

»Gut«, antwortete Schamyl, »wenn ihr Dorf nahe bei Tiflis ist, so will ich sie dahin führen lassen.«

»Ihr Dorf ist eine große schöne Stadt mit anderthalb Millionen Einwohnern«, erwiderte die Fürstin Warwara, »und man muss eine Seereise machen, um dahin zu kommen.«

»Dann wird sie mit euch frei«, sagte Schamyl; »sie mag in ihre Heimat reisen, wie sie kann. Die in russischer Sprache geschriebenen Briefe werdet ihr sogleich erhalten«, setzte er aufstehend hinzu; »aber bedenkt, dass jede Lüge eine Beleidigung gegen Allah und seinen Diener Schamyl ist. Ich habe das Recht, Köpfe fallen zu lassen, und ich werde jeder Person, die mich zu hintergehen sucht, den Kopf abschlagen lassen.«

Nach diesen Worten entfernte er sich in würdevoller Haltung.

Dschemal-Eddin

Dschemal-Eddin, der Sohn Schamyls, war bei der Belagerung von Achulgo gefangengenommen oder vielmehr als Geisel ausgeliefert worden. Der Knabe war nach Petersburg gebracht worden und hatte auf Befehl des Kaisers Nikolaus eine sorgfältige Erziehung erhalten.

Dschemal-Eddin blieb lange scheu wie eine Gämse aus seinen Bergen. Schließlich aber wurde er zutraulich, die ritterlichen Übungen gefielen dem Knaben, der schon mit sieben Jahren ein trefflicher Reiter war; doch wurde auch seine geistige Ausbildung nicht vernachlässigt.

Der junge Kaukasier wurde Adjutant des Kaisers und Oberst des Regiments, kurz er war völlig russifiziert. Da wurde er eines Tages zum Kaiser Nikolaus beschieden.

Der Monarch war ernst, fast traurig.

»Dschemal-Eddin«, sagte er zu ihm, »es steht Ihnen frei, den Antrag, den ich Ihnen machen will, anzunehmen oder abzulehnen. Ich will Ihnen keinen Zwang antun, aber ich glaube, die Annahme meines Vorschlags wäre Ihrer würdig. Zwei Georgierinnen, die Fürstinnen Tschautschawadze und Orbeliani, sind Gefangene Ihres Vaters, und er will sie nur unter der Bedingung freilassen, wenn Sie wieder zu ihm gehen. Wenn Sie einwilligen, so sind die beiden Fürstinnen frei; wenn Sie sich weigern, so bleiben sie in lebenslänglicher Gefangenschaft. Lassen Sie sich nicht durch die erste Aufwallung Ihres Gefühls leiten, ich gebe Ihnen drei Tage Bedenkzeit.«

Der junge Offizier antwortete tief betrübt, aber entschlossen: »Sire, es bedarf keiner dreitägigen Bedenkzeit, um den Sohn Schamyls und den Zögling des Kaisers Nikolaus zu lehren, was er zu tun hat. Von Geburt bin ich zwar Kaukasier, aber mein Herz ist russisch geworden. Ich werde in der Einsamkeit meiner heimatlichen Berge sterben, aber ich werde wenigstens mit dem Bewusstsein, eine Pflicht erfüllt zu haben, aus dieser Welt scheiden. Die drei Tage, die Eure Majestät mir bewilligen, werde ich nicht zur Überlegung, sondern zum Abschiednehmen benutzen; ich werde abreisen, wenn Eure Majestät es befehlen.«

Er verließ Petersburg mit dem Fürsten David Tschautschawadze, dem Gemahl der einen gefangenen Georgierin. Ende Februar kamen die beiden Reisenden in Kasafiurte an. Er blieb hier bis zum 10. März, dem von Schamyl zur Auswechslung bestimmten Tag.

Am 10. März marschierte der General Nikolai mit zwei Divisionen Infanterie, neunhundert Kosaken und sechs Kanonen an den Fluss Mitschik, wo die Auswechslung stattfinden sollte.

Das rechte Ufer des Flusses, das den Russen gehört, ist kahl; das linke Ufer hingegen, das die Grenze von Schamyls Gebiet bildet, ist dicht bewaldet, und nur ein schmaler Strich offenen Landes trennt den Wald vom Ufer. Schamyl hatte dem General Nikolai sagen lassen, er möge eine Werst vom rechten Mitschikufer anhalten, er selbst werde eben soweit vom linken Ufer entfernt bleiben.

Als der General Nikolai an den bezeichneten Ort kam, war Schamyl bereits dort. Man erkannte in der Ferne sein Zelt mit der schwarzen Fahne.

Sogleich schickte man an Schamyl einen Armenier, der als Dolmetscher dienen und sich nach der Art der Auswechslung erkundigen sollte. Schamyl bestimmte Folgendes: Sein Sohn Hadschi-Mohammed sollte, von zweiunddreißig Tscherkessen begleitet, die Damen zu einem am russischen Ufer stehenden Baum führen. Hier sollte er seinen Bruder und die vierzigtausend Rubel von einem russischen Offizier und einer gleich starken Bedeckung in Empfang nehmen: Der russische Offizier sollte Dschemal-Eddin bis zu Schamyl begleiten.

Die zweiunddreißig Soldaten mit einem Offizier begleiteten Dschemal-Eddin und sechzehn gefangene Tscherkessen an den Mitschik. Die Geldkisten wurden am Ufer niedergesetzt. General Nikolai und Fürst Tschautschawadze folgten mit einem Wagen, den die Damen besteigen sollten.

Während sie gegen den Fluss vorrückten, näherte sich auch Hadschi-Mohammed auf der anderen Seite mit seinen zweiunddreißig Mann und den Arabas, auf denen die Damen saßen.

Hadschi-Mohammed kam mit seiner Eskorte zuerst an den Fluss. Einige Minuten danach trafen auch die Arabas ein; dann zog er weiter bis an den Baum, wo er mit den Russen zugleich ankam. An der Spitze von Schamyls Schar befand sich ein schöner blasser junger Mann, der einen Schimmel ritt; er trug eine weiße Tscherkesska und einen weißen Papak. Es war Hadschi-Mohammed. Hinter ihm ritten in zwei Reihen die zweiunddreißig reich gekleideten und prächtig bewaffneten Tscherkessen.

Die beiden Scharen hielten zehn Schritte voneinander an. Hadschi-Mohammed und Dschemal-Eddin stiegen vom Pferd und sanken einander in die Arme.

Die Fürstinnen wurden samt ihren Kindern und ihrem Gefolge dem Fürsten Tschautschawadze übergeben, die Geldkisten dagegen den Muriden überliefert.

Dschemal-Eddin wurde den Fürstinnen vorgestellt, die ihm als ihrem Befreier dankten. Dann nahm er Abschied von dem Fürsten und dem General, wischte die beiden letzten Tränen ab, die er der Erinnerung an Russland, seiner zweiten Heimat, widmen durfte, und ging, von den dazu bestimmten Offizieren begleitet, auf seinen Vater zu.

Eine halbe Werst von Schamyl hielt Dschemal-Eddin unter einer Baumgruppe an, um seine russische Uniform abzulegen und die von seinem Vater übersandte Tscherkesska anzuziehen. Dann bestieg er einen von zwei Nukern bereitgehaltenen Rappen mit roter Schabrake und sprengte mit seinen Begleitern auf Schamyl zu. Unterwegs kam ihnen ein dreizehnjähriger Knabe entgegen, der in Dschemal-Eddins Arme sank. Es war sein dritter Bruder, Mohammed-Schabeh.

Endlich kam man zu der Schar, an deren Spitze sich Schamyl befand. Wie groß auch sein Verlangen war, seinen Sohn

Die Darial-Schlucht

wiederzusehen, so hielt er es doch unter seiner Würde, ihm entgegenzukommen. Er wartete mit scheinbarer Ruhe, zwischen zwei bejahrten Muriden sitzend. Ein Diener hielt ihm einen Sonnenschirm über dem Kopf.

Dschemal-Eddin stieg vom Pferd, trat auf seinen Vater zu und wollte ihm die Hand küssen. Aber Schamyl vermochte sich nicht länger Zwang anzutun; er schloss ihn in seine Arme und brach in Tränen aus.

Nach dieser ersten stürmischen Begrüßung setzte sich Dschemal-Eddin an die rechte Seite seines Vaters. Schamyl sah ihn zärtlich an und hielt seine Hand fest.

Die beiden russischen Offiziere sahen schweigend und gerührt zu. Aber da sie nicht zu lange ausbleiben durften, so ließen sie dem Imam sagen, sie hätten Befehl, ihm seinen Sohn zu übergeben; ihr Auftrag sei vollzogen, sie wünschten sich zu verabschieden. Schamyl grüßte nach orientalischer Sitte und sagte: »Bis jetzt habe ich gezweifelt, dass die Russen Wort halten. Von nun an bin ich anderer Meinung. Dankt in meinem Namen dem General Nikolai und sagt dem Fürsten Tschautschawadze, dass ich seine Frau und seine Schwägerin wie meine eigenen Töchter behandelt habe.«

Dann dankte er auch den beiden Offizieren.

Diese traten nun auf Dschemal-Eddin zu, um ihm Lebewohl zu sagen. Dieser umarmte sie und gab jedem nach russischer Sitte drei Küsse. Schamyl sah dem Abschied mit Wohlgefallen zu. Die Offiziere saßen auf und ritten, von fünfzig Muriden begleitet, an den Fluss zurück.

Am Ufer des Flusses schieden die beiden russischen Offiziere von ihren Begleitern und begaben sich zu General Nikolai, um diesem die Übergabe Dschemal-Eddins an seinen Vater zu melden. Die Muriden kehrten zu Schamyl zurück.

Von Tiflis nach Wladikawkas

Schon bei der Ankunft in Tiflis hatte ich beschlossen, eine Woche einem Ausflug nach Wladikawkas zu widmen. Es war nicht genug, durch die eisernen Tore von Derbent gezogen zu sein, ich wollte auch den Darialpass besuchen. Ich hatte die Reise um den Kaukasus gemacht und wollte ihn auch in der Mitte durchschneiden.

Trotz der ungünstigen Jahreszeit, es war im Dezember, bestiegen wir die Tarantasse. Moynet blieb in Tiflis. Kalino allein begleitete mich.

Schon unweit unserer Wohnung fanden wir einen Vorgeschmack des Weges, der uns nach Wladikawkas führen sollte. Der Weg zieht sich am rechten Ufer des wild brausenden Kur, am Fuße einer nicht sehr hohen Bergkette hin; dann wendet er sich, einer Biegung des Flusses, dem sogenannten »Teufelsknie« folgend, plötzlich links und wird immer schlechter. Zwei Werst von der Stadt war man in Gefahr, den Hals oder wenigstens ein Rad zu brechen.

Die einzige Merkwürdigkeit, die dieser erste Teil des Weges bietet, war eine Menge viereckiger Höhlen, in einer Höhe, zu der keine Treppe führt, die nicht einmal durch eine Leiter erreichbar ist. Für natürliche Höhlen sind sie zu regelmäßig. Wahrscheinlich waren sie einst die Wohnungen der Urbewohner des Kaukasus. Der Winter zwang sie, sich aus den Wäldern zurückzuziehen und Schutz gegen die Kälte zu suchen; sie mussten Höhlen aufsuchen oder welche in die Felsen hauen. Vielleicht waren es auch die Gräber der alten Gebern. In Persien, namentlich in der Umgegend von Teheran, findet man ähnliche Höhlen, die von Eingeborenen für die Gräber der Bekenner

Zarathustras gehalten werden. Diese letzte Vermutung wäre keineswegs zu gewagt, denn in Georgien, zumal in der alten Hauptstadt Mzketh, war der Kultus der Feueranbeter bis zur Einführung des Christentums vorherrschend.

Während wir weiterfuhren, wurde das Wetter beunruhigend. Dicke graue Wolken schienen nur durch die Berggipfel zurückgehalten zu werden; aber diese Berggipfel bedeckten sich allmählich mit Schnee, und die weiße Decke kam immer weiter ins Tal herab.

Zehn Werst jenseits Mzketh schlugen wir, dem Lauf des Aragwi folgend, eine andere Richtung ein; der Weg wurde nun besser. Bis daher war er abscheulich gewesen, von jetzt an war er nur schlecht zu nennen. Drei Werst diesseits Duschet wurde er wieder abscheulich. Dazu kam der Schnee, der nun auch das Tal bedeckte.

Spät abends erreichten wir Duschet. Alle Häuser waren dunkel, mit Ausnahme der Station, in der ein mattes Licht schimmerte. Bei diesem Licht wurde ein Feuer angezündet. Bald dampfte der Samowar, und mithilfe der mitgebrachten Lebensmittel verschafften wir uns ein leidliches Abendessen.

Nach dem Essen legte ich mich auf eine Bank, hüllte mich in meinen Pelz und schlief ein.

Um sieben Uhr erwachte ich. Der Tag brach an, wenn man einen mit Händen zu greifenden Nebel Tag nennen kann. Man glaubte eine bewegliche Mauer vor sich zu haben, die zurückwich, wenn man vorwärtsging.

Kalino erwachte auch und verlangte Pferde. Der Postmeister lachte uns aus, dass wir bei solchem Wetter weiterreisen wollten. Nach Ananur könnten wir allenfalls kommen, aber gewiss nicht weiter. Durch die Bereitung des Frühstücks und das Zögern des Posthalters wurden wir bis halb zehn Uhr aufgehalten. Endlich waren die Pferde eingespannt und wir reisten ab.

Drei Stunden später kamen wir in Ananur an.

Gegen Mittag hatte sich das Wetter etwas aufgeheitert und wir konnten die am rechten Ufer des Aragwi stehende Bergfestung Ananur sehen. Diese Festung, die vormals unter dem

Befehl des Eristaws von Aragwi stand, wurde infolge eines Ereignisses erobert, das ich erzählen will.

Das Wort Eristaw oder Eristoff, das jetzt ein Eigenname geworden ist, war vormals ein Ehrentitel und bedeutete »Oberhaupt des Volkes«. Die meisten Namen der georgischen Fürsten haben diesen Ursprung. Die Familiennamen verschwanden unter den Titeln, welche die jetzt gebräuchlichen Namen geworden sind.

Im Jahre 1727, als der Eristaw von Aragwi eines Tages mit seinen Brüdern und Vettern tüchtig geschmaust hatte, trat einer von ihnen ans Fenster und sah auf der Landstraße eine vornehme Dame, die nach alter noch jetzt herrschender Sitte in Begleitung ihres Priesters, zweier Falkner und einiger Diener ritt. Er rief die übrigen Tischgäste. Einer von ihnen, der ein schärferes Auge hatte als die anderen, erkannte die Reiterin als die Frau des Eristaws von Ksani, mit dem der Eristaw von Aragwi in Feindschaft lebte. Einer machte den Vorschlag, die junge schöne Reiterin zu entführen und die stark angeheiterten Gäste stimmten jubelnd zu. Man rief den Nukern, ließ die Pferde satteln, sprengte zum Tor hinaus, jagte das Gefolge der schönen Fürstin in die Flucht, nahm sie gefangen und führte sie in die Burg.

Eine Stunde danach wehten die roten Hosen der Fürstin als Fahne auf dem höchsten Turm der Burg.

Was ihr geschehen war? Es musste ihr wohl eine große Schmach widerfahren sein, denn als sie ohne Hosen wieder nach Hause kam, schwor ihr Gemahl, alle Eristaws von Aragwi auszurotten. Dieser Schwur war freilich nicht leicht zu halten, und der Eristaw von Ksani musste sich mit den Ungläubigen verbünden.

Die Ungläubigen im Kaukasus sind die Lesghier. Mithilfe der Lesghier nahm der Eristaw von Ksani zuerst die Festung Chamschistsichi, dann zog er gegen Ananur, wo sich der Eristaw von Aragwi nebst den übrigen Frevlern befand.

Als der Eristaw von Ksani die roten Hosen an einem Fahnenstock flattern sah, gelobte er durch einen zweiten Schwur, an die Stelle der roten Hosen den Kopf des Eristaw zu stecken.

Die Belagerung dauerte lange, aber endlich wurde die Burg mithilfe der Lesghier erstürmt und die ganze Besatzung niedergemacht. So löste der Sieger auch seinen zweiten Schwur ein, indem er den Kopf des Eristaw auf die Stange steckte. Die roten Hosen sollen sich noch im Besitz der Familie befinden.

Wir hatten keine Zeit zu verlieren, um die zweiundzwanzig Werst nach Passanaur zurückzulegen. Jenseits Ananur ist der Weg nicht mehr schlecht, sondern gefährlich. Er windet sich um einen steilen, bewaldeten Berg und ist kaum für zwei Pferde breit genug.

Passanaur ist ein gewöhnlicher Kosakenposten von etwa vierzig Mann. Zum Glück hatten wir genug Lebensmittel bei uns, um bis Kobi nicht zu verhungern. Es war freilich noch ungewiss, ob wir nach Kobi kommen würden, denn bei Ananur waren wir in den Winter geraten, und der Schnee lag fast kniehoch.

In der Nacht hörten wir, dass es im Gebirge seit drei Tagen geschneit habe, es müsse wenigstens fünf Fuß hoch Schnee liegen. Es sei unmöglich, in der Tarantasse weiterzureisen, wir würden kaum im Schlitten nach Wladikawkas kommen.

Wir vertauschten daher unsere Tarantasse gegen einen mit fünf Pferden bespannten Schlitten. Man sagte uns, in Kwischett würden wir wahrscheinlich diese Pferde gegen Ochsen eintauschen müssen.

Bis Kwischett ging alles gut. Der Weg war ziemlich eben, rechts hatten wir den Aragwi, links bewaldete Berge. Dann überschritten wir den Fluss und hatten ihn auf der rechten Seite. Jenseits Kwischett begann ein steiler Berg. Die Pferde wurden abgezäumt und dafür zwölf Ochsen vor unseren Schlitten gespannt. Die Ochsen, die bei jedem Schritt bis an den Leib in den Schnee sanken, zogen nur mit Mühe unseren Schlitten.

In sechs Stunden legten wir nur zweiundzwanzig Werst zurück. Zweimal begegneten uns Schlitten. Der Weg war so schmal, dass der am Abgrund fahrende Schlitten in der größten Gefahr war, in die Tiefe zu stürzen, zumal der Rand des Abgrunds unter dem tiefen Schnee nicht deutlich zu erkennen war. Zum Glück hatten wir, da rechts gefahren werden muss, das Recht, hart an der aufsteigenden Felswand zu fahren.

Je höher wir stiegen, desto mehr blendete uns der Schnee; die uns begegnenden Personen trugen große Schirme, um ihre Augen zu schützen.

In Kaischur muss man anhalten und sich umschauen. Ringsum sieht man den ewigen Schnee, in der Ferne die Ebenen Georgiens. Ich weiß nicht, welchen Anblick die Landschaft im Sommer bietet. Im Winter ist sie eintönig und großartig; alles ist blendend weiß. Wolken, Himmel und Erde bilden eine endlose Wüste, in der Totenstille herrscht. Die einzigen dunklen Punkte, die man bemerkt, sind Felsen, deren zu scharfe Kanten dem Schnee keinen Anhaltspunkt bieten oder die Wände einer auf steilen, fast unzugänglichen Höhen erbauten Hütte.

Unten in dem tiefen Tal schlängelt sich der Aragwi, nicht wie im Sommer als schimmerndes Silberband von der grünen oder braunen Erde abstechend, sondern schwärzlich, stahlfarben, die einförmige Schneefläche unterbrechend.

Die Station Kaischur und alle umstehenden Gebäude waren mit Schnee bedeckt. Die Dächer glichen verschneiten Grabhügeln. Die ein paar Fuß unter der Schneefläche befindlichen Fenster erhielten Luft und Licht durch Laufgräben, die man in den Schnee gegraben hatte. Man glaubte, mitten in Sibirien zu sein.

Wir blieben in Kaischur. An eine Weiterreise war an diesem Abend nicht mehr zu denken. Wir hätten den Weg über den Kreuzberg in der Nacht machen müssen, und wir wussten nicht, ob wir selbst am Tage hinüberkommen würden.

Es war drei Uhr nachmittags. Es wurde ausgespannt, und da nur selten ein Reisender in dieser Jahreszeit das Gebirge durchzieht, so bekamen wir das beste Zimmer der Station.

Am nächsten Morgen um neun Uhr reisten wir weiter. Seit unserer Ankunft waren einige Schlitten vorbeigekommen, sodass eine Art Bahn gemacht war. Aufgrund meines Geleitbriefes hatte ich hinlänglichen Vorspann und eine Eskorte von zehn Infanteristen und zehn Kosaken.

Zwei Werst von Kaischur begegnete uns ein Inguschenfürst mit einem Gefolge von vier Nukern. Alle waren zu Pferde. Vier andere Reiter führten sechs große schöne Windhunde am

Riemen. Der Inguschenfürst trug die Rüstung der alten Kreuzfahrer, nämlich den flachen Helm, das Panzerhemd, das gerade Schwert und den kleinen ledernen Schild.

Mit den Osseten machten wir bald Bekanntschaft; sie hatten Befehl erhalten, den Schnee von der Straße zu schaufeln, und verrichteten diese Arbeit schreiend, singend und einander Schaufeln voll Schnee zuwerfend. Sie wohnen an der großen Militärstraße Georgiens und verdienen viel Geld; aber sie sind Verschwender, Spieler und Trunkenbolde und gehen sehr schlecht gekleidet. Sie wohnen in Lehmhütten, in alten Burgruinen, in den Winkeln der Festungswerke. Was sie verdienen, wird verspielt oder für Tabak und Branntwein ausgegeben. Bei starker Kälte wärmen sie sich an einigen rauchenden Feuerbränden. Die Wohlhabenden sind von den Armen gar nicht zu unterscheiden, denn alle sind gleich schlecht gekleidet.

Von diesen Osseten war eine Schar ein paar Werst von Kaischur beschäftigt, die Straße vom Schnee zu befreien. Sie waren nebst den Lawinen jedenfalls die interessanteste Erscheinung in der winterlichen Einsamkeit am Kreuzberg. An den steilen Felsenwänden des Kaukasus gleiten die Schneemassen noch viel häufiger als an den minder abschüssigen Schweizerbergen hinab und bedecken lange Strecken der Wege; oder wenn die Lawinen durch Felsenvorsprünge in der Höhe festgehalten werden, so treibt der Wind von ihrer Oberfläche dichte Schneewolken in die Täler und Schluchten, sodass der Weg verschwindet und der Reisende vom Dezember bis März beständig in Gefahr ist, in einen tiefen Abgrund zu sinken. Nach dreitägigem Schneegestöber ist von dem Weg keine Spur mehr zu sehen. In dieser Lage befanden wir uns, und die Lawinenstürze hatten die Zwangsarbeit der Osseten notwendig gemacht.

Drei Werst von Kaischur begegnete uns die russische Post in der Gestalt eines auf Schlittenkufen befestigten Wagenkastens. Der Schlitten war mit drei voreinandergehenden Pferden bespannt, und da er den steilen Abhang des Kreuzberges herunterkam, so wurde er von einigen starken Männern gebremst, um nicht zu schnell den Berg hinabzugleiten.

Wir fragten nach dem Zustand des Weges, und nach einigem Zögern antwortete der unfreundliche Kurier, er habe einige Werst von der Stelle, wo wir uns befanden, ein heftiges, donnerähnliches Getöse gehört, und anscheinend sei hinter ihm der Weg durch eine Lawine verschüttet worden. Als er uns diese wenig beruhigende Nachricht gegeben hatte, fuhr er weiter.

Um die Mittagsstunde hatten wir noch nicht die Hälfte des Weges zurückgelegt, und es ging noch immer bergan. Die Kutscher bezweifelten, dass wir vor Anbruch der Nacht in Kobi eintreffen würden – wenn wir überhaupt so weit kommen würden.

Es schien mir indes, dass die Kutscher uns nur abschrecken und wieder umkehren wollten. Ich befahl ihnen daher, so schnell wie möglich weiterzufahren. Sie gehorchten, empfahlen uns aber tiefstes Stillschweigen. Auf meine Frage, warum wir schweigen sollten, antworteten sie, die durch unsere Stimme entstehende Schwingung der Luft könne leicht ein Stückchen Schnee loslösen und dieses im Herabrollen zur Lawine werden, die uns dann ohne Erbarmen begraben würde.

Der Nebel erschien schon um ein Uhr. Nach fünf Minuten sahen wir nur noch die hintersten Pferde vor unserem Schlitten.

Die vier anderen Pferde und die vier Ochsen waren in dem Nebelmeer verschwunden. Dabei war es kalt, der Wind blies heftig, und mitten in diesem fast nächtlichen Dunkel hörte man nichts als das Klingeln der Glocke, die über dem Widerrist des Deichselpferdes hing.

Einen Augenblick mussten wir anhalten. Unsere Kutscher erklärten, sie müssten den Weg untersuchen. Das Klingeln des Glöckleins hörte auf, aber wir hörten nun eine Kirchenglocke, deren Klänge aus der Tiefe des Tales zu uns aufstiegen. Ich fragte einen unserer Leute, woher dieses traurige und in der Schneewüste doch so tröstliche Geläut kommen könne. Er antwortete, es komme von einem am Flüsschen Baidara gelegenen Dorf.

Ich gestehe, dass die Klänge der Glocke in dieser grauenhaften Einöde einen unaussprechlichen Eindruck auf mein Gemüt machten. Aber durch das Heulen des Windes und das heftige Schneegestöber wurde ich dieser wehmütigen Stimmung bald entrissen und an die traurige Wirklichkeit erinnert. Unsere Eskorte schloss sich enger an den Schlitten an. Ob sie uns gegen den Schneesturm schützen wollte? Oder ob es nur der Instinkt war, der den Menschen antreibt, die Nähe anderer Menschen zu suchen?

Ich fragte, wie weit Kobi noch entfernt sei. Neun Werst, war die Antwort. Es war zum Verzweifeln.

Es schneite so stark, dass die Pferde nach einer Viertelstunde bis an die Knie im Schnee standen. Wir konnten nicht länger bleiben, wenn wir nicht völlig einschneien wollten.

Die Kutscher kamen noch immer nicht zurück. Trotz der Warnung rief ich sie laut, aber vergebens, sie antworteten nicht. Ob sie sich verirrt hatten? Oder ob sie in einen Abgrund gefallen waren?

In diesem Aufruhr der entfesselten Elemente war die Menschenstimme freilich sehr schwach. Ich wollte versuchen, ob sich meine Büchse besser verständlich machen werde als mein Mund; aber kaum gab ich meine Absicht zu erkennen, so streckten sich zehn Arme nach mir aus, um mich an der Ausführung meines Vorhabens zu hindern. Wenn schon die Stimme einen Lawinensturz veranlassen konnte, so war dies von dem Krachen eines Schusses noch mehr zu befürchten.

Ich fragte, ob einer der Soldaten bereit sei, für drei bis vier Rubel die Kutscher zu suchen.

Zwei Soldaten erboten sich. Zwei waren mir lieber als einer; der eine konnte dem anderen nötigenfalls zu Hilfe kommen. In einer Viertelstunde kamen sie mit den Kutschern zurück und berichteten, eine große Lawine versperre den Weg. Es war dieselbe, deren Sturz der Kurier gehört hatte.

An eine Fortsetzung der Reise war nicht mehr zu denken. Ich beriet mich mit Kalino. Unsere Beratung war kurz. Wir mussten umkehren.

Drei Tage später traf ich wieder in Tiflis ein. Man glaubte bereits, ich sei im Schnee begraben und würde erst im Frühjahr wieder zum Vorschein kommen.

In Tiflis hatte sich das Wetter gar nicht geändert. Das Thermometer zeigte zwanzig Grad. Der Himmel war blau.

Neujahr und Wasserweihe in Tiflis

Wir hatten unsere Abreise auf den 10. Januar (23. Dezember des russischen Kalenders) festgesetzt.

Aber als ich tags zuvor meinen Abschiedsbesuch bei dem Fürsten Barjatinski machte, erklärte er mir, dass er als Generalgouverneur von Kaukasien meine Abreise verbiete, ich müsse zuvor mit ihm das »neue Jahr begrüßen«.

Um zehn Uhr abends begaben wir uns zum Fürsten Barjatinski. Auf der Treppe stand eine Doppelreihe von Kosaken, die sich in ihrem weißen Papak, ihrer weißen Tscherkesska, goldbesetzter roter Säbeltasche und Scheide und silberbeschlagenem Dolch und Pistole im Gürtel sehr schön ausnahmen.

Diese Ehrenwache, neben der sich eine unserer aus schwarzen Fräcken bestehenden Gesellschaft gar armselig und matt ausgenommen hätte, war nur der Vorgeschmack des wahrhaft überraschenden Bildes, das die Säle des Generalgouverneurs darboten. In diesen Sälen sah man fast nur Georgier in ihrer prächtigen Nationaltracht. Kostbare Waffen glänzten an den Gürteln der Männer, Diamanten an den Stirnen der Frauen. Man konnte sich in das sechzehnte Jahrhundert zurückversetzt glauben. Man sah verhältnismäßig wenige russische Uniformen und noch weniger schwarze Anzüge.

Fürst Barjatinski trug die russische Uniform mit dem Großkreuz des Alexander-Newski- und dem Stern des St.-Georgsordens.

Es versteht sich, dass auch die schönsten und anmutigsten Frauen von Tiflis da waren. Aber trotz der bekannten, vielgerühmten Schönheit der Georgierinnen standen ihnen einige deutsche Damen keineswegs nach, obgleich die weit einfacheren modernen Kleider der Letzteren mit der prächtigen Nationaltracht der Georgierinnen gar keinen Vergleich aushalten.

Bis kurz vor Mitternacht bewegte sich jedermann zwanglos und plaudernd in den Salons. Einige Hausfreunde bewunderten in dem persischen Zimmer die schönen Waffen und das prächtige Silberzeug des Fürsten.

Einige Minuten vor Mitternacht brachten Diener auf großen Kredenztellern Champagnergläser, in denen der georgische Wein wie flüssiges Gold funkelte. Es wäre ein arger Verstoß gegen die Landessitte gewesen, das neue Jahr mit einem ausländischen Wein zu begrüßen.

Ich bemerkte, dass für zehn Personen kaum ein Glas da war. In Georgien trinkt man gewöhnlich aus großen silbernen Bechern oder aus runden Löffeln mit langem Stiel, ähnlich unseren Suppenlöffeln.

Sobald der erste Glockenschlag der Mitternachtsstunde ertönte, nahm Fürst Barjatinski ein Glas, sagte einige Worte in russischer Sprache, vermutlich einen Toast auf den Kaiser, setzte das Glas an den Mund und reichte es der ihm zunächst stehenden Dame. Die den Kredenztellern nahestehenden Gästen nahmen ebenfalls Gläser, hielten sie an den Mund und reichten sie, einen Neujahrswunsch sprechend, einem Nachbar oder einer Nachbarin. Dann umarmten sich die Verwandten und Freunde.

Zehn Minuten später wurde gemeldet, dass das Souper bereit sei.

Es waren etwa sechzig Tische gedeckt. Der Fürst hatte die Herren, die er an seinem Tisch zu haben wünschte, persönlich eingeladen und ihnen mitgeteilt, welchen Damen sie den Arm bieten sollten. Ich war eingeladen worden, die Gemahlin des Gouverneurs von Tiflis, Frau von Kapherr, zu Tisch zu führen.

Moynet hatte dieselbe Einladung erhalten, aber da er die ihm bestimmte Dame nicht kannte, so überließ er einem anderen Gast die Sorge, sie zu Tisch zu führen und setzte sich mit dem Fürsten Uzniew an einen Tisch.

Als ich mich empfahl, bat mich der Fürst bis zum 6., dem Fest der Wasserweihe, zu bleiben; aber ich war fest entschlossen, am nächsten Morgen abzureisen.

Doch zwei Hindernisse traten der Ausführung dieses Entschlusses entgegen. Erstens schneite es die ganze Nacht. Zweitens hatte Moynet eine Zeichnung angefangen, die den Empfangssaal des Fürsten Barjatinski in der Neujahrsnacht darstellte, und zwar in dem Augenblick, wo die Gesellschaft das neue Jahr begrüßte.

So verging ein Tag nach dem anderen. Der Schnee, der in der Frühe fiel, schmolz um Mittag bei einer Wärme von zwölf bis zwanzig Grad; abends hingegen fiel das Thermometer auf acht Grad unter null.

Jedermann riet uns, die Reise nach Eriwan aufzugeben. Ich hatte im Stillen bereits darauf verzichtet, denn ich wollte der Rückkehr Moynets nach Paris keine Hindernisse mehr in den Weg legen. Er hatte mir ja ohnedies schon den Winter geopfert und um meinetwillen die Kunstausstellung versäumt. Ich beschloss daher, den direkten Weg nach Imeritien und Mingrelien, dem alten Kolchis, zu nehmen und mich am 21. Januar in Poti einzuschiffen.

Von Tiflis bis Poti sind es kaum dreihundert Werst. Ich glaubte daher, bis zum 11. Januar in Tiflis bleiben zu können.

Es verstand sich nun von selbst, dass wir der Wasserweihe, die am 6. stattfand, beiwohnen würden.

Der 6. Januar brachte fünfzehn Grad Kälte und einen vom Kasbek herüberwehenden eisigen Wind. Ich zog daher meinen Papak über die Ohren, zog meinen mit Lämmerfellen gefütterten Beschmett an, darüber meinen russischen Kaftan und begab mich mit Kalino zur Woronzowbrücke, der einzigen steinernen Brücke in Tiflis.

Trotz der Kälte kamen alle Einwohner von Tiflis, einer bunten Lawine ähnlich, von den höher gelegenen Wohnvierteln zum Kur herab. Die Ufer waren mit Menschen bedeckt, auf allen Dächern flatterten bunte Gewänder und weiße goldgestickte Schleier. Jedes Haus glich einem Blumenkorb.

Trotz des Treibeises und des vom Wladikawkas herüberwehenden kalten Windes entkleideten sich einige Fanatiker, um sich ins Wasser zu stürzen, sobald der Metropolit das

Kreuz eintauchen würde, um in dem geweihten Wasser ihre Sünden abzuwaschen.

Andere, die auch ihre Pferde an der Wohltat der Reinigung teilnehmen lassen wollten, hielten diese am Zügel, um sich im gegebenen Augenblick in den Sattel zu schwingen und in den Fluss zu sprengen. Die ganze Garnison von Tiflis war am Ufer aufgestellt, um durch Peletonfeuer und Kanonenschüsse die Wasserweihe mitzufeiern.

Plötzlich hörte man Militärmusik, und wir sahen oben von der Brücke aus den Festzug vorbeiziehen. Er bestand aus der Geistlichkeit und den Zivil- und Militärbehörden. Voran ging der Metropolit unter einem Thronhimmel. Er trug das Kreuz, das in den Fluss getaucht werden sollte.

Der Zug bewegte sich langsam am Ufer fort, bis zu einem hellblauen, mit goldenen Sternen besetzten Zelt, das zwischen den beiden Brücken dicht am Wasser errichtet war. Der Metropolit trat, während die Infanterie das Gewehr präsentierte und die Musik einen Choral spielte, mit dem Klerus in das Zelt. Als es zwölf schlug, tauchte er das Kreuz in den Fluss.

Tiflis

Diese Zeremonie war von dem Donner der Kanonen, Gewehrsalven und dem lauten Jubel der Bevölkerung begleitet. Die Schwimmer stürzten sich in den Fluss, die Reiter trieben ihre Pferde hinein. Das Wasser war geweiht, und wer den Mut hatte, sich in den Fluss zu stürzen, wurde von seinen Sünden reingewaschen.

Wir hatten nun das neue Jahr begrüßt und die Wasserweihe gesehen. Moynet hatte seine Zeichnung und ich einen Roman beendet. Wir beschlossen, am 11. abzureisen, denn zehn Tage schienen uns mehr als genügend, um dreihundert Werst zurückzulegen.

Um sechs Uhr früh, also vor Tagesanbruch, waren wir aufgestanden. Um sieben waren die Postpferde da.

Kalino sollte uns bis Poti begleiten, um über Tiflis nach Moskau zurückzukehren.

Als wir mittags endlich zur Abreise bereit waren, bemerkten wir, dass wir beim Einpacken gar nicht an die Befriedigung des Magens gedacht hatten. Wir eilten in das nahe Gasthaus und bestellten ein Frühstück. Als wir bei Tisch saßen, sagte mir der Wirt, dass mich zwei junge Armenier zu sprechen wünschten.

Ich begab mich in das Nebenzimmer. Die beiden Armenier waren mir völlig unbekannt. Der Ältere trug mir mit einiger Befangenheit sein Anliegen vor. Sein jüngerer Bruder hatte von seinen Verwandten die Erlaubnis erhalten, den Kommissionshandel in Frankreich zu erlernen. Der junge Mann sprach Armenisch, Persisch, Russisch, Türkisch, Georgisch, Deutsch und Französisch. Er war achtzehn Jahre alt und von athletischer Gestalt. Er hatte die Reise mit einem Freund machen wollen, aber dieser hatte nicht Wort gehalten, und der junge Armenier stand nun mit seiner Unerfahrenheit allein da.

Der Bruder fragte mich, ob ich bereit sei, ihn mit nach Frankreich zu nehmen, natürlich unter der Bedingung, dass er seinen Anteil an den Reisekosten trage.

Ich dachte sogleich, dass ich nicht nur der Familie, sondern auch mir selbst einen Dienst erweisen könne, denn er ersparte Kalino eine ermüdende Reise und beträchtliche Kosten für die Rückreise, und überdies konnte er mir als Dolmetscher noch nützlicher sein als Kalino, der nur Russisch und Französisch sprach. Ich nahm daher den Antrag der Familie an und erklärte meinem armen Kalino schweren Herzens, dass wir früher scheiden müssten, als wir geglaubt hatten.

Wir schieden nicht ohne Tränen, denn wir waren in den vier Monaten einer nicht immer gefahrlosen Reise vertraute Freunde geworden. Der junge Armenier sank seiner Mutter in die Arme, der letzte Händedruck wurde gegenseitig gewechselt. Kalino stand bis zum letzten Augenblick am Wagen, wo nun ein Fremder seinen Platz einnehmen sollte. Die Kutscher wurden ungeduldig, sie hatten schon fünf Stunden gewartet, wir mussten fort. Endlich ließen die beiden Postillione ihre Peitschen knallen, die fünf Pferde setzten sich in Bewegung, und der Wagen rollte zum Tor hinaus. Ein letztes Lebewohl wurde uns nachgerufen, dann bogen wir um eine Straßenecke und sahen und hörten nichts mehr.

Telega, Tarantasse und Schlitten

Am 11. (23.) Januar reisten wir ab; am 21. Januar (2. Februar) sollten wir uns einschiffen.

Die beiden ersten Stationen, 39 Werst, hofften wir noch vor Anbruch der Nacht zurückzulegen.

Nach der zweiten Station wandten wir uns links, in der Richtung von Kutais. Wir hatten, wie uns der Posthalter sagte, zwei Flüsse vor uns. Im Kaukasus hält man Brücken für überflüssig, solange einem Menschen oder Pferd das Wasser nicht über dem Kopf zusammenschlägt. Er meinte, wir könnten in der bereits mit mehreren Kisten beladenen Tarantasse nicht durch die Flüsse fahren, da die Ufer im Allgemeinen steil sind; wir müssten daher einen Schlitten nehmen, um die Tarantasse zu erleichtern. Wir nahmen einen Schlitten; wir hatten also nunmehr drei Fuhrwerke und neun Pferde. Zum Glück kostet ein Pferd nur zwei Kopeken die Werst.

Wir fuhren weiter, Moynet, der junge Armenier Gregory und ich. Die Aufsicht über die Tarantasse und die Telega überließen wir einem russischen Unteroffizier, den wir auf Ersuchen des Postmeisters nach Kutais mitnahmen. Für diesen kleinen Dienst, den wir ihm erwiesen, war der Postmeister so gefällig, uns die Telega bis Kutais zu lassen, sodass wir des lästigen Umpackens auf den Stationen enthoben waren. Überdies sollte uns der Korporal Timaw bedienen.

Timaw war seinem Äußeren nach ein sonderbarer Mensch. Auf den ersten Blick schien er ein beleibter Fünfziger zu sein; aber als er abends auf der Station seine zwei oder drei Überröcke und seine Tulupe abgelegt, seinen Baschlik aufgeknöpft und seine Mütze abgenommen hatte, war er mager wie ein Hering und höchstens achtundzwanzig Jahre alt.

Er war sehr dumm, und statt uns die in Aussicht gestellten Dienste zu leisten, wurde er uns zur Last. Schon am zweiten Tage gab er uns eine Probe von seinem Verstand. Er hatte, wie gesagt, die Aufsicht über die Tarantasse und die Telega, die schwerer beladen waren als der Schlitten und daher ziemlich weit zurückblieben. Unser Schlitten glitt rasch über die Schneefläche dahin, und wir legten in kaum drei Viertelstunden etwa zwölf Werst zurück. Dann aber kamen wir an den ersten kleinen Fluss.

Unser Kutscher zögerte; aber als ich ihm zweimal ein energisches »Pascholl!« zurief, trieb er seine Troika ins Wasser. Das Wasser ging bis an die Sitze, aber wir stützten uns auf die Hände und hielten die Füße in die Höhe. Statt jedoch gerade das andere Ufer hinaufzufahren, nahm der Kutscher eine schräge Richtung; der Schlitten legte sich auf die Seite, verlor das Gleichgewicht und stürzte um.

Zum Glück waren wir schon ziemlich weit vom Ufer entfernt, und statt ins Wasser zu fallen, wurden wir in den Schnee geworfen. Wir standen lachend auf, schüttelten uns, setzten uns wieder in den Schlitten und fuhren so rasch weiter wie zuvor.

Bei der nächsten Station kamen wir an den zweiten breiteren und tieferen Fluss. Diesmal konnten wir nicht im Schlitten sitzen bleiben. Wir ließen die Pferde ausspannen, setzten uns darauf und ritten durchs Wasser. Dann schickten wir die Pferde wieder zurück, der Kutscher spannte sie wieder ein, und der Schlitten kam leer, aber nicht trocken nach. Wir gingen zu Fuß zu der kaum hundert Schritte entfernten Station.

Vor der Tür fanden wir eine Sammlung von Telegen und Tarantassen, denen der Schnee geboten hatte: Bis hierher und nicht weiter!

»Das ist ein schlechtes Zeichen«, sagte ich zu Moynet.

Es waren keine Pferde da. Diesmal war es wirklich wahr. Wir gingen in die Ställe und durchsuchten alle Winkel, es war keine Troika zu finden.

Der Posthalter erklärte, für die ersten zwei Stunden könne er nichts versprechen, dann aber könne er uns mindestens zwei

Dreigespanne stellen. Es war ein recht gefälliger Georgier, der uns gegen Vorweisung unseres Geleitscheines den Vorzug vor allen Reisenden, mit Ausnahme der Kuriere, versprach.

Dieser Aufenthalt kam uns übrigens recht gut zustatten. Ich hatte dem Korporal Timaw hinsichtlich seiner Dummheit zwar noch nicht volle Gerechtigkeit widerfahren lassen, aber ich war doch entschlossen, die Telega und die Tarantasse zu erwarten. Denn ich wollte die Waffen, Stoffe und anderen Kostbarkeiten, die ich teils gekauft, teils von Freunden zum Geschenk erhalten hatte, nicht zu weit aus den Augen lassen.

Im Wartezimmer trafen wir einen Deutschen, der mit einem Diener reiste. Er sprach nur wenig Französisch, ich spreche gar nicht Deutsch, und so konnten wir uns schwer verständigen. Wir versuchten es mit dem Englischen; aber auch in dieser Sprache wollte das Gespräch nicht in Gang kommen: Ich lese Englisch sehr gut, aber ich spreche es sehr schlecht. Da fragte er mich, ob ich Italienisch könne. Ich bejahte die Frage. Er rief: »Paolo! Paolo!«

Paolo kam. Der Bursche war ganz erfreut, als ich ihm ein paar italienische Worte zurief. Er war aus Venedig gebürtig. Er klagte über die schlechten Wege, über die Kälte, über den Schnee, über die Flüsse ohne Brücken, kurz über alle Unannehmlichkeiten, die eine Reise im Kaukasus im Januar bietet. Aber er freute sich doch, die Klänge seines schönen Heimatlandes zu hören. Diese Freude hatte er seit mehr als zwei Jahren nicht gehabt. Er kam aus Persien über Alexandropol; in Surham sei der Weg durch den Schnee versperrt. Er war ein tüchtiger Jäger und hatte seit Alexandropol mit seinem Herrn von Wildbret gelebt.

Zum Glück hatte ich mich mit Lebensmitteln versehen. In Gori konnten wir bei dem Schwager Gregorys, dem Stadtkommandanten, neuen Mundvorrat bekommen.

Unsere beiden Fuhrwerke kamen noch immer nicht, ich fürchtete, dass sie das steile Ufer des Flusses, wo wir umgeworfen worden waren, nicht erklimmen könnten. Gregory erbot sich, zu Pferde zu steigen und zurückzureiten. Moynet, der Geschmack am Reiten bekommen hatte, wollte diese Gelegenheit benutzen, um ein bisschen zu galoppieren, und beide ritten zurück.

Nach anderthalb Stunden hörte ich das Klingeln der Schellen. Moynet und Gregory brachten die beiden Fuhrwerke. Sie hatten die Tarantasse mitten im Wasser, die Telega am anderen Ufer gefunden. Die drei Pferde waren zu schwach, um die Tarantasse die Böschung hinaufzuziehen. Timaw und der Kutscher waren nicht so klug, die drei Pferde der Telega auszuspannen, vor die Tarantasse zu hängen und dann auch die Telega mit diesen sechs Pferden herüberzuholen.

Moynet hatte dies sogleich angeordnet. Die beiden Fuhrwerke waren nacheinander glücklich herübergebracht und wieder mit den Gespannen versehen worden.

Als die Tarantasse und die Telega vor dem Haus ankamen, hörten wir einen heftigen Wortwechsel zwischen dem Deutschen und dem Posthalter. Dieser, ein herkulisch gebauter Georgier, der seinen kleinen Handschar an der Seite trug, hatte seinen Schlitten abladen lassen, um ihn uns zu geben, unter dem Vorwand, dass man auf jeder Station den Schlitten wechseln müsse.

Der Deutsche antwortete ganz richtig, dass er in diesem Fall Anspruch auf unseren Schlitten habe. Der Georgier, der hierauf nichts zu erwidern wusste, ließ das Gepäck des Reisenden vollends in den Schnee werfen.

Der Streit hätte wahrscheinlich ein schlechtes Ende genommen, wenn ich nicht dazugekommen wäre. Der Posthalter nahm den Schlitten des Deutschen, weil unsere beiden Wagen wegen des Schnees nicht weiterkonnten und wir zur Weiterreise durchaus zwei Schlitten brauchten. Unsere Tarantasse aber konnte wenigstens nach Tiflis zurückkehren; der Deutsche konnte sie nehmen; er reiste dann bequemer und hatte überdies nicht nötig, seine Sachen auf jeder Station umpacken zu lassen. Dieser Vorschlag beschwichtigte den Zorn des Reisenden, er drückte mir die Hand, und wir schieden als die besten Freunde von der Welt.

Der Georgier gab uns einige gute Ratschläge mit auf den Weg. Drei Tage zuvor waren zwei Kosaken auf dem Weg, den wir nehmen mussten, kaum zehn Werst von der Station, von einem Schneesturm überrascht worden, und man hatte sie samt ihren Pferden tot gefunden. Wenn uns ein solches Unwetter

Grusinierin

bedrohe, sollten wir uns in eine kleine Kapelle flüchten, die wir fünfzehn Werst von da links vom Weg finden würden, oder falls wir weiterhin von einem Schneesturm überrascht würden, sollten wir unsere sechs Pferde ausspannen und aus unseren beiden Schlitten eine Wagenburg machen. Nach dem Schneesturm könnten wir weiterreisen.

Diese Aussichten waren nicht gerade ermutigend, zumal es bereits drei Uhr nachmittags war und wir die Station Tschalaky wahrscheinlich nicht vor Anbruch der Nacht erreichen würden.

Die Fahrt verlief indes glücklich. Unsere Kutscher zeigten uns die Stelle, wo man die Leichen der beiden Kosaken und ihrer Pferde gefunden hatte. Es war ein kleines Tal, das sich neben der Straße erstreckte. Sie hatten den Weg verloren und waren in der Schlucht vom Schneesturm überrascht worden.

Auf der Station Tschalaky gab es nichts zu essen. Wir mussten uns also an unsere Lebensmittel und an unsere Reiseküche halten. Zum Glück hatten wir noch etwas Wurst und ein Stück von einem gebratenen Truthahn. Wir aßen die Wurst mit der Haut, das Geflügel mit den Knochen, und wenn wir auch nicht satt wurden, so beschwichtigten wir doch den knurrenden Magen. Während wir Wurst und Haut und Fleisch und Knochen mit Tee hinunterspülten, sagte man mir, dass mich ein Offizier zu sprechen wünsche.

Hauptmann Kupsky war ein sehr höflicher Mann, wie fast alle russischen Offiziere. Er hatte erfahren, dass ich da sei, und wollte nicht durchreisen, ohne mich zu sprechen.

Er war um zwei Uhr nachmittags von Tiflis abgereist, und da er nicht nur Depeschen, sondern auch eine vortreffliche Peitsche bei sich hatte, so hatte er den Weg, der uns anderthalb Tage gekostet, in sechs Stunden zurückgelegt. Er hatte freilich auch kein Gepäck im Schlitten. Er hatte plötzlich den Befehl erhalten, sich schleunigst nach Kutais zu begeben, und er war mit den Kleidern, die er eben auf dem Leib hatte, nämlich mit Soldatenmantel und Mütze, abgereist. Da ich fühlte, wie der arme Offizier frieren musste, zog ich ihm einen meiner Papaks über die Ohren und warf ihm ein Tulupe über die Schultern. In Kutais wollte er meine Sachen auf der Poststation zurücklassen.

Als dieser Vertrag geschlossen war, stieg er, mit einem halben Dutzend Gläsern Wodka geheizt, in den Schlitten und fuhr sogleich weiter.

Ich stand noch vor der Tür der Station, wo ich Abschied von ihm genommen hatte, als ich die Glocken der Post hörte. Es war unser Freund Timaw, der endlich auch ankam; aber zu meinem großen Erstaunen kam er in der Telega und nicht im Schlitten. Er war so weit zurückgeblieben, dass er noch auf der letzten Station war, als Hauptmann Kupsky dort ankam. Der Letztere hatte in seiner Eigenschaft als Kurier dem Korporal den Schlitten abgenommen. Timaw hatte unsere Koffer auf die Telega gepackt und war, auf die Gefahr hin, im Schnee steckenzubleiben, mit der Telega weitergefahren. Zum Glück war er nicht steckengeblieben.

Dieses unbedeutende Ereignis sollte indes große Folgen haben.

Der Übergang über die kaukasische Beresina

Wir reisten am folgenden Morgen um neun Uhr ab.

In der Nacht war ich aufgestanden, um nach dem Wetter zu sehen. Die Erde schien tot und mit einem unermesslich großen Leichentuch bedeckt, der Mond war bleich und matt in einem Ozean von Schnee. Man hörte nur das Rauschen eines Baches. Von Zeit zu Zeit wurde die Totenstille durch das Heulen eines Schakals oder Wolfes unterbrochen. Ich ging wieder ins Haus. Ich fühlte mehr Kälte im Herzen als auf der Haut.

Um neun Uhr morgens, als wir abreisten, hatte alles ein ganz anderes Aussehen bekommen. Der Himmel war rein, die Sonnenstrahlen verbreiteten eine ganz behagliche Wärme, Milliarden von Diamanten blitzten auf dem Schnee, von Wölfen und Schakalen war nichts mehr zu hören.

Da wir keine zwei Schlitten bekommen konnten, so musste uns Timaw mit seiner Telega folgen. Doch das kümmerte ihn wenig; wenn er nicht weiterkonnte, blieb er unterwegs liegen.

Gegen Mittag kamen wir nach Gory. Unser junger Armenier hatte den Kutschern befohlen, uns zu seinem Schwager zu führen. Sobald ich bemerkte, dass Gregorys Schwager Anstalt machte, uns gut zu bewirten, sah ich wohl ein, dass wir ein gutes Frühstück gewannen, aber fünfundzwanzig Werst verloren. Ein verlorenes Frühstück lässt sich immer wieder einbringen, aber verlorene Zeit nie.

Ich hatte Gregory ersucht, Pferde zu bestellen, um gleich nach dem Frühstück abzureisen; aber um uns eine Stunde länger zu behalten, bestellte man die Pferde erst eine Stunde später.

Während dieser verlorenen Zeit hatte ich einen Spaziergang durch die Straßen von Gory gemacht. Leider war Feiertag und der Basar geschlossen. Durch die schmale Lücke einer Straße bemerkte ich auf einem steilen Felsen die prächtigen Ruinen einer mittelalterlichen Burg. Es schien mir unbegreiflich, wie die Erbauer der Burg dort hinaufgekommen waren. Es schien mir eher glaublich, dass die Burg an einem Seil vom Himmel herabgelassen worden sei.

Sobald die Pferde eingespannt waren, setzten wir uns in unsere Schlitten und Timaw bestieg seine Telega.

Eine Werst hinter Gory versperrte uns der brausende Eisschollen treibende Bergstrom, der sich zwei Werst von da in den Kur ergießt, den Weg. Die Kutscher schlugen ein Kreuz und hoben die Hände zum Himmel empor.

Unterdessen kam ein Reiter von der anderen Seite. Er hielt eine Weile am Ufer, beobachtete die Strömung, und trieb sein Pferd ins Wasser.

Das Pferd ging bis an den Bauch im Wasser, aber in der Mitte des Flusses schien es eine flache Stelle gefunden zu haben, und ging etwa sechs Schritte fast trocken; dann kam es wieder bis an den Bauch ins Wasser und erreichte glücklich das andere Ufer.

»Wir müssen den Weg nehmen, den uns der Reiter gezeigt hat«, sagte ich zu Gregory. Er verdolmetschte den Kutschern den Befehl. Anfangs wollten sie nicht folgen, aber Moynet zeigte ihnen seine Peitsche. Ein Kutscher begreift sogleich, dass dieses Symbol nicht für die Pferde, sondern für ihn bestimmt ist, und alle Einwendungen und Hindernisse sind sogleich beseitigt.

Die Unsrigen fuhren zu der Stelle, wo die Fußstapfen des Pferdes im Schnee sichtbar waren.

Die Pferde waren mit einem Sprung im Wasser, das auf beiden Seiten des Schlittens hoch aufspritzte. Das erste Pferd erreichte die flache Stelle, dann die beiden anderen. Aber der Schlitten stieß gegen den abschüssigen steinigen Rand der Insel, und der Stoß war so stark, dass die Stränge des Vorderpferdes rissen und der Kutscher ins Wasser fiel. Gregory, der aufrecht im Schlitten stand, wurde hinausgeschleudert.

Wir klammerten uns am Schlitten fest und blieben unverletzt. Der Kutscher knüpfte die Stränge zusammen und setzte sich wieder aufs Pferd. Gregory stieg wieder in den Schlitten. Der Ruf: »Pascholl! Pascholl!« ertönte aufs Neue und so kamen wir rasch nicht nur über die Insel, sondern auch durch den anderen Flussarm. Die Ankunft am anderen Ufer war freilich von einer so starken Erschütterung begleitet, dass wir alle drei in den Schnee geschleudert wurden.

Wir machten uns von unseren Gewehren und Koffern los und betasteten uns. Keiner hatte Schaden gelitten.

Nun war Timaw mit der Telega dran. Ich gestehe, dass ich nicht hinüberzusehen wagte. Ich empfahl den Korporal dem Schutz des Himmels und setzte mich mit Moynet wieder in den Schlitten. Wir riefen aus Leibeskräften: »Pascholl! Pascholl!«

Aber ich sah mich nicht nach der Telega um; ich weidete mich an dem Anblick der alten Burg. Man denke sich einen fünfzehnhundert Fuß hohen Felsen mit einer Riesentreppe von Mauern und Türmen, die vom Fuß des Felsens bis zum Gipfel hinaufgeht. Ich zählte sieben Ringmauern, und alle sind an den vorspringenden Winkeln mit Türmen besetzt. In der Mitte stehen die Trümmer der Burg mit dem Hauptturm.

Endlich senkten sich meine Blicke unwillkürlich von der Höhe des Felsens auf den Fluss, und ich hielt die Hand vor die Augen, um den traurigen Anblick, der sich mir darbot, nicht zu sehen.

Alles lag im Jakehfluss: Telega, Koffer, Kisten Reiseküche, Nachtsäcke, Timaw mitten darunter.

Wir fuhren durch einen zweiten Fluss, der im Vergleich mit dem ersten nur ein Scherz war. Dann glitten wir etwa fünfzehn Werst über ein ziemlich ebenes Erdreich dahin. Plötzlich sahen wir einen steilen Hügel vor uns. Einen Berg will ich es nicht nennen, es war eine etwa hundert Fuß hohe Böschung, wie ein Dach oder eine Rutschbahn.

Diese steile Anhöhe konnte die Telega gewiss nicht hinaufgezogen werden, wenn sie auch glücklich aus dem Wasser kam. Ich schlug daher vor, sie zu erwarten und dann auf ein

Mittel zu sinnen, sie hinaufzubringen. Der Vorschlag wurde angenommen.

Wir stiegen ab, und während der Kutscher den nur mit dem Gepäck beladenen Schlitten hinauffuhr, schnitten wir mit unseren Handscharen Zweige von den Büschen ab und machten ein Feuer, um uns zu erwärmen und zu trocknen.

Endlich hörten wir die Schellen, und bald sahen wir die Telega mit Timaw, der oben auf dem Gepäck saß.

Timaw war prächtig anzusehen. Das Wasser, in dem er gesteckt hatte, war schnell zu Eiszapfen geworden. Er glich einer Tropfsteinsäule.

Wir fragten ihn nicht, wie er durch den Fluss gekommen war. Die Eiszapfen an seinen Kleidern gaben eine genügende Erklärung; aber er schien sich ganz wohl dabei zu fühlen, denn das Wasser war nicht durch seine fünffache Hülle bis zu seiner Haut gedrungen. Bei warmem Wetter wäre er durchnässt worden, aber die Eisrinde, die sich auf seinem Oberkleid gebildet hatte, ließ das Wasser nicht durchdringen. Unsere Koffer und Kisten waren ebenfalls mit einer Eisrinde bedeckt.

Der Schlitten hatte glücklich die Anhöhe erreicht. Wir ließen die Pferde herunterkommen und vor die Telega spannen; aber die sechs Pferde vermochten das schwerbepackte Fuhrwerk nicht hinaufzuziehen, es blieb im Schnee stecken.

Timaw musste warten. Wir wollten unterdessen zum nächsten Dorf fahren und von dort Pferde oder Ochsen schicken. Unser Kutscher versicherte, das Dorf Ruys sei nur zehn Werst entfernt, die Sache konnte also in zwei Stunden erledigt sein.

Timaw blieb oben auf der Telega sitzen, er sah aus wie der Gott Dezember, der von seinem Thron herab sein mit Schnee bedecktes Reich beherrscht.

Wir setzten uns wieder in den Schlitten und fuhren rasch weiter. Wir hatten kaum noch eine Stunde Tag, und das Wetter war schlecht.

Anfangs war der Weg eben; aber je weiter wir kamen, desto unebener wurde der Boden.

Wir kamen an eine Anhöhe; es war fast Nacht. Ringsum war eine öde Schneefläche, ohne die mindeste Wagen- oder

Schlittenspur. Im Hintergrund sah man die Bergkette von Surham, die sich als Ausläufer des Kaukasus gegen das Schwarze Meer erstreckt; links rauschte in einem schmalen Tal der Kur; rechts war der Gesichtskreis durch eine Reihe wellenförmiger beschneiter Hügel begrenzt. Kein lebendes Wesen war in dieser Schneewüste zu erblicken. Himmel, Erde, alles war weiß, kalt, erstarrt.

Wir stiegen aus, nahmen unsere Gewehre auf die Schulter und begannen die Anhöhe zu Fuß zu ersteigen.

Bei jedem Schritt sanken wir bis an die Knie in den Schnee. Gregory, der etwas abseits ging, versank bis an die Brust. Die durchschnittliche Tiefe des Schnees war vier bis fünf Fuß; wir sahen wohl ein, dass wir verloren waren, wenn wir von einem Sturm überrascht wurden.

Es war sehr kalt und doch war der Weg so ermüdend, dass wir mit Schweiß bedeckt waren; stehen bleiben durften wir nicht, wir würden uns erkältet haben; wir mussten also zu Fuß weitergehen. Unser Schlitten, den wir als schwarzen Punkt eine Werst hinter uns bemerkten, wäre überdies, mit unserer Last beschwert, im Schnee steckengeblieben.

Nach einer Dreiviertelstunde erreichten wir die Anhöhe. Wir gingen auf dem nun ebenen Weg langsam weiter, um uns allmählich abzukühlen, aber erst nach drei Werst holte uns der Schlitten ein.

Zum Glück schien der Mond, wenn auch trübe und in der mit Schneeteilchen angefüllten Luft kaum sichtbar. Wir setzten uns wieder in den Schlitten. Nach einer halben Stunde hörten wir fernes Hundegebell. Das Dorf war noch vier bis fünf Werst entfernt.

Diesen Weg legten wir in einer Dreiviertelstunde zurück, denn der Kutscher fürchtete, den Weg zu verlieren, und fuhr im Schritt. Oft hielt er an, um sich zu orientieren. Zum Glück gab das Hundegebell die Richtung an. Endlich sahen wir dunkle Linien vor uns, es waren die Hecken des Dorfes. Wir trieben unseren Kutscher zur Eile an; verirren konnte er sich ja nicht mehr, er konnte uns höchstens in einen Graben werfen. Doch wir kamen glücklich in das Dorf. Unser Schlitten hielt vor einem angeblichen Wirtshaus an. Der Kutscher rief, und der Wirt kam mit einem brennenden Span heraus.

Wir waren halberfroren und eilten in das Haus, wenn diese elende, schmutzige Hütte diesen Namen verdient. In einem aus Backsteinen gemauerten Kamin brannte ein großes Feuer, in dessen Schimmer Gegenstände sichtbar wurden, die nicht sogleich erkennbar und, wenn erkannt, unmöglich aufzuzählen waren. In einem Winkel lagen Büffelhäute aufgeschichtet. An der Decke hingen gedorrte Fische und geräucherte Fleischstücke; auf dem Fußboden sah man halbleere Schläuche, Gefäße mit geschmolzenem Fett, verfaulte Binsenmatten als Lager für die Kutscher, schmutzige Gläser und viele andere Gegenstände.

Wir mussten die stickige Luft einatmen; wir mussten uns auf das Stroh oder vielmehr auf den Mist setzen; wir mussten unseren Ekel überwinden, die Nase zuhalten und die Augen schließen.

Vor allem erkundigten wir uns, wo wir Pferde oder Ochsen zum Vorspann bekommen könnten. Der Wirt, ein Fleischer mit blutbefleckten Kleidern, ging hinter einen Tisch und gab einem auf der Erde liegenden formlosen Gegenstand einige Fußtritte. Der formlose Gegenstand rührte sich, ächzte und winselte, fiel aber sogleich in seine Unbeweglichkeit zurück. Die Fußtritte wurden wiederholt. Eine mit Lumpen bedeckte menschliche Gestalt richtete sich im Halbdunkel auf, rieb sich die Augen und ließ einige Klagetöne hören, die ohne Zweifel eine Frage bedeuteten. Der Wirt schien ihm zu antworten, dass Pferde geholt werden müssten.

Der Knabe – denn als solcher gab er sich zu erkennen – kroch unter dem Tisch hervor und wankte der Tür zu. Er war bildhübsch, aber blass und abgemagert, ein Bild des Elends.

Wir traten zum Feuer und suchten vergebens einen Schemel oder eine Bank. Ich erinnerte mich, dass ich vor der Tür an einen Balken gestoßen war; wir trugen ihn vor das Feuer, um uns darauf zu setzen.

Der Knabe kam bald zurück, kroch wieder unter den Tisch, rollte sich wie ein Igel zusammen und schlief wieder ein.

Zwei Pferdevermieter folgten ihm. Gregory sprach mit ihnen und teilte uns ihre Forderungen mit: Sie verlangten fünfzehn Rubel, um die Telega zu holen. Endlich gingen sie auf zehn Rubel herunter; wir gaben ihnen fünf als Angeld, und sie entfernten sich mit dem Versprechen, die Telega in zwei Stunden zu bringen.

Es war zehn Uhr abends. Wir hatten Hunger. Zum Unglück war die Reiseküche auf der Telega. Wir sahen uns in der Hütte um; aber der bloße Anblick der Lebensmittel, die der Wirt uns bieten konnte, verursachte uns Übelkeit. Nur Gregory überwand seinen Ekel.

»Fragen Sie, ob Kartoffeln da sind«, sagte ich zu ihm, »wir wollen sie in der Asche braten. Es ist die einzige Speise, die ich in diesem Schweinestall essen möchte.«

Es waren Kartoffeln da. Der Wirt ging hinter den Tisch und gab dem Knaben wieder einen Fußtritt. Der Knabe richtete sich ächzend auf, kroch unter dem Tisch hindurch, verlor sich in dem dunklen Hintergrund der Hütte und brachte einen Papak voll Kartoffeln. Er schüttete diese vor uns auf den Boden und legte sich wieder in seinen Winkel.

Ich steckte die Kartoffeln in die Asche und sah mich nach einem Ruheplätzchen um.

Moynet hatte aus dem Schlitten ein altes Schaffell geholt, das uns zum Einhüllen der Füße diente. Er hatte es auf die Erde gebreitet und schlief bereits auf diesem improvisierten Lager; den Balken hatte er zum Kopfkissen erkoren.

Gregory hatte auf einem Zipfel des Schaffells Platz genommen und hielt seinen Oberkörper nur mit Mühe aufrecht. Ich stellte sein Gleichgewicht dadurch her, dass ich mich mit dem Rücken an seinen Rücken lehnte, und so schliefen wir, einen Doppeladler bildend, sanft ein.

Endlich gegen zwei Uhr nachts hörten wir die Schellen der Pferde. Ich eilte an die Tür, Gregory mir nach, Moynet schlief fest.

Unsere Telega war mit acht frischen Pferden bespannt, von den Postpferden und dem Kutscher war keine Spur zu sehen.

Fürst Barjatinski (1815–1879),
russischer Statthalter und Oberbefehlshaber

Timaw hatte den Kutscher seine Pferde ausspannen und fortreiten lassen; er war allein zurückgeblieben.

Solange es Tag war, hatte er sich ganz wohl gefühlt; aber nach Anbruch der Nacht sah er sich von Wölfen umringt. Timaw, der keine Waffen bei sich hatte, war oben auf die schwerbepackte Telega geklettert. Ein Wolf war ihm zu nahegekommen; er hatte seinen Papak nach ihm geworfen; der Wolf hatte sich entfernt, war aber wiedergekommen. Timaw hatte nun seine Zuflucht zu unserer Reiseküche genommen. Zuerst hatte er den Deckel, dann den Rost, dann die Bratpfannen, dann die Teller nach dem Wolf geworfen. Der Wolf war aber immer wiedergekommen und hatte sogar einige seiner Genossen herbeigeholt. Timaw hatte nur noch den eisernen Topf und Kochlöffel zur Hand; er war klug genug, nicht zu werfen, sondern Topf und Kochlöffel aneinanderzuschlagen. Der Lärm vertrieb die Wölfe; aber sie liefen nicht weit, sie wussten, dass das Geklapper nicht gefährlich war. Sie kamen in größerer Zahl wieder und schienen Ernst machen zu wollen.

Timaw sah bald ein, dass er verloren war, wenn er sein Verteidigungssystem nicht änderte. Er warf den Topf und den Kochlöffel nach den Wölfen und zog sein mit Zündhölzchen angefülltes Feuerzeug aus der Tasche. Ein Zündhölzchen blitzte knisternd auf und vertrieb die Wölfe. Aber sie kamen wieder. Timaw zündete eines nach dem anderen an. Sooft er das Anzünden einstellte, kamen die Wölfe einen Schritt näher; wenn ein Zündhölzchen aufblitzte, standen sie still.

So verging eine Stunde. Als die Fuhrleute auf der Anhöhe erschienen, war Timaw bei seinen letzten Zündhölzchen. Es war höchste Zeit. Das Klingen der Schellen und das Rufen der Leute vertrieben die Wölfe.

Die Fuhrleute glaubten, Timaw sei erfroren, er war aber in Schweiß gebadet. Er erzählte ihnen sein Abenteuer und suchte mit ihrer Hilfe die verschiedenen Stücke unserer Reiseküche zusammen. Die Küchenbatterie fand sich wieder; aber zwei gebratene Hühner, Gegenstände meiner Sehnsucht, waren abhandengekommen; vermutlich hatte sie Timaw in seiner Hast mit den übrigen Geschossen nach den Wölfen geworfen, und diese hatten sie verzehrt.

Der Surham

Timaw war da, aber die Postpferde fehlten. Ich fragte die Fuhrleute, die die Telega geholt hatten, wie viel sie bis zur nächsten Station verlangten. Sie forderten acht Rubel. Zehn Rubel hatte ich ihnen bereits gezahlt, es machte also achtzehn Rubel für eine einzige Station. Das war teuer; ich lehnte es ab. Timaw sollte mit der Telega warten, und ich wollte von der nächsten Poststation Pferde schicken.

Ich hatte nun noch die Zeche zu bezahlen. Ich hatte fünf Kartoffeln gegessen, die anderen hatten gar nichts verzehrt. Der Wirt forderte fünf Rubel. Jede Kartoffel kostete also vier Francs. Das war noch teurer als die Pferde. »Bieten Sie ihm einen Rubel, nicht für die fünf Kartoffeln, sondern für die fünf Stunden, die wir bei ihm zugebracht haben. Er hat zwischen einem Rubel und einer tüchtigen Tracht Prügel zu wählen.«

Der Wirt besann sich, aber endlich entschied er sich für den Rubel und sah uns mit scheelen Blicken an.

Wir saßen bereits im Schlitten und wollten eben abfahren, als sich die Pferdemieter besannen. Sie erboten sich, die Telega für fünf Rubel zur nächsten Station zu fahren. Ich war des Streitens müde und nahm das Anerbieten an, jedoch unter der Bedingung, dass ich erst nach der Ankunft zahlen würde.

Dieser Mangel an Vertrauen schien sie nicht im Mindesten zu beleidigen. Man spannte fünf Pferde vor die Telega, und Timaw, der am Feuer eingeschlafen war, wurde geweckt. Er sollte von nun an immer vorausfahren.

Um sieben Uhr morgens kamen wir auf der nächsten Station an. Keine Pferde!

Wer konnte das glauben bei Tagesanbruch und in dieser Jahreszeit? Ohne mich auf Erörterungen einzulassen, zeigte ich nicht meinen Geleitschein, sondern – meine Peitsche.

Die Pferde schienen nun auf einmal aus der Erde hervorzusprießen.

Um zehn Uhr waren wir im Dorf Surham. Wieder keine Pferde!

»Lieber Freund«, sagte Moynet zu mir, »stecken Sie sich einen Orden an, sonst kommen wir nicht weiter.«

Ich griff in den Nachtsack, nahm einen Orden heraus, heftete ihn ins Knopfloch und wiederholte meine Frage. »Sogleich, Herr General«, sagte der Posthalter.

Eine halbe Stunde später waren unsere beiden Fuhrwerke bespannt.

Das Surhamgebirge war anfangs leichter zu ersteigen, als ich mir nach den Schilderungen, die man mir gemacht, vorgestellt hatte. Es war ein sanfter, nur vier Werst hoher Abhang. Nach einer Stunde erreichten wir ohne große Mühe die Höhe des Berges.

Nach drei Werst tat sich links eine Schlucht auf, und der Abhang wurde allmählich steiler, die Schlucht immer tiefer, die Fahrt wurde zur Rutschpartie. Dann machte der Weg plötzlich eine Biegung, und wir konnten in die furchtbare Tiefe hinabsehen. Unten tobte ein Bergstrom; es war eine der Quellen des Quiril. Dort mussten wir hin. Wir hatten einen sehr guten Postillion, der aber die schlechte Gewohnheit hatte, auf seine Pferde loszuschlagen, und die Pferde hatten die schlechte Gewohnheit, einen Seitensprung zu machen, sooft sie einen Peitschenhieb bekamen. Das Sattelpferd, das einen Schlag auf den Kopf bekam, sprang seitwärts und sank mit dem Postillion bis an die Brust in den Schnee. Es gibt wirklich einen Gott für die Postillione, die ihre Pferde schlagen. Der Unsrige arbeitete sich glücklich wieder aus dem Schnee hervor; er war einen halben Fuß vor dem Abgrund niedergestürzt.

Es dauerte zwei Stunden, bis wir in die Tiefe kamen. In dieser Zeit sahen wir nur Baumgipfel vor uns. Endlich hörten wir das Brausen des Bergstromes, wir mussten also die Talsohle bald erreichen. Der Schlitten, der von der Höhe des Surham immer in derselben schiefen Stellung wie der Abhang gewesen war und uns beständig der Gefahr ausgesetzt hatte, bei dem kleinsten Stoß kopfüberzufallen, bekam nun wieder seine waagerechte Haltung, und wir fuhren einige Minuten am Ufer des Flusses entlang. Wir atmeten tief auf.

Der Bergstrom nahm fast die ganze Talsohle ein, der Weg, den er den Reisenden ließ, war kaum so breit wie der Schlitten. Es wäre doch leidlich gegangen, wenn man immer am Ufer hätte fahren können, aber die Felsen erlaubten sich sehr unziemliche Übergriffe, sodass der Weg höckerig war wie ein Kamelrücken. Dazu kamen die Gießbäche, die sich unter dem Schnee ihren Weg gebahnt hatten. Außerdem war es Nacht mit Sturm und Schneegestöber; man konnte keine zehn Schritte weit sehen.

Dann fuhren wir wieder eine Anhöhe hinauf. Auf der Höhe fanden wir den Weg von losgesprengten Steinen versperrt. Am Tage und bei schönem Wetter konnte man allenfalls gefahrlos weiterziehen; aber in der Nacht, in dem furchtbaren Schneegestöber konnte einem übel werden.

Wir stiegen aus und hielten uns an den Baumwurzeln fest, um nicht auszugleiten und um uns gegen den Wind zu halten.

Aber der Weg war höchst ermüdend, wir sanken bei jedem Schritt bis über die Knie in den Schnee.

Als wir zwei Werst gegangen waren, war Moynet erschöpft. Ich ging Arm in Arm mit Gregory, sodass wir uns aneinanderhielten und jeder gewissermaßen vier Beine hatte.

»Oho! Was ist das?«, rief Moynet.

Wir standen still. Ein großer Felsenbogen wölbte sich über dem Weg und spie eine Wassermasse aus, die ein lautes Getöse verursachte. Wir wateten bis an die Knie im Wasser, doch wir beachteten es nicht und kamen samt dem Schlitten glücklich durch den Felsenpass.

Der Weg führte nun bergab, und wieder kamen wir an den Bergstrom.

Wir hatten noch sechs Werst bis zur Station. Unsere Kräfte waren erschöpft, unsere Füße und Beine waren von Kälte erstarrt, aber der Schweiß rann uns von der Stirn.

Es schneite immer stärker, der Wind blies mit verdoppelter Heftigkeit. Wir mussten so schnell wie möglich die Station erreichen; wenn wir in dem engen Tal von einem Schneesturm überrascht wurden, waren wir verloren.

Wir setzten uns wieder in den Schlitten und hüllten uns in unsere Pelze. Ich schloss die Augen und überließ das Weitere dem Zufall. Von Zeit zu Zeit blickte ich auf, aber ich sah nichts als wirbelnde Schneeflocken. Ich hörte nichts als das Heulen des Windes und das Brausen des Bergstromes.

Kaum waren wir hundert Schritte gefahren, so lagen wir alle drei im Schnee, der Dritte fiel sogar ins Wasser. Diesmal entschlossen wir uns, den noch restlichen Weg zu Fuß zu gehen, und in einem furchtbaren Schneesturm erreichten wir schließlich die Station.

Zwei Stunden später kam ein Bote von Timaw mit der Meldung, die Telega könne nicht über das Gebirge, wir müssten einen Schlitten und Ochsen schicken, wenn wir unser Gepäck und unseren lieben Timaw wiedersehen wollten.

Man brachte das Gepäck aus dem Schlitten in den Wartesaal. Moynet und Gregory waren so erschöpft, dass sie nicht einmal die Kraft hatten, ihre Pelze auf einer Bank auszubreiten und sich niederzulegen; sie sanken auf die Koffer nieder und schliefen ein. Ich nahm alle meine Kräfte zusammen und bereitete mir ein Lager.

Die Station, obgleich dauerhaft gebaut, erbebte die ganze Nacht unter den Windstößen. Zweimal stand ich auf und ging vor die Tür. Es schneite unaufhörlich.

Als der Tag graute, fragte ich, ob ein Kosak für einen Rubel bis zu dem Dorf, wo wir unser Abendessen eingenommen hatten, zurückreiten wollte, um dort Pferde oder Ochsen zu mieten und nach Thippa zu senden. Ein Kosak stieg zu Pferde, kam aber in einer Stunde zurück. Er war vom Wind buchstäblich zurückgetrieben worden.

Gegen drei Uhr ritt Gregory fort. Der Sturm hatte sich etwas gelegt. Gregory hatte das Dorf erreicht und mit dem Ortsvorsteher gesprochen. Dieser hatte versprochen, sobald wie irgend möglich einen Schlitten und Ochsen abzuschicken.

Wir verließen uns auf dieses Versprechen und der Tag verging.

Gegen vier Uhr kam ein Edelmann aus Imeretien im Schlitten von Kutais. Er hatte, wie jeder, selbst der ärmste Edelmann, zwei Nuker bei sich. Er trug einen weißen Turban, dabei aber unter dem Baschlik das georgische Kostüm mit den langen Ärmeln. In dem Gürtel, an dem die Schaska hing, steckten Pistolen und Dolch, und in seinen bis an die Knie reichenden Stiefeln die weiten Hosen von lesghischem Tuch.

Timaw erwartete, wie mir der Reisende erzählte, an einem guten Feuer die versprochene Hilfe. Er hatte weder Pferde noch Kutscher. Der Postillion, der ihn von Surham hergefahren hatte, war fortgeritten, und der geduldige Timaw hatte ihn nicht daran gehindert.

Diesmal hatten wir unsere Reiseküche bei uns. Wir luden den Imeretier zum Abendessen ein; aber es war Fasttag, er lehnte es ab. Er hatte zwei gesalzene Fische mitgebracht. Er schickte uns den einen, er und seine beiden Nuker begnügten sich mit dem anderen.

Die Mäßigkeit dieser verarmten Edelleute grenzt ans Unglaubliche. Man sieht diese Fürsten – denn fast alle führen diesen Titel – zu Pferde reisen, mit einem Falken auf der Schulter, die Mandoline spielend und eine langsame, klagende Melodie singend. Die von Gold und Silber strotzenden, prächtig bewaffneten Nuker reiten hinterher. Der eine Nuker hat in seinem Ranzen einige gesalzene Fische für die Fasttage, der andere ein gesalzenes Huhn für die Fleischtage. Sie kehren auf einer Poststation ein und bestellen Tee. Sie essen mit den Fingern und trinken aus einem Glas. Diese kärgliche Mahlzeit wird nur einmal täglich gehalten. So erreichen sie ihr Reiseziel, nachdem sie hundertzwanzig bis hundertfünfzig Werst in zwei Tagen zurückgelegt und einen halben Rubel verzehrt haben.

Der Unsrige hatte keinen Falken, aber eine Mandoline bei sich. Nach dem Abendessen hörten wir die Klänge des Instruments und gingen zu ihm, um ihm für den Fisch zu danken. Er saß nach türkischer Sitte mit gekreuzten Beinen in einem Winkel des Zimmers. Seine beiden Nuker lagen neben ihm und hörten zu. Ich habe nie etwas Schöneres, Anmutigeres, Poetischeres gesehen als diesen Mann, der Luka hieß. Er wollte aufstehen, als wir eintraten, aber wir nötigten ihn, sich wieder zu setzten. Er wollte seine Mandoline weglegen, aber wir baten ihn dringend, zu spielen und zu singen, und er spielte und sang, so viel wir wollten.

Die Lieder sind eintönig und schleppend, aber man kann stundenlang zuhören, ohne des Ohrenschmauses überdrüssig zu werden. Es liegt etwas Sinniges, Träumerisches darin.

In der Nacht legte sich der Sturm, und der Himmel heiterte sich auf. Dieser Witterungswechsel brachte fünfzehn Grad Kälte und machte den Weg besser. Als daher am anderen Morgen weder Timaw noch unser Gepäck erschien, stieg Gregory zu Pferd mit dem Vorsatz, nötigenfalls bis Zippa zu reiten.

Wir verloren dabei kostbare Zeit. Das Dampfschiff fuhr am 21. ab und am 17. hatten wir kaum die Hälfte des Weges zurückgelegt, obgleich wir am 11. abgereist waren.

Gregory kam gegen Mittag zurück. Er war bis zum Dorf Zippa geritten, und dort hatte er die Telega vor einer Tür und Timaw vor einem Feuer gefunden. Er hatte für drei Rubel einen Schlitten und vier Ochsen gemietet, und ließ sich nun samt dem Gepäck von dem edlen Viergespann fortziehen. Die Ankunft Gregorys war ihm weder erfreulich noch unangenehm gewesen. Er wäre vielleicht ruhig sitzen geblieben, wenn man ihn nicht geholt hätte.

Timaw kam um ein Uhr. Wir hatten drei Schlitten zu unserer Verfügung, und dies wollte ich nutzen. Überdies wollte ich dem Imeretier einen Gefallen tun; der Postmeister wollte ihm keine Pferde geben, und so wollte ich ihn samt seinen beiden Nukern mitnehmen. Der Postmeister sagte nichts, solange er unsere Absicht nicht merkte; als er aber sah, dass Luka mit uns weiterreisen wollte, erklärte er, die Schlitten wären zu schwer bepackt, er wolle sie nicht fortlassen. Da wir mit zwei Schlitten angekommen waren und nur drei Personen mehr hatten, so gab ich nicht nach. Aber zum Unglück für den Posthalter war ich höflich gegen ihn, und in solchen Fällen ist die Höflichkeit nicht am rechten Ort, sie hat mich gezwungen, manchen Kutscher zu prügeln. Der rohe Mensch hält die Höflichkeit anderer fast immer für Furcht. Der Posthalter in Molite war in diesem Irrtum befangen. Er streckte die Hand aus, um unserem Kutscher die Zügel zu entreißen. Aber er berührte den Postillion nicht einmal; ein Faustschlag streckte ihn in den Schnee.

Er stand auf und ging ins Haus.

Ich hatte mir nichts vorzuwerfen. Ich ging in den Stall, nahm noch drei Pferde und ließ noch eines vor jeden Schlitten spannen.

Moynet fuhr mit Gregory voraus, dann kam ich mit Luka, endlich folgten Timaw und die beiden Nuker.

Mein Kutscher sah sich fast unaufhörlich nach Timaws Kutscher um. Ich fragte nach der Ursache dieser Neugierde, die meine Sicherheit leicht gefährden konnte, und erhielt zur Antwort, er beobachte seinen Bruder, der zum ersten Male Postillionsdienst versehe.

Aber nicht der Bruder, sondern unser Postillion warf um. Ich berücksichtigte indes die Bruderliebe, die dieses Versehen zur Folge hatte, und gab ihm zu bedenken, dass ich ebenfalls, wenn auch in entfernterem Grade, sein Bruder sei, und da er die Verpflichtung habe, uns mit ungebrochenen Gliedern auf der nächsten Station abzuliefern, so müsse er seine Besorgnis wenigstens zwischen uns beiden teilen.

Wir fuhren weiter. Es dauerte nicht lange, da sah unser Kutscher wieder ein tiefes Gleis vor sich, er wandte sich um und rief seinem Bruder eine Warnung zu – und warf Luka und mich wieder in den Schnee.

Ich trat auf den Kutscher zu, fasste sein Pferd am Zügel, rief Gregory und ersuchte ihn, meinen Satz an den allzu zärtlichen Bruder Wort für Wort zu übersetzen. Dieser kurze und bündige Satz lautete: »Sobald du dich wieder umsiehst, schlage ich dir mit der Peitsche ins Gesicht.«

Er schwor hoch und teuer, sich nicht mehr umsehen zu wollen. Aber wir waren noch keine Werst gefahren, so sah er sich um und warf Luka und mich wieder auf den Schnee.

Ich nahm zwar keinen Schaden, aber das öftere Umwerfen hatte das Aussehen einer Fopperei und reizte dadurch meinen

Zorn. Ich ließ ihm daher die versprochene Züchtigung angedeihen, nur, dass ich ihm nicht das Gesicht, sondern den Rücken verbläute.

Dann ließ ich den jüngeren Bruder vorausfahren.

Nun wechselte die Szene; wir waren nicht mehr handelnde Personen, sondern Zuschauer. Timaw und die beiden Nuker machten mithilfe des Schlittens eine Menge Purzelbäume, die mit ihren grotesken Variationen unsere einfachen Gleichgewichtsstörungen weit hinter sich ließen.

Übrigens kam ein Augenblick, wo die drei Postillione, wie auf ein verabredetes Zeichen, umwarfen und die ganze Reisegesellschaft auf den Schnee schleuderten.

Das konnte nicht so weitergehen. Wir nahmen wohl keinen Schaden, aber es hielt uns sehr lange auf. Wir spannten von jedem Schlitten ein Pferd aus, und auf diese drei ausgespannten Pferde, die mit Decken belegt wurden, setzten sich Luka und seine beiden Nuker.

Von nun an ging es besser. Die Berge wurden allmählich niedriger, und wir konnten glauben, dass jeder Abhang in das flache Land führen werde; aber es ging immer wieder bergauf, und sooft wir einen Abhang hinabfuhren, wurde unsere Erwartung getäuscht.

Auf diesem wellenförmigen Weg fuhren wir länger als eine Stunde. Endlich kamen wir an eine Fähre. Wir mussten aussteigen, unsere Schlitten konnten wegen der geringen Tiefe des Flusses nur einzeln hinübergebracht werden, ich schenkte daher der Landschaft mehr Aufmerksamkeit, als bis dahin möglich war. Jenseits des Flusses erhob sich ein hoher Berg, den wir wahrscheinlich ersteigen mussten, und oben auf dem Berg sah ich die Trümmer einer alten Burg, deren dunkle Umrisse gegen den Schnee abstachen.

Ich rief Luka, der zu Pferde den Übergang über den Quiril beaufsichtigte, und fragte ihn, ob er über diese Ruinen genauere Auskunft zu geben wisse. Er lachte und schwieg. Als ich meine Frage wiederholte, antwortete er mit einiger Verlegenheit:

Dschigit

»Wir Imeretier sind schlichte Leute, und Ihr würdet unrecht haben, uns zu verspotten, denn wir erzählen ohne Bedenken wieder, was unsere Väter uns gesagt haben. Diese Burg soll in uralten Zeiten von einem Mann namens Jason, der aus einem anderen Weltteil gekommen war, erbaut worden sein. Der Mann wollte, wie man sagt, ein aus gesponnenem Gold gewebtes Widderfell holen. Ich glaube kein Wort davon, aber jeder gemeine Mann in Imeretien nennt diese Ruinen das Schloss Jasons und erzählt diese Fabel. Ist diese Geschichte von dem goldenen Widderfell nicht zum Lachen?«

»Nicht im Mindesten; ich kenne die Geschichte seit meiner Kindheit.« Luka sah mich erstaunt an. »Wie«, sagte er, »die Geschichte ist in Frankreich bekannt?«

»Jawohl, jeder Schüler kennt sie.« Er sah mich zweifelnd an. »Das ist gewiss nur ein Scherz.«

Ich reichte ihm die Hand, und er sah wohl an meinem Gesicht, dass ich nicht scherzte.

Die Reihe kam nun an meinen Schlitten. Während ich hinüberfuhr, sann ich über das wunderbare Gedächtnis der Völker nach, die uns ein wirkliches oder der Sage angehöriges Ereignis, das fünfunddreißig Jahre vor dem Trojanischen Krieg stattgefunden hatte, überliefert haben.

Eine Stunde später kamen wir nach Kutaïs, der Hauptstadt von Imeretien, dem alten Kytaia oder Kutatisium.

In Medeas Reich

Die alte mittelalterliche Stadt lag auf einem steilen Berg. Die jetzige Stadt liegt in der Ebene, links vom Fluss. Kutaïs ist wegen der verstreuten Bauart mehr ein großes Dorf als eine Stadt zu nennen, denn jedes Haus ist von einem Garten umgeben. Die Straßen sind breit, die öffentlichen Plätze sehr groß.

Die Häuser sind größtenteils aus Lehm gebaut und mit Kalk übertüncht; die der Fürsten, Edelleute und Reichen sind aus Holz. Diese Unregelmäßigkeit gibt der Stadt einen eigentümlichen Reiz und ein malerisches Aussehen. Im Sommer muss sie ebenso viel Schatten und fließendes Wasser haben wie Nukha.

Wir kehrten in einem deutschen Gasthof ein, wo wir wenigstens einige europäische Bequemlichkeit wiederfanden. Hier ließen wir uns das Abendessen wohlschmecken und schliefen vortrefflich.

Am nächsten Morgen um neun Uhr kam Oberst Romanow, der Adjutant des Gouverneurs, und fragte, ob er uns behilflich sein könne. Nach den Strapazen, die wir gehabt hatten, konnte er uns sehr nützlich sein.

Während unseres kurzen Aufenthalts wünschte ich das Kloster Galaeth zu besuchen, in dem sich, wie man mir versichert hatte, eines der eisernen Tore von Derbent befinden soll.

Der Oberst Romanow war sehr gütig, uns seine Begleitung anzubieten und Pferde aus seinem Stall zu unserer Verfügung zu stellen.

Wir bestiegen die Pferde und ungeachtet des Glatteises ritten wir in flottem Trab dem Gebirge zu. Bald aber mussten wir absteigen und die Pferde am Zügel führen, denn der Weg wurde zu steil und die Pferde glitten oft aus.

Das Kloster ist eines der schönsten Beispiele byzantinischer Baukunst. Die Kathedrale bildet ein harmonisch schönes Ganzes. Leider sind die Fresken fast verwischt, und das ganze Innere der Kirche ist vernachlässigt, schmutzig, ein Bild des heruntergekommenen Landes.

Aber man darf sich durch den ersten unangenehmen Eindruck nicht abschrecken lassen. Es sind noch einige wertvolle Bilder vorhanden. Der erste Platz zur Linken der Haustür wird von einem Bild der Heiligen Jungfrau ausgefüllt. Dieses Bild steht schon von alters her in dem Ruf großer Wunderkraft. Der Sage zufolge begab sich nämlich, als die Apostel in verschiedene Teile der damals bekannten Welt gingen, der heilige Andreas in den Kaukasus.

Die Heilige Jungfrau legte sich ein Bahrtuch auf das Gesicht, und ihre Züge prägten sich in dem Tuch ab. Sie gab es dem heiligen Andreas. Der Apostel kam nach Asnaur, zwischen Barschum und Akaltsik. Dort herrschte eine Königin, deren einziger Sohn eben gestorben war. Der heilige Andreas berührte ihn mit dem wunderkräftigen Bahrtuch, und der junge Mann wurde wieder lebendig. Das Volk, das dieses Wunder sah, trat zum Christentum über.

Als später die Bekenner des Islam das Land eroberten und die Kathedrale von Asnaur, von der noch jetzt einige Spuren vorhanden sind, in Brand steckten, vergrub ein frommer Christ das Heiligenbild, das mehrere Jahrhunderte verborgen blieb und endlich nach Galaeth gebracht wurde. Die ganz mit Edelsteinen bedeckte Einfassung des Bildes ist eine der größten Kostbarkeiten aus dem fünfzehnten Jahrhundert.

Man führte uns in die Sakristei, deren Fußboden mit griechischen und wahrscheinlich sehr wertvollen Manuskripten bedeckt war. Darauf zeigte man uns prächtige Priestergewänder.

Ein Koffer mit starken Vorhängeschlössern war in einen alten Teppich gehüllt. Man nahm den Teppich ab, schloss den Koffer auf und nahm prächtige, mit Edelsteinen besetzte Tiaren, gestickte und mit echten Perlen bedeckte Messgewänder und andere Kleinodien heraus. Unter den Letzteren befand sich auch die Königskrone von Imeretien.

Alle diese Kostbarkeiten waren in Lumpen gehüllt und wurden von Leuten gezeigt, die man kaum mit einer Zange angefasst haben würde. Kurz, alles hatte ein echt orientalisches Gepräge: kostbar, malerisch und schmutzig.

Es blieb nun noch eine große Merkwürdigkeit, das eiserne Tor von Derbent, zu sehen.

Man führte mich in einen Winkel. Woher stammt dieser riesige Torflügel, und wie ist er hierhergekommen? Ich weiß es nicht. Ich hatte keinen Maßstab bei mir, aber er schien mir fünf bis sechs Meter hoch und anderthalb breit zu sein. Es schien Eichenholz mit eisernen Platten und fünf eisernen Riegeln zu sein. Unten ist das Eisen schadhaft und lässt das Holz sehen. Der andere Torflügel ist von den Türken als Trophäe fortgeschleppt worden. Ich erkannte die Überreste einer arabischen Inschrift, aber keiner von uns vermochte sie zu entziffern.

Die Zeit drängte. Wir wollten auf jeden Fall noch am selben Tag abreisen. Uns blieben nur noch zwei Tage, um am 21. in Poti einzutreffen. Wir eilten daher nach Kutaïs zurück.

Wir gingen wieder in den deutschen Gasthof; unsere Rubel wurden in Silber umgewechselt, unsere Rechnung bezahlt, unsere Pferde standen bereit. Wir merkten, dass wir in ein zivilisiertes Land kamen: Unsere Rechnung betrug sechzig Francs für Abendessen und Logis. Die von den Landstraßen verjagten Räuber schienen Gastwirte geworden zu sein.

Beim Bepacken unserer Pferde entstand ein großes Hindernis. Ich hatte zwei geräumige Kisten, und kein Pferd war stark genug, beide zu tragen, und eine allein würde auf dem Rücken eines Pferdes das Gleichgewicht verloren haben.

Ich bemerkte im Hof einen Schlitten und ersuchte den Wirt, ihn mir zu verkaufen oder zu vermieten. Er wollte weder das eine noch das andere. Ich rief Oberst Romanow zu Hilfe. Er behauptete zwar, der Schlitten werde in dem mingrelischen Kot steckenbleiben, verschaffte mir ihn aber für vier Rubel.

Moynet verlor die Geduld. Er sagte mit Recht, wir würden nicht mehr vor der Abfahrt des Dampfers in Poti eintreffen.

Um seine Ungeduld zu beschwichtigen, schlug ich ihm vor, mit Gregory, einem Packpferd und dem Führer abzureisen. Ich wollte mit den sieben bis acht übrigen Pferden und dem Schlitten folgen. Er sollte auf der Station für ein Abendessen sorgen und mich samt dem übrigen Gepäck und einem georgischen Diener erwarten. Den Letzteren gab mir Oberst Romanow mit; der Georgier sprach etwas Französisch und sollte mir als Dolmetscher dienen.

Moynet und Gregory reisten ab. Ich verweilte noch eine Stunde, um den Schlitten zu bepacken und den Sattel meines Pferdes gegen einen Husarensattel, den mir der Oberst lieh, zu vertauschen.

Endlich war alles bereit. Ich nahm Abschied von dem Obersten, setzte mich auf den Schlitten und fuhr ebenfalls ab. Der Georgier musste mein Pferd am Zügel führen.

Der Weg führte anfangs durch eine Ebene. Zu beiden Seiten waren Wassergräben, die mit einer dünnen Eisrinde und an einigen Stellen mit Schnee bedeckt waren.

An diese Ebene grenzt der Marlakkiwald, der nach der Aussage unserer Führer etwa achtzig Werst lang ist. Der Weg war nicht gut, bot aber keine großen Hindernisse.

So ging es sechs bis acht Werst auf einer durch den Wald führenden Straße fort. Bald jedoch flossen Bäche über den Weg, teils sich in die Gräben ergießend, teils in Rinnen auf der Straße fortfließend.

Nach und nach wurden die Bäche häufiger und vereinigten sich zu einem Strom, der die Mitte der Straße ausfüllte und endlich sich mit den beiden Gräben vereinigte.

Der Fluss, denn ein Weg war es nicht mehr, wurde tiefer, und je tiefer er wurde, desto langsamer floss er, sodass ich nach und nach die Eisrinde unter den Hufen meines Pferdes krachen hörte. Der vorausfahrende Schlitten zerbrach anfangs die Eisdecke, und ich ritt im Wasser. Bald aber wurde die Eisdecke dicker und trug an einigen Stellen den Schlitten, der an anderen Stellen durchbrach und halb im Wasser verschwand.

Der Weg wurde immer schwieriger. Es mochte fünf Uhr nachmittags sein, es blieb kaum noch eine Stunde Tag. Die Pferdetreiber suchten von Zeit zu Zeit im Wald einen bequemeren Weg. Sie gingen dann hinter den Pferden, die ihnen durch die dichten Zweige Bahn machten. Ich ritt noch lange auf dem Eis fort. Es war ein entsetzlicher, gefährlicher Ritt. Mein Pferd durchbrach das Eis, oder es glitt aus und stürzte. Ich hielt dann die Beine weit auseinander; das Pferd stand wieder auf, ich kam wieder ziemlich gerade in den Sattel zu sitzen und ritt weiter. Meine untere Körperhälfte war von Kälte so erstarrt, dass ich wahrscheinlich einen Beinbruch gar nicht gefühlt hätte.

Inzwischen war die Nacht angebrochen. Die Dunkelheit bereitete mir neue Schwierigkeiten. Mein Pferd wollte nicht mehr weitergehen. Da bemerkte ich rechts vom Flussbett eine Reihe von Packpferden, die ziemlich ruhig durch den Wald zogen, wo sie einen Weg gefunden hatten oder sich einen bahnten. Ich hielt es für das Beste, mich der Karawane anzuschließen und den Schlitten seinem Schicksal oder vielmehr dem Kutscher zu überlassen. Ich ritt daher mit einiger Mühe die Böschung hinauf und folgte der Karawane.

Der Waldweg war in der Tat besser als die in ein Flussbett verwandelte Straße; aber ich bemerkte, dass ich mich allmählich von dem Schlitten entfernte. Doch ich tröstete mich mit dem Gedanken, dass der wohlbepackte Schlitten ebenfalls die Station erreichen werde. Ich hörte daher ohne Besorgnis, wie das Schellengeklingel immer schwächer wurde und zuletzt ganz aufhörte.

So ritt ich wohl eine halbe Stunde auf dem verhältnismäßig guten Waldweg fort. Endlich fiel mir ein, den Georgier zu fragen, ob wir noch weit von der Station entfernt wären.

Keine Antwort. Ich wiederholte meine Frage, aber alles blieb still.

Nun begann ich, Verdacht zu schöpfen. Ich ritt auf den nächsten Mann zu, betrachtete ihn aufmerksam und erkannte keinen meiner Leute. Das Pferd, das er führte, war nicht mit unseren Sachen beladen.

»Gubinskaja?«, fragte ich, auf den Weg deutend. Das war der Name der Poststation, wo wir übernachten sollten. Der Mann lachte. »Gubinskaja?«, wiederholte ich mit derselben Gebärde. Er zeigte mit der Hand nach einer ganz entgegengesetzten Richtung.

Ich verstand ihn, ein Schauer überlief mich. Ich hatte meinen Schlitten verlassen, um einer fremden Karawane zu folgen – ich hatte mich verirrt.

Ich hielt mein Pferd an und lauschte. Ich hoffte die Schellen der Schlittenpferde zu hören, aber ich hörte nichts mehr, ich wusste nicht einmal, in welcher Richtung ich die Schellen zuletzt gehört hatte.

Was war zu tun? Ich hatte mich in einem großen Wald verirrt, ohne die mindeste Andeutung über den zu nehmenden Weg. Ich kannte die Landessprache nicht und konnte mich daher nicht erkundigen, falls mir jemand begegnete. Überdies konnte ich mir nicht verhehlen, dass jede Begegnung für mich mehr gefährlich als hilfreich sein müsse. Zu meinem größten Unglück hatte ich in einem Land, wo niemand nach acht Uhr abends unbewaffnet sein Haus verlässt, kein Gewehr bei mir, meine einzige Waffe war der Handschar. Außerdem hatte ich das Reisegeld bei mir.

Ich musste einen Entschluss fassen. Ich kehrte um und ritt in der von dem Pferdetreiber angedeuteten Richtung fort. Es blieb mir noch eine Hoffnung; vielleicht würde ich die Packpferde finden, von denen sich der Schlitten getrennt hatte.

Ich hielt mein Pferd an, und in der Voraussetzung, dass sie sich in dem Bereich meiner Stimme befänden, rief ich dem Georgier.

Keine Stimme antwortete mir. Der Wald schien erstorben unter seiner unabsehbaren Schneedecke.

Ich wusste gar nicht mehr, in welcher Richtung die Station liegen könne. Hätte ich meine Doppelflinte und nur fünfundzwanzig Patronen gehabt, so hätte ich mich nicht nur wehren, sondern auch Notsignale geben können. Die Leute beim Schlitten oder bei den Packpferden würden mich gesucht haben, und, durch die Schüsse geleitet, zu mir gekommen sein. Doch dieses Hilfsmittel hatte ich nicht. Ich ritt aufs Geratewohl weiter. Nach einer halben Stunde schien es mir, als ob ich mich von meinem Ziel immer mehr entfernte. Ich wandte mich nach rechts, aber nun schien mein bisher williges Pferd einigen Widerstand zu leisten.

Wenn der Mensch ratlos ist, ist es in solchen Lagen am besten, sich auf den Instinkt des Tieres zu verlassen. Der Widerstand meines Pferdes bewies, dass ich eine falsche Richtung genommen hatte. Es war ein Postpferd, das den Weg von Kutaïs nach Gubinskaja oft gemacht und auf der Station seinen Hafer bekommen hatte. Wenn ich ihm die Wahl des Weges ließ, würde es mich aller Wahrscheinlichkeit nach dahin tragen, wo es Futter und ein paar Stunden Ruhe zu erwarten hatte. Ich ließ daher den Zügel los.

In einer Viertelstunde befand ich mich zwischen zwei Baumreihen, also höchstwahrscheinlich auf einem Weg.

Zum Unglück war es so dunkel, dass ich ungeachtet des hellen Scheines des Schnees weder Pferdespuren noch Schlittengeleise sehen konnte.

Ich stieg ab, warf den Zügel meines Pferdes über den Arm und bückte mich. Meine Augen entdeckten nichts, ich nahm daher die Hand zu Hilfe. Der Tastsinn entdeckte sogleich, was den Augen entging: Ich fand im Schnee sowohl die Schlittenspur als auch die Fußstapfen der Pferde, welche die gleiche Richtung genommen hatten.

Aber waren es wirklich meine Pferde und mein Schlitten gewesen?

Während ich noch mit der Untersuchung der Spuren beschäftigt war, hörte ich etwa hundert Schritte von mir ein Geheul. Gleich darauf erschien ein Wolf auf dem Weg, stand einen Augenblick still, heulte noch einmal und verschwand. Ich vermisste meine Doppelflinte mehr als je.

Ich stieg wieder aufs Pferd. Es war höchstwahrscheinlich die Spur meines Schlittens, denn wer hätte außer mir so hartnäckig sein können, auf diesem Wege mit einem Schlitten zu fahren?

Das Pferd trabte rasch weiter. Ich sah viele nicht erkennbare Tiere, die mir geräuschlos nachliefen. Von Zeit zu Zeit sah ich feurige Punkte. Es waren die Augen eines Wolfes, der mich anstarrte.

Mein Pferd wurde unruhig und begann zu schnauben. Dann setzte es sich in Galopp. Diese Eile war ein gutes Zeichen. Sie bewies, dass wir nicht mehr weit von der Station waren. Während ich auf dem Waldweg dahingaloppierte, bemerkte ich links eine dunkle Masse, die von einer niedrigen Hecke umgeben war. Ich ließ das Pferd über die Hecke springen und ritt um das Gebäude.

Es war eine verödete Kapelle. Der Tür gegenüber war ein ebenfalls verlassener Kosakenposten.

Ich setzte wieder über die Hecke; aber auf der anderen Seite war ein Graben, den ich wegen des tiefen Schnees nicht sehen konnte. Mein Pferd stürzte und fiel in den Graben.

Zum Glück waren keine Wölfe in der Nähe der Kapelle. Ich stieg wieder auf und ritt in der gleichen Richtung fort.

Einige Hundert Schritte von der Kapelle sah ich einen Reiter auf mich zukommen.

Ich hielt an, fasste meinen Handschar und rief auf Russisch: »Ktoïdiot? Wer da?«

»Brats«, antwortete der Reiter; »ein Bruder.« Der »Bruder« war mir sehr willkommen. Ich ritt auf ihn zu. Es war ein Donkosak mit langhaarigem Papak und langer Lanze. Er war mir im Auftrag Moynets entgegengeritten. Er ritt voraus, ich folgte ihm.

Eine halbe Stunde später sah ich durch das Fenster des Posthauses meine Freunde Moynet und Gregory, die sich an einem großen Feuer wärmten.

Ich gab dem Kosaken einen Rubel und ließ dem armen Gaul, der mich durch seinen wunderbaren Ortssinn aus einer fatalen Situation gerettet hatte, eine doppelte Portion Hafer reichen. Der bereits ausgespannte Schlitten stand vor der Tür. Die Packpferde kamen erst zwei Stunden später.

Die Kutscher hatten zwei prächtige kaukasische Gewehre verloren oder gestohlen.

Glücklicherweise hatte ich noch zwei kaukasische Gewehre, die ich von den Fürsten Bagration und Tarkanow als Geschenk bekommen hatte.

Die Skopzen

Wir übernachteten in der Station Gubinskaja und reisten am anderen Morgen nach Alt-Marane weiter.

Wie tags zuvor behielt ich ein Reitpferd, obgleich ich mir vornahm, einen möglichst großen Teil des Weges im Schlitten zurückzulegen. Es hatte in der Nacht stark gefroren, und dadurch wurde die Schlittenfahrt leichter, das Reiten aber schwerer. Ich kam also schneller von der Stelle als meine Reisegefährten. Mein Schlitten gewann bald einen Vorsprung.

Bis zehn Uhr morgens ging alles gut; dann aber fing der Schnee an zu schmelzen, und ich befand mich in einem Kotmeer.

Der Weg hatte sich binnen einer Stunde in einen Morast verwandelt, in dem mein Pferd bis über die Knie, endlich bis an die Brust sank. Dieser Morast war von Bächen durchschnitten, in dem die Pferde und der Schlitten halb verschwanden. Einmal war ich so unbesonnen anzuhalten, um zuzusehen, wie der Schlitten durch einen Bach geschleppt wurde, und als ich weiterreiten wollte, steckte mein Pferd fest. Meine Steigbügel berührten den Schlamm; das Pferd konnte trotz aller Anstrengungen nicht von der Stelle. Ich musste absteigen und sank bis über die Knie in den Schlamm, der uns festhalten zu wollen schien. Endlich gelang es mir, mein Pferd loszumachen. Nun musste ich mich selbst aus dem Schlamm herausarbeiten. Ich fasste die Mähne, und nach einigen Schritten fand ich endlich genügend festen Boden, um mein Pferd wieder zu besteigen. So legten wir sechzehn Werst zurück.

Einige Werst von Marane kamen wir an den Fluss Utskeniskala, den Hippos der Alten.

Wir hielten vor dem Wirtshaus, das aus zwei Abteilungen bestand, die kleinere Abteilung, die eine Art Kramladen bildete, mochte etwa zehn Quadratfuß messen und enthielt mancherlei Lebensbedürfnisse, Brot, Käse, Speck, Kerzen, Wein, Öl – alles mit großer Formlosigkeit auf- und nebeneinander aufgeschichtet. Zwei Knaben von sieben bis neun Jahren waren die Ladendiener. Die zweite Abteilung war Salon, Speisezimmer und Küche in einer Gestalt. In der Mitte brannte ein großes Feuer, dessen Rauch durch eine in der Decke angebrachte Öffnung abzog. Über diesem Raum war der Dachboden, und die Treppe ersetzte ein schräg gestellter Baumstamm mit Einschnitten.

Hier wurde haltgemacht. Es wurde sogleich ein Topf voll Eier gekocht. Ein in aller Eile geschlachtetes und gerupftes Huhn wurde auf einen Stock gesteckt und über der Kohlenglut gedreht. Unterdessen nahm einer der beiden Jungen ein Messer und kratzte mir den Schlamm von den Kleidern, als ob ich ein Fisch oder eine Rübe gewesen wäre.

Als Moynet mit den Packpferden ankam, waren die Eier gekocht, das Huhn gebraten und die Pferde bereit.

Wir hatten nur noch neun Werst bis Neu-Marane. Ich setzte mich wieder auf meinen Schlitten, denn man versicherte mir, der Weg sei von nun an besser. Das war insofern richtig, als der Schlamm dünner war und der Schlitten nicht mehr Widerstand fand als ein Schiff im Wasser. Die sieben Werst wurden in anderthalb Stunden zurückgelegt.

Jetzt waren wir in der Nähe des Phasis oder Rion, und wir konnten diesen Fluss in einem Boot bis Poti hinabfahren, wo wir uns nach Marseille einschiffen wollten.

Ich hatte ein Schreiben an den Gouverneur der Kolonie Neu-Marane.

Diese Kolonie ist von Angehörigen der Sekte der Skopzen bewohnt. Diese beklagenswerten Fanatiker entmannen sich selbst, sobald ihnen ein Kind geboren ist, und machen auch ihre Frauen mithilfe einer ebenfalls schmerzhaften Operation unfruchtbar.

In einem dünn bevölkerten Land wie Russland wird dieser Fanatismus fast zum Verbrechen des Hochverrats. Daher sind auch die Skopzen immer von dem Amnestien ausgeschlossen, die die russischen Kaiser bei ihrem Regierungsantritt erlassen.

Als mein Schlitten anhielt, schlichen fünf oder sechs Skopzen herbei, um das Gepäck abzuladen. Diese wandelnden Gespenster sehen sehr kläglich aus in ihrem langen grauen Soldatenrock, ihren vorzeitigen Runzeln, ihrem krankhaft aufgedunsenen muskellosen Körper.

Zwei Skopzen hoben mit Mühe einen kleinen Reisekoffer, den ein Postkutscher mit einer Hand ins Haus trug. Um eine etwa zweihundert Pfund schwere Kiste vom Schlitten zu heben, mussten sechs zugreifen.

Die Skopzen haben alle Fehler der Weiber, ohne deren gute Eigenschaften. Sie sind zänkisch, aber ihre Streitigkeiten führen nie weiter als zu eitlem Wortwechsel. Sie sind Petzer und Denunzianten, und wenn einer von ihnen einmal einen Schlag bekommen hat, so geht er weinend davon und zeigt seinen Gegner an. Sie sind sehr geizig. Einige von ihnen besitzen mehrere Tausend Rubel, über die sie testamentarisch verfügen können.

Sie führen die Kähne auf dem Rion, wenn die Dampfer bei niedrigem Wasserstand nicht fahren können. Oberst Romanow hatte uns gesagt, der übliche, wenn auch durch keinen Tarif festgesetzte Preis sei sechzehn Rubel. Sie verlangten fünfundzwanzig, nahmen am Ende aber die ihnen gebotenen sechzehn Rubel an.

Aber sie waren durchaus nicht zu bewegen, noch am selben Tag abzufahren. Wir hatten keine Zeit zu verlieren; denn es war schon der 20. Der Oberst beruhigte uns jedoch durch die Versicherung, dass der Dampfer erst am 22. abends abfahre.

Zwei Stunden nach unserer Ankunft ließ der Oberst den Tisch decken und lud uns ein, mit ihm zu speisen.

Als wir bei Tisch saßen, wurde der Oberst hinausgerufen. Ein imeretischer Fürst, der nach Poti reisen wollte, wünschte in dem von mir gemieteten Kahn mitzufahren und erbot sich, die Hälfte der Kosten zu tragen. Ich antwortete, dass der Kahn zu seiner Verfügung stehe, dass ich aber kein Geld dafür annehmen wolle. Er erschien nun und stattete mir seinen Dank ab.

Muridische Vorposten in Daghestan

Er war ein schöner junger Mann von kaum dreißig Jahren. Sein Anzug bestand aus einer schneeweißen Tscherkesska mit Patronentaschen und prächtigen damaszierten Waffen sowie weiten Hosen und hohen Stiefeln. Ein fast ebenso reich gekleideter Nuker folgte ihm.

Er wünschte so schnell wie möglich nach Poti zu reisen, um den Fürsten Barjatinski bei der Landung zu empfangen. Der Bruder des Generalgouverneurs wollte sich nach Tiflis begeben und sollte mit demselben Dampfer ankommen, den wir besteigen sollten, um nach Trapezunt zu fahren. Unser neuer Reisegefährte war der Fürst Salomo Ingheradze.

Wir beschlossen am nächsten Morgen so früh wie möglich abzureisen; aber der Oberst, der seine Leute kannte, sagte uns im Voraus, dass wir nicht vor acht fortkommen würden. Die Skopzen haben nämlich auch das mit den Weibern gemein, dass sie nicht aus dem Bett zu bringen sind, wenn man die Pritschen, auf denen sie schlafen, Betten nennen kann.

Unmittelbar vor der Abreise dachte ich an Lebensmittel; aber Gregory antwortete, wir würden überall am Ufer Dörfer finden, wo wir uns verproviantieren könnten. Wir nahmen daher Abschied von dem Gouverneur und bestiegen die Barke.

Der Rion oder Phasis war an der Stelle, wo wir uns einschifften, breit, aber sehr seicht, daher die lange, schmale und platte Form der Barken, mit denen der Fluss befahren wird. Eine Menge entwurzelter Bäume trieb im Fahrwasser.

Wir hatten drei Skopzen an Bord; einer steuerte, die beiden anderen ruderten. Von Zeit zu Zeit riefen sie einander mit ihrer dünnen Stimme einige Worte zu, dann versanken sie wieder in ihr düsteres Schweigen: Auf der ganzen Fahrt hörte ich keinen singenden Ton von ihnen.

Von Marane nach Poti

Von Zeit zu Zeit betrachtete ich die immer großartiger werdende Landschaft. Die Wälder wurden höher und dichter, Efeu und andere Schlingpflanzen bildeten immergrüne Wälder. Abgestorbene Bäume streckten ihre weißen dürren Äste wie riesenhafte Skelette aus, und die Stille wurde bisweilen durch das pfeifende eintönige Geschrei der Adler unterbrochen.

Die Ufer des Phasis sind etwa fünfzehn Fuß hoch und sehr steil. Die Reisenden können nur an wenigen Stellen landen, zumal wenn der Erdboden mit Glatteis bedeckt ist.

Wir fragten jede Viertelstunde, wie weit das Dorf, wo wir zu Abend essen sollten, noch entfernt sei, und jedes Mal antworteten die Skopzen gleichgültig: »Sechs Werst, fünf Werst, vier Werst, drei Werst.«

Endlich, um halb sieben, erblickten wir das Dorf. Aber ich konnte nicht erkennen, wie wir die Wand ersteigen sollten, die das Ufer bildete. Meine Augen waren auf die Wand gerichtet, aber es zeigte sich keine Treppe, nicht einmal eine Leiter.

Einer unserer Schiffsleute sprang an Land und zog das Boot mit einem Strick an das Steingeröll. Der Fürst Ingheradze und sein Nuker hieben mit dem Handschar eine Art Treppe in die Erdwand. Dann stellten sie sich auf die festesten Stufen, reichten uns die Hände und halfen uns die steile Böschung ersteigen.

Hundert Schritte vom Ufer war ein Haus oder vielmehr ein Pferdestall, der von den Schiffsleuten als Herberge für Reisende bezeichnet wurde.

Das Innere wäre selbst für einen Kalmücken abschreckend gewesen. In der Mitte brannte ein großes Feuer, ein Schornstein war nicht vorhanden, der Rauch zog ab, wie und wo er wollte und konnte. Um das Feuer lagen etwa zwanzig Männer verschiedener Nationen, wie in der Höhle des Räuberhauptmanns Rolando; eine alte Hexe bediente sie. Mehrere hässliche Hunde, wie man sie findet, wenn man der türkischen Grenze nahe kommt, lagen neben ihren Herren. Die Pferde, die ringsum an den Wänden festgebunden waren, wieherten, bissen und schlugen einander, bis die Ruhe durch einige Knutenhiebe wiederhergestellt wurde.

Wir sahen uns in dem überfüllten Raum um. Kein Platz war leer, weder am Feuer noch an den Wänden. Alle waren mit dem Abendessen beschäftigt. Einer kochte Grütze und goss Öl in den Topf, ein anderer kochte ein Huhn ohne Salz und Pfeffer, und noch andere verzehrten einen faulen Fisch, den in Frankreich kein Hund angerührt hätte. Wir hatten mächtigen Hunger, als wir eintraten, aber nach fünf Minuten waren wir satt.

Ich war mit Moynet zuerst gekommen, weil wir die größte Eile hatten; der Fürst und sein Nuker erschienen nun ebenfalls. Drei von den am Feuer liegenden Männern standen auf. Es waren Diener des Fürsten, die ihn hier erwarteten, wie Pferde auf einer Poststation. Der Fürst gab uns durch einen Wink zu verstehen, dass wir den von ihnen verlassenen Platz einnehmen könnten, dann sprach er mit ihnen.

Wir nahmen den Platz seiner Diener auf einem Balken ein, den wir ans Feuer schleppten. Dieser Balken verschaffte uns eine Art Besitzrecht. Die Leute des Fürsten hatten an diesen Luxus nicht gedacht, sie hatten auf dem Boden gelegen. Ich ließ Moynet im Besitz des Balkens, legte meinen Papak an den Platz, den ich mir vorbehalten wollte, wie man im Theater einen Platz belegt, und entfernte mich mit Gregory. Vor allem mussten die Enten gerupft werden. Wir hatten deren sieben bis acht. Gregory gab der alten Frau einen Wink. Sie folgte uns. Er musste ebenfalls seine Zuflucht zur Zeichensprache nehmen, obgleich er etwa ebenso viele Sprachen sprach, wie wir Enten hatten. Aber der Dialekt, der in diesem Winkel von Mingrelien gesprochen wurde, war ihm unbekannt.

Die Alte verstand, dass die Enten gerupft werden sollten, und rupfte sie. Ein Viertelrubel trug überdies wesentlich zur gegenseitigen Verständigung bei. Gregory schnitt nun drei Stöcke, die als Bratspieße dienen sollten.

Während ich die Vorbereitungen zu unserem Abendessen beaufsichtigte, kam Fürst Salomo freudestrahlend zu mir: Er hatte Pferde gefunden und hoffte auf dem Landweg in drei bis vier Stunden nach Poti zu kommen.

Wir wünschten ihm Glück und bedauerten, dass wir wegen unseres Gepäcks nicht seinem Beispiel folgen konnten. Er nahm zärtlichen Abschied von uns, stieg zu Pferde und ritt im Galopp davon. Ein Nuker begleitete ihn, die anderen drei folgten ihm zu Fuß.

Ich schaute ihm nach. Er machte auf dem schlechten Gaul, mit seinem fast ebenso reich gekleideten Nuker und seinen anderen drei zerlumpten Dienern, die ihm nachliefen, wahrlich keinen fürstlichen Eindruck.

Aber gleich darauf wurde unsere Aufmerksamkeit durch einen weit wichtigeren Gegenstand gefesselt: Die Enten waren gerupft. Gregory kam mit den hölzernen Bratspießen.

Während ich die Bratenwender beaufsichtigte, hörte ich vom Fluss her sonderbare Töne, die weder Schmerzens- noch Schreckenslaute waren. Es war vielmehr eine in Musik gesetzte Klage.

Ich eilte mit Moynet an die Tür, und wir sahen ein mingrelisches Begräbnis. Die Leiche hatte auf dem Wege zu ihrer letzten Ruhestätte haltgemacht. Die ermüdeten Träger hatten den Sarg auf den Schnee gestellt. Der Priester benutzte diese kurze Rast, um einige Gebete herzusagen und die Witwe, um ihrem Schmerz Ausdruck zu geben. Die schwarz gekleidete Witwe war auffallend groß, fast um einen Kopf größer als die stattlichsten Männer. Wir traten näher und fanden die Erklärung dieser auffallenden Erscheinung. Die Männer, die Stiefel trugen, fürchteten den Schnee nicht, aber die Witwe, die nur Babuschen an den Füßen hatte, ging auf hohen Stelzen. Zwei andere Frauen von gleicher Größe bildeten den Mittelpunkt einer anderen Gruppe. Es waren die Töchter des Verstorbenen.

Fünf oder sechs Frauen, die ebenfalls auf Stelzen gingen und aus einem mir unbekannten Grund zurückgeblieben waren, kamen schnell herbei, um sich dem Hauptzug anzuschließen. Diese Frauen mit ihren unweiblichen Siebenmeilenstiefeln und ihrer bunten Kleidung gaben dem Ganzen einen grotesken Anstrich.

Der Zug setzte sich wieder in Bewegung; aber die Witwe, die wohl den Bitten der Verwandten und Freunde nachgab, ging nicht weiter. Sie sank ihren Begleitern in die Arme, streckte die Hände nach dem sich entfernenden Sarg aus und kehrte wieder um.

Der Sarg verschwand rechts zwischen den Bäumen. Die Witwe und ihre Töchter verschwanden auf der entgegengesetzten Seite.

Wir gingen in den Stall, um nach unserem Braten zu sehen. Sobald unser Hunger gestillt war, hatten wir nichts Besseres zu tun, als zu schlafen. Aber schlafen war keineswegs leicht mitten unter den Pferden, die stampften und ausschlugen, unter den Hunden, die unsere Entengerippe abnagten, und den Flöhen, die ebenfalls soupierten.

Wir nahmen unseren Balken als Kopfkissen, streckten die Füße nach dem Feuer aus, zogen den Baschlik über den Kopf und versuchten zu schlafen. Aber ehe sich meine Augen wirklich schlossen, fiel mein Blick oft auf die rote Beschmette eines Türken von Akalzike. Ich sah den brandroten Mantel noch lange vor mir, nachdem ich die Augen geschlossen hatte. Ich stand auf und bot ihm eine von meinen Decken an. Zum Glück nahm er sie an. Die Decke war grau, er zog sie über den Kopf und legte sich nieder.

In diesem Augenblick erschien ein Mann mit einer Henne. Sobald das Tier gackerte, richteten sich alle Reisenden auf. Jeder strebte nach dem Besitz der armen Henne. Wir allein blieben teilnahmslos, wir hatten ja noch einige Wildenten, was konnte uns an einem Huhn liegen?

Der Türke mit der roten Beschmette, der seit der Abreise des Fürsten die wichtigste Person war, schien den höchsten Preis zu bieten, denn die Henne wurde ihm zuteil. Er nahm sie und hieb ihr mit seinem Handschar den Kopf ab.

Anfangs glaubte ich, er werde die Henne mit den Federn verzehren. Aber ich irrte mich, er versuchte, ihr eine Feder auszuziehen. Aber die Feder saß fest. Es war eine hochbetagte Henne.

Er rief nach der Frau, die unsere Enten gerupft hatte. Die Frau war verschwunden. Die arme Alte, die in dem Pferdestall keinen Platz fand, hatte sich draußen auf ein Bündel Stroh gebettet.

Die Alte wurde geholt und machte nun ebenfalls einen Versuch, die Henne zu rupfen, mit der zweiten Feder zog sie die Haut ab. Es blieb nichts anderes übrig, als das Huhn abzubalgen wie einen Hasen; aber der Türke schien sich dazu nicht verstehen zu wollen.

Er begann mit der Alten zu unterhandeln. Wie in den Feenmärchen schien der Türke einen Wunsch auszusprechen, aber der Wunsch wurde nicht erhört.

Es war kaum acht Uhr abends. Ich konnte noch nicht schlafen, ich nahm also durch Gregorys Vermittlung an der Unterredung teil. Ich erfuhr, dass der Türke und die Alte den Mangel eines Topfes oder einer Kasserolle beklagten. Ich besaß beides. Ich gab Gregory einen Wink, und er überreichte dem Pascha die beiden Geräte, die den Gegenstand seiner Wünsche bildeten.

Er wählte die Kasserolle. Man schüttete Wasser hinein, stellte die Kasserolle aufs Feuer, und als das Wasser heiß war, hielt man die Henne hinein.

Ein paar Minuten später zog man sie wieder heraus und machte einen dritten Versuch, sie zu rupfen. Die Federn lösten sich nun sehr leicht. Die Henne wurde gerupft, ausgeweidet und in dasselbe Wasser geworfen, in dem man sie abgebrüht hatte. Wozu hätte man auch frisches Wasser nehmen sollen? Es war ja dieselbe Henne.

Der Türke legte sich sorglos wieder auf seinen Platz, nachdem er der Alten sein Taschentuch gegeben hatte.

Nach einer Stunde zog sie das Huhn an den Füßen aus der Brühe, betastete das Fleisch, um sich zu überzeugen, ob es weich war, und wickelte die Henne, die der Türke offenbar zum Frühstück bestimmt hatte, in das Tuch.

Dann ging die Alte hinaus.

Um solange wie möglich wach zu bleiben, sah ich mich vergebens nach einem anderen interessanten Gegenstand um. Alle Reisenden schliefen, und einige unter ihnen gaben durch lautes Schnarchen zu erkennen, dass es ihnen ernst damit war.

Endlich um vier Uhr erwachte der Türke, sah nach seiner Taschenuhr und weckte seine drei Reisegefährten. Ich weckte nun Gregory und schickte ihn zu den Bootsleuten, um die nötigen Vorkehrungen zur Abreise treffen zu lassen.

Die Skopzen lagen aufeinander, wie Kälber auf dem Markt. Einer von ihnen schlug die Augen auf, betrachtete den Himmel und antwortete: »Wir fahren in zwei Stunden ab, früher wird es nicht Tag, und der Rion ist nachts gefährlich.«

Ich wusste, dass alle Gegenvorstellungen fruchtlos bleiben würden. Wir mussten noch zwei Stunden warten.

Inzwischen wurde die ganze Reisegesellschaft wach. Jedermann schüttelte und reckte sich und gähnte und murrte und sah sich mit geröteten, schlaftrunkenen Augen um.

Der Türke suchte und fand sein Tuch, setzte sich mit gekreuzten Beinen auf die Erde, und während einer von seiner Begleitung ein Brot in fünf bis sechs Stücke zerbrach, zerlegte er mit den Fingerspitzen die abends vorher gesottene Henne in so viele Stücke, wie Brot verteilt wurde.

Ich sah mit Schrecken, dass das größte Stück Brot mit einem Flügel und Bruststück belegt wurde, denn ich hatte eine schauerliche Ahnung, dass dieser Leckerbissen für mich bestimmt war. Ich irrte mich nicht. Der Türke streckte die Hand nach mir aus und bot mir mit holdseligem Lächeln einen Anteil an dem Frühstück an. Ich überlegte, ob es nicht ungeschickt wäre, dem Türken einen Korb zu geben. Ich nahm daher das mit Hühnerfleisch belegte Stück Brot an, und indem ich zu vergessen suchte, welche Phasen des Rupfens, Siedens, Einwickelns und Zerlegens das Huhn durchgemacht hatte, biss ich herzhaft zu.

Es erschien nun ein Mann mit einem Krug Wein. Der mingrelische Landwein war mir bereits bekannt, er hatte mir auf der Station Molite vortrefflich geschmeckt. Ich machte es daher mit dem Krug, wie es der Türke mit dem Huhn gemacht hatte, ich konfiszierte ihn; die ganze Gesellschaft sollte davon trinken.

Leider bestand die Hälfte der Gesellschaft aus Türken, die den Wein höflich, aber entschieden ablehnten. Die Übrigen nahmen die Einladung an.

Inzwischen hatte der Türke, ein Kornhändler aus Akalzike, mit seinem Gefolge die Pferde gesattelt und sich in wehrhaften Zustand versetzt. Die Leute waren furchtbar anzuschauen, der Herr zumal. Seine Bewaffnung bestand aus einem Handschar, einer Schaska, einer sehr langen, mit Elfenbein und Perlmutt ausgelegten Pistole und einem halbmondförmigen Säbel, der ihm auf dem Rücken baumelte wie das Pendel einer Uhr. Er reiste nach Poti, und wir versprachen einander, uns dort aufzusuchen. Er setzte sich mit seinen drei Begleitern zu Pferd und ritt im Galopp davon.

Endlich brach der Tag an. Wir stiegen den halsbrecherischen steilen Uferweg hinab und nahmen in der Barke Platz. Da wir nicht wussten, wann wir nach Poti kommen würden, so hatten wir Brot und Wein gekauft. Für die Erhaltung des materiellen Lebens war also gesorgt.

Wir waren nicht ohne Besorgnis, obgleich wir unsere Unruhe nicht offen zu erkennen gaben. Wir hätten am 21. morgens in Poti eintreffen sollen, und es war der 22. Fürst Barjatinski war vielleicht nicht angekommen, aber das Dampfschiff war gewiss schon fort. Unsere Skopzen hatten tags zuvor beteuert, wir würden um zehn, höchstens elf Uhr in Poti sein. Nun aber gestanden sie, wir würden schwerlich vor zwei Uhr ankommen, weil die Strömung sehr schwach sei. Wir wussten aus Erfahrung, dass alle Bitten und Drohungen nicht imstande wären, sie zu größerer Eile anzutreiben.

Überdies fühlte ich mich nach der schlaflosen Nacht höchst unbehaglich. Ich konnte mich, trotz meines Pelzes, nicht erwärmen. Ich ließ daher Moynet murren und kümmerte mich weder um die Langsamkeit der Schiffsleute noch um die blinden Schüsse Gregorys, der kein Schrot mehr hatte und mit Pulver nach Enten schoss.

Endlich begann die Sonne einige wärmende Strahlen auf uns herabzusenden, und wir tauten nach und nach auf. Wir begegneten einem stromaufwärtsfahrenden Boot. Es war das erste Fahrzeug, das wir seit unserer Abfahrt von Marane sahen. Wir fragten die Schiffsleute, wie weit es noch bis Poti sei. »Dreißig Werst«, antworteten sie.

Wir legten etwa vier Werst in der Stunde zurück, wir brauchten also noch mindestens sieben Stunden. Es war halb sieben, wir konnten nicht vor zwei Uhr in Poti sein. Ach, wie sehnte ich mich nach meiner Tarantasse, nach den Mietkutschern, die man prügeln konnte, wenn sie nicht schnell genug fuhren, nach den Schluchten, in die man mit der Schnelligkeit von Lawinen hinabfuhr, und nach den brausenden Bergströmen, durch die wir in vollem Trab fuhren. Auf dem Phasis dagegen, der eine sehr schwache Strömung hat, hingen wir von der Laune zweier träger, kraftloser Ruderer ab.

Es verging indes eine Stunde nach der anderen. Die Sonne, die wir hatten aufgehen sehen, erreichte ihren Zenit und begann, gen Westen zu sinken. Die Landschaft war großartig, aber die hohen beschneiten Berge wurden mir langweilig.

Endlich, gegen drei Uhr, erblickten wir durch das weite Tal des beträchtlich breiter gewordenen Phasis das flache Land oder vielmehr einen großen, mit Schilf bewachsenen Morast. Man ahnte die Nähe des Meeres, wenn man es auch noch nicht sah.

Wir wandten uns nun nach links und fuhren in eine Art Kanal, der um eine Insel einen Bogen macht und die beiden Arme des Phasis miteinander verbindet. Dieser Kanal bietet selbst im Winter einen reizenden Anblick, denn seine Ufer sind mit prächtigen Bäumen bepflanzt, deren Äste über den auf ihm fahrenden Barken eine Laube bilden.

Bald befanden wir uns in einem großen Wasserbecken und bemerkten eine Werst von uns die Rahen eines Schiffes. Wir waren freudig überrascht – das Dampfschiff war noch nicht abgefahren.

Als wir aber näherkamen, suchten wir vergebens den Schornstein unter dem Takelwerk. Dann fiel uns ein, dass Poti ein Seehafen ist und dass in einem Seehafen mehrere Schiffe vor

Anker zu liegen pflegten. Wir erkannten in der Tat bald, dass das Takelwerk nicht zu einem Dampfer, sondern zu einer kleinen Handelsbrigg von höchstens dreihundert Tonnen gehörte. Ein Dampfschiff war, so weit das Auge reichte, nicht zu sehen.

Es blieb mir noch eine Hoffnung: Ich hatte irgendwo gelesen, dass der Phasis vor seiner Mündung eine Sandbank habe, die von größeren Schiffen nicht überschritten werden könne. Vielleicht war unser Dampfer außerhalb der Sandbank geblieben und noch nicht sichtbar.

Endlich legten wir mit der Kajuke an – so heißen die den Phasis befahrenden Boote – und wir betraten die heißersehnte Halbinsel Poti, auf der wir bis an die Knie im Schlamm sanken.

Wir erkundigten uns sogleich nach dem Dampfer. Er war am 21. angekommen und am 22. wieder abgefahren. Ich ging mit gesenktem Kopf auf die zehn bis zwölf hölzernen Häuser zu, aus denen die Stadt besteht.

Stadt und Hafen Poti

Als ich aufschaute, um über einen Graben zu springen, sah ich den Prinzen Salomo, seinen Nuker und seine drei Diener. Aber großer Gott! In welchem Zustand war die ganz mit Kot bespritzte, vormals schneeweiße Tscherkesska! Er war nicht mehr der rosenfarbene Prinz eines Feenmärchens, er war gefleckt wie ein Leopard.

Der Prinz war bestürzt: Fürst Barjatinski war nicht mit dem Dampfer angekommen. Er war sehr erfreut über unsere Gesellschaft, denn wir mussten natürlich den nächsten Dampfer abwarten, und er fand an uns eine willkommene Gesellschaft. Ich versprach mir daher nicht viel von der Zerstreuung, die Poti bieten würde.

Der rosenfarbene Prinz, der abends vorher in Poti angekommen war, hatte sich schon häuslich niedergelassen. Er hatte bei einem Fleischer, der zugleich einen Kramladen hatte, ein Zimmer gefunden. Das kleine hölzerne Haus lag etwa hundert Schritte vom Ufer des Phasis. Der Wirt hatte noch ein Zimmer frei. Ich sollte es allein bewohnen, denn ich musste arbeiten. Der Fürst wollte das seine mit Moynet teilen. Gregory sollte übernachten, wo er konnte. Er war ja ein Landeskind und musste sich schon behelfen.

Inzwischen kam ein junger Fleischer, der an der Haustür den ankommenden Fremden auflauerte, wie eine Spinne in einem Winkel ihres Gewebes den Fliegen auflauert. Er verband, die spitze Mütze in der Hand haltend, seine Einladung mit der des Fürsten.

Ich wollte zuerst den Preis festsetzen, ehe wir uns bei dem schönen Fleischer einmieteten. Ich fürchtete nichts so sehr wie die kleinen elenden Häuser. Man wohnt schlechter als in einem Gasthof und muss gewöhnlich höhere Preise zahlen.

Wir gingen mit größter Vorsicht, bald Halbkreise beschreibend, bald im Zickzack, um Sümpfen auszuweichen, sodass wir fast eine Werst zurücklegten, um eine Strecke zu gehen, die in gerader Linie kaum mehr als hundert Schritte lang war.

Poti ist mit seinen Sümpfen das Paradies der Schweine. Diese interessanten Tiere wälzten sich hier überall im Schlamm. Bei jedem Schritt musste man eines mit Fußtritten oder Peitschenhieben verjagen. Das Schwein ging grunzend auf die Seite, als ob es sagen wollte: Was willst du hier? Du siehst ja, dass ich hier zu Hause bin.

Endlich kamen wir zu Meister Akob. Wir wollen ihn lieber Jakob nennen, denn er war Jude genug, um ihm das J wohl zu gönnen.

Das Haus ist eine hölzerne Hütte mit vier bis fünf Stufen vor der Tür. Ein aus Tannenholz gezimmerter Balkon ohne Geländer nimmt die ganze Vorderseite ein. Auf jeder Seite der Tür ist ein Fenster. Wenn man eintritt, findet man links den Kramladen, rechts die Gaststube. In der Mitte des Hausflurs steht ein Pfahl, an dem Überreste von Fleisch hängen. Der Mittelraum ist rechts mit Warenballen, links mit Nüssen angefüllt. In einem Gang sind zwei Türen, die mit Stricken und Nägeln verschlossen werden. In den Zimmern, deren durchsichtiger Fußboden über Senkgruben gelegt ist, besteht die ganze Einrichtung aus einem Feldbett, einem eisernen Ofen, einem baufälligen Tisch und zwei Schemeln.

Das Zimmer rechts war für mich bestimmt, das an der linken Seite bewohnte bereits der rosenfarbene Prinz, und Moynet sollte es mit ihm teilen. Jedes Zimmer war mit zehn Kopeken täglich überreich bezahlt.

Die andere Seite des Hauses ging auf ein Kotmeer, das den Hof vorstellte. Von der untersten Stufe der Außentreppe war ein Balken über diesen Sumpf zu einem als Pferdestall und Küche dienenden Schuppen gelegt. Außer den Pferden der Reisenden befand sich unter dem Schuppen ein Arbeiter, der vom Morgen bis zum Abend mit dem Einschmelzen von Hammelfett beschäftigt war.

Ich ließ meine dreizehn Gepäckstücke in das Warenmagazin bringen und gab unseren Schiffsleuten die ausgemachten sechzehn Rubel und zwei Rubel als Geschenk. Sie behaupteten, wir hätten vierundzwanzig Rubel vereinbart. Zum Glück war der Fürst Ingheradze Zeuge des Vertragsabschlusses gewesen; ich rief ihn zu Hilfe, er kam, gab mir recht und jagte die beiden Schlingel fort. Weinend entfernten sie sich.

Ich nahm von meinem Zimmer Besitz, und da ich, trotz der Versicherung, dass in zwei Tagen ein Dampfer ankommen werde, mit einem achttägigen Aufenthalt rechnete, so beschloss ich, an der Beschreibung meiner Reise zu arbeiten.

Dann ließ ich durch Gregorys Vermittlung den Fleischer Jakob kommen.

Der schöne Mensch erschien mit lächelndem Mund. Er lächelte wunderschön, das muss man ihm lassen.

Ich fragte ihn, was er uns zum Abendessen geben könne. »Alles, was Sie wollen«, antwortete er. Wir kannten diese Redensart. Sie bedeutete in Poti dasselbe wie an anderen Orten, das heißt, es war außer den am Pfahl hängenden Überresten von Fleisch gar nichts im Haus. Die Fleischreste aber waren gerade gut genug, um eine Hundesuppe daraus zu kochen.

»Wollen Sie anderes Fleisch?«, fragte Jakob. »In zehn Minuten sollen Sie es haben.« Bald darauf hörte ich eine Bewegung im Hof. Ich trat ans Fenster: Zwei Männer schleppten einen sich sträubenden Widder herbei. Ich war zwar im Lande der Widder, aber dieser war leider nicht der Widder Chrysomallos mit dem Goldenen Vlies, obgleich er stattlich genug aussah, um für einen Nachkommen des berühmten Urgroßvaters zu gelten. Ungeachtet seines ehrwürdigen Alters wurde er geschlachtet, abgehäutet und zerlegt. Dann wurde ich ersucht, mich hinauszubemühen und meine Wahl zu treffen. Dies war das »andere Fleisch«, das die Firma Jakob und Sohn versprochen hatte.

Trotz meiner Abneigung, von einem Tier zu essen, das ich eben erst lebend gesehen hatte, wählte ich ein Rückenstück und ersuchte Gregory, einen hölzernen Bratspieß zu schneiden, um Schaschlik zu machen. Es war beinahe sechs Uhr abends, und seit dem Morgen hatten wir außer einem Stück Brot und einigen Gläsern Wein nichts genossen.

Ich ging selbst in die Küche oder vielmehr in den Pferdestall. Hier fand ich meinen Türken von der vorigen Nacht wieder. Der Mann hatte seine Waffen an einen Pfahl gehängt und bereitete sein Abendessen. Er hatte ein Huhn im Topf und deutete auf dasselbe, als ob er sagen wollte: Willst du mein Gast sein? Ich zeigte auf mein noch ungesottenes Hammelfleisch, um meine Gegeneinladung zu machen. Ich dankte und er dankte auch. In zehn Minuten sollte der Herd frei sein und ich konnte dann darüber verfügen.

Ich begab mich in Moynets Zimmer. Der rosenfarbene Prinz speiste mit seinem Nuker. Es war merkwürdig, die beiden essen zu sehen. Sie hatten eine Schüssel mit Schaschlik zwischen sich, aber weder Teller noch Messer und Gabeln. Sie nahmen die Stücke mit den Fingern, nagten das Fleisch ab und legten die Knochen auf den Tisch. Als das Fleisch verzehrt war, nagten sie die Knochen noch einmal ab. Abends begab sich Fürst Salomo völlig angekleidet zur Ruhe. Nur die Stiefel hatte er ausgezogen. Sein Nuker kam und kratzte ihm die Füße.

Endlich legte ich mich ebenfalls schlafen. Aber das Geräusch unter meinen Füßen war sehr störend. Das Haus war auf Pfählen erbaut. Unter dem durchsichtigen Fußboden war ein leerer Raum, den alle Schweine der Umgegend zum Nachtquartier gewählt hatten. Sie schienen eine Hochzeit zu feiern. Beim Arbeiten hatte ich den Lärm nicht beachtet, aber als ich mich niedergelegt hatte, wurde er unerträglich. Es war ein unaufhörliches Grunzen und Quieken und Schreien, dann und wann von heftigen, gewalttätigen Bewegungen begleitet. Ich war so aufgebracht, dass ich trotz meiner Ermüdung nicht schlafen konnte.

Endlich kam mir ein genialer Gedanke. Ich hatte Wasser auf dem Ofen; es kochte nahezu, der Fußboden hatte fingerbreite Spalten.

Ich stand auf, nahm mein Waschbecken, suchte die Stelle, wo die Schweine ihr Unwesen am tollsten trieben und schüttete das heiße Wasser auf die unflätige Gesellschaft. Die Schweine liefen furchtbar schreiend in den Hof. Die Ruhe war wieder hergestellt, und ich schlief ein.

Am anderen Morgen begaben wir uns in das Schifffahrtsbüro, um über die Ankunft der Dampfer genaue Erkundigungen einzuziehen. Der Direktor sagte, vielleicht würde das Schiff morgen, vielleicht auch erst in zwei, vielleicht in acht Tagen ankommen. Gewiss sei nur die Ankunft am 7. und 21., vorausgesetzt, dass das Wetter gut sei. Da Poti weder Hafen noch Reede habe, so fahre der Dampfer bei stürmischem Wetter ohne anzuhalten weiter. Und selbst bei günstigem Wetter könne er nur auf zwei Werst der Küste nahe kommen.

Wir hatten mithilfe der Einwohner von Poti, die bei Meister Jakob Fleisch kauften, den am Abend geschlachteten Widder verzehrt. Es wurde nun wieder ein Widder geschlachtet und zerlegt, um für den Tag Fleisch zu liefern. Ich fragte, ob man nicht zur Abwechslung ein Schwein schlachten könne. Man antwortete mir mit so vielen Einwendungen, dass ich mich entschloss, wie Alexander den nicht zu lösenden Gordischen Knoten zu zerhauen. Ich nahm meine geladene Büchse und stellte mich auf die Vortreppe. Die Wahl fiel mir nicht schwer. Mehr als dreißig schwarze Schweine wälzten sich in dem tiefen Schlamm. Ich nahm eines aufs Korn und schoss. Das Schwein brach zusammen.

Ich ging ganz ruhig in mein Zimmer. Der Besitzer des Schweines mochte den Preis dafür fordern. Er kam auch wirklich und verlangte vier Rubel. Der Fürst Ingheradze nahm für mich das Wort und wurde um drei Rubel einig. Das Schwein war etwa siebzig Pfund schwer, also nicht zu teuer bezahlt.

Unter den fünf bis sechs Hausdienern, die nach orientalischer Sitte die Öfen heizten, teils die Gänge kehrten, teils die Pfeifen putzten und andere Dinge verrichteten, war einer, der sich durch Eifer und Klugheit auszeichnete. Es war ein schöner, kräftiger junger Mensch von zweiundzwanzig bis dreiundzwanzig Jahren, namens Wasili. Ich beauftragte ihn mit der Zubereitung des Schweines. Ohne im Mindesten verlegen zu werden, schichtete er Stroh im Hof auf, legte das Schwein darauf und zündete das Stroh an, um das Tier abzusengen.

Da hörten wir Trommelwirbel.

Eine Unterhaltung durfte nicht versäumt werden, denn Unterhaltung ist ja in Poti selten. Wir gingen auf den vorderen Balkon.

Ein armer Teufel hatte die Trommel zur Zeitungsannonce gemacht; er blieb nicht an den Straßenecken – denn in Poti gibt es keine Straßen –, sondern vor jedem der fünfzehn bis sechzehn Häuser stehen, trommelte und las eine Bekanntmachung vor, die die Bewohner des Hauses ziemlich gleichgültig anhörten. Und gleichwohl war die Bekanntmachung nicht ohne Interesse für sie, sie musste zumal ihrem Stolz sehr schmeicheln. Eine Entschließung des Kaisers Alexander II. erklärte, dass Poti vom 1. Januar 1859 an eine Stadt sei. Eine andere Entschließung hatte Poti schon zwei Jahre zuvor zum Hafen ernannt.

Solange der Ausrufer in dem tiefen Kot watete, ging es noch; er trat von einem Stein, von einem Balken auf den anderen, und kam so nach vielen Umwegen an den Ort, wo er die Bekanntmachung vorzulesen hatte. Aber während des Ablesens sank er allmählich in den Schlamm.

Wir waren nun beruhigt. Poti war eine Stadt, und wir waren berechtigt, alles zu verlangen, was eine Stadt zu bieten vermag.

Ich hatte viele wilde Tauben und Krammetsvögel gesehen und ersuchte daher Moynet und Gregory, ein Boot zu nehmen und auf der Insel zu jagen. Ich wollte die Erhebung von Poti zur Würde einer Stadt durch ein Festessen feiern, und zugleich den Fürsten Ingheradze und den Türken bewirten.

Außer dem Schwein hatte ich von dem am Abend geschlachteten Hammel noch den Rückenbraten, und überdies zählte ich noch auf ein Dutzend Krammetsvögel und einige Wildenten. Wenn ich mir Mühe gab, konnte ich auch wohl zwei Hühner und ein paar Dutzend Eier auftreiben. Zwei Blechbüchsen, die mir eine befreundete Hand vor meiner Abreise von Moskau in die Reiseküche gesteckt hatte, konnten auch einen Beitrag zu dem Festessen liefern. Ich öffnete die Büchsen; die eine enthielt Dörrgemüse, in der anderen waren eingemachte grüne Bohnen.

Zwei Stunden später kamen Moynet und Gregory mit zwölf Krammetsvögeln, zwei Enten und drei wilden Tauben. Wasili hatte zwei junge Hühner und zwei Dutzend Eier gebracht.

Der Küchenzettel war also vollständig und für ausgehungerte Reisende war es in der Tat ein Festessen. Der rosenfarbene Prinz und der türkische Kaufmann erklärten daher auch, dass sie nie so gut gespeist hätten.

Da Poti zwischen dem Meer, einem Fluss und einem See liegt, so hatte ich natürlich Fische verlangt. Man hatte mir geantwortet, es gebe in Poti keine Fische. Nach einigem Zögern fragte ich, ob es Fischer gebe. Zu meinem großen Erstaunen antwortete man mir, es gebe wirklich Fischer. Was sollten die Fischer, wenn es keine Fische gab?

Dies wurde mir erklärt, als ich etwas dringender fragte.

Meer, Fluss und See sind fischreich, aber in Poti gab es keine Fische, wenigstens keine frischen Fische. Die Einwohner essen nur gesalzene Fische. Frische Fische sind ein europäischer Luxus, den die Asiaten nicht kennen.

Ich ließ einige Fischer kommen, und wir kamen überein, dass sie von dem Augenblick an, wo sie zum ersten Mal ihre Netze auswerfen würden, für jede Stunde einen Rubel erhalten sollten. Ich wollte von den gefangenen Fischen nehmen, was mir belieben würde, und ihnen das Übrige lassen.

Um halb elf Uhr gingen wir fort. Nach einer Viertelstunde kamen wir an den Kanal, der den See mit dem Meer verbindet.

Die Fischer erwarteten uns. Sie hatten zwei Barken, und in jeder waren wenigstens acht bis zehn Mann. Eine dritte Barke mit zwei Ruderern war für uns bestimmt.

Wir fuhren ostwärts. Der Kanal wurde immer breiter. Endlich liefen wir in einen See ein. Als wir noch eine Werst gefahren waren, hielten die beiden Fischerbarken an und breiteten ein großes Schleppnetz aus.

Die eine Barke blieb auf der Stelle, wo sie angehalten hatte, die andere fuhr weiter und ließ, einen großen Bogen beschreibend, das Netz fallen. Dann kehrte sie zu der anderen Barke zurück. Die Fischer begannen nun, das Netz einzuziehen. Es dauerte beinahe eine Stunde.

Ich hätte es dabei bewenden lassen können, denn es waren mehr als fünfzig Pfund Fische gefangen. Aber der Fischfang machte mir Vergnügen, und ich ließ noch einmal das Netz auswerfen.

Der zweite Zug ergab mehr als hundert Pfund Fische.

Der Fischfang hatte zwei Stunden gedauert, ich war den Leuten zwei Rubel schuldig, und dafür konnte ich hundert bis hundertfünfzig Pfund Fische nehmen. Aber ich begnügte mich mit einem dreißigpfündigen Karpfen, zwei prächtigen Stören und drei flachen Fischen, die man, wenn ich nicht irre, Karauschen nennt. Das Übrige ließen wir den Fischern, die mit ihrem Fang sehr zufrieden waren.

Der Luxus unserer Tafel wurde immer größer. Der rosenfarbene Prinz hatte noch nie so gut gespeist. Er hätte gewünscht, dass wir immer in Poti blieben und dass Fürst Barjatinski niemals ankomme.

Auch seine Leute waren sehr erstaunt. Die sonst so kärglich lebenden Menschen wurden wahre Prasser. Selbst unser Türke ließ es sich wohlschmecken; er verschmähte nichts. Er aß Fisch, ohne zu bemerken, dass die Sauce mit Wein zubereitet war; er ließ sich den Kohl schmecken, ohne zu beachten, dass er mit Speck gekocht war. Das ganze Haus lebte herrlich und in Freuden. Wenn wir länger geblieben wären, hätte ganz Poti auf unsere Kosten gezehrt.

Endlich, am Morgen des 1. Februar, wurde ein Dampfer signalisiert, und eine halbe Stunde später meldete man uns, dass der »Großfürst Konstantin« zwei Werst von der Küste die Anker ausgeworfen habe und um drei Uhr nachmittags wieder abfahren werde. Der Fürst Barjatinski war nicht mitgekommen. Dies erfuhren wir von dem Fürsten Salomo Ingheradze. Er hatte sich festlich geschmückt, um den Fürsten Barjatinski zu empfangen. Statt seiner gefleckten Tscherkesska trug er eine schwarze, mit Gold besetzte. Seine Waffen und sein Gürtel nahmen sich prächtig aus auf diesem dunklen Grund.

Ich ersuchte Gregory, unsere Rechnung bei seinem Landsmann Jakob zu begleichen. Er kam nach zehn Minuten sichtlich beschämt zurück und überreichte mir zögernd die Rechnung.

Diese belief sich auf achtzig Rubel oder 320 Francs. Wie war es möglich, dass wir in zwei Tagen mehr als dreihundert Francs verzehrt haben sollten? Denn sechs Tage hatten wir von Jagd und Fischfang gelebt. Für unsere Wohnung allein waren 24 Rubel angesetzt. Mein Zimmer war mit zwei Rubel täglich berechnet. Vier Francs teurer als ein Prachtzimmer im Hotel du Louvre! Ferner hatten wir für vierzig Francs Tee und für hundert Francs Wein getrunken. Wir bezahlten, oder vielmehr ich bezahlte die achtzig Rubel. Wir hatten von Tiflis nach Poti mehr als zwölfhundert Francs ausgegeben.

Unter Wasilis Aufsicht waren unsere dreizehn Gepäckstücke in das kleine Dampfboot gebracht worden, und wir folgten unserem Gepäck.

Wir bezahlten die Träger und atmeten auf. Es war das letzte Mal, dass wir in Poti in die Tasche zu greifen hatten, und wir hatten bemerkt, dass diese Handbewegung in der neuen Russenstadt sehr kostspielig war.

In einer halben Stunde waren wir an Bord des »Großfürst Konstantin«. Wir bezahlten unsere Plätze bis Trapezunt. Die Preise waren nun wieder christlich: drei Rubel für die Person. Der Kapitän des Dampfers kam zu uns. Er sprach etwas Französisch. Er war ein liebenswürdiger junger Mann von etwa dreißig Jahren. Infolge einer Wunde, die er bei Sewastopol erhalten hatte, machte er mit einem Auge eine fast unaufhörlich zuckende Bewegung; aber dieses Nervenzucken verlieh seinem Blick einen eigentümlich geistvollen Ausdruck.

Der »Großfürst Konstantin« war ein sehr hübscher Dampfer; in allen Räumen herrschte wahre holländische Reinlichkeit. Der freundliche Kapitän, der außer seinem Zimmer auf dem Verdeck noch eine Kajüte im Zwischendeck hatte, trat mir Letztere ab. Ich fand hier einen seit sechs Monaten völlig ungewohnten Luxus: ein sauberes Bett mit Matratzen und schneeweißer Wäsche. Ich kam in Versuchung, vor meinem Bett niederzuknien und zu beten wie vor einem Altar. Und ich wäre sogleich hineingekrochen, wenn nicht die Glocke zu Tisch gerufen hätte.

So begab ich mich in den Speisesaal, der auf dem Verdeck lag. Wir waren im ganzen sechs Passagiere, und es waren Speisen für zwanzig Personen da. Aber mich freute nicht so sehr der Überfluss an Speisen, als vielmehr die Sauberkeit, mit der sie aufgetragen wurden.

Unser Festessen in Poti war sehr reichlich, aber nicht appetitlich gewesen. In Gori, bei Gregorys Schwager, hatten wir zum letzten Mal reine Servietten gehabt. Ich weiß nicht, ob uns die schneeweißen Tischtücher und Servietten an Bord des »Großfürst Konstantin« so guten Appetit machten. Kurz, wir fanden, dass wir nie besser gespeist hatten.

Nach Tisch gingen wir an Deck. Das Wetter war herrlich für die Jahreszeit. Die Küste bot einen prächtigen Anblick. Der Kaukasus breitete seine beiden Riesenarme aus, als ob er das Schwarze Meer an sich ziehen wollte. Der eine Arm erstreckt sich bis Taman, der andere bis zum Bosporus. Der zwischen diesen beiden hohen Gebirgsketten liegende Landstrich schien niedrig, wellenförmig, mit Waldungen bedeckt. An der ganzen Küste war kein Haus zu sehen.

Der erste anzulaufende russische Hafen war Batum. Hier sollten wir zwölf Stunden anhalten, um Reisende und Waren an Bord zu nehmen. Daher dauerte die Fahrt nach Trapezunt, die man sonst in achtzehn Stunden machen konnte, sechsunddreißig Stunden.

Die Nacht brach an und warf ihren dunklen Schleier über die Uferlandschaft; aber noch lange schimmerten die schneebedeckten Gipfel der kaukasischen Bergkette am Himmel wie versteinerte Wolken.

Es war nun Zeit, mit dem schönen, reinen Bett, dessen bloßer Anblick mir schon so wohlgetan hatte, nähere Bekanntschaft zu machen. Als ich wieder erwachte, waren wir im Hafen von Batum.

Ich warf nur einen flüchtigen Blick auf den Ort und arbeitete den ganzen Tag in der Kajüte des Kapitäns.

Um acht Uhr abends setzte der Dampfer seine Fahrt fort. Bei Tagesanbruch sollten wir, wie der Kapitän versicherte, auf der Reede von Trapezunt sein.

Als der Tag graute, war ich an Deck. Eine Besorgnis hatte mich, trotz des weichen, sauberen Bettes, wach gehalten. Die französischen Dampfer pflegten nämlich samstags von Trapezunt abzufahren, und der russische Dampfer, der an den Küsten der Krim durch schlechtes Wetter aufgehalten worden war, kam erst am Sonntag an.

Aber der Kapitän beruhigte mich, sobald er mich bemerkte. Mit seinem scharfen Seemannsauge hatte er im Hafen von Trapezunt einen französischen Dampfer erkannt. Er konnte sogar fast mit völliger Gewissheit behaupten, dass es der »Sully« sei.

Er täuschte sich nicht. Eine Stunde später legten wir dicht vor dem »Sully« an, und auf die vom Deck des »Großfürst Konstantin« herübergerufene Frage: »Wann fahren Sie ab?« antwortete der französische Steuermann: »Heute Nachmittag um vier Uhr.«

Um vier Uhr nachmittags wurden tatsächlich die Anker gelichtet, nachdem unser Gepäck mit großer Mühe an Bord des »Sully« gebracht worden war. Das nächste Ziel unserer Reise war Konstantinopel; in den Häfen von Samsun, Sinope und Ineboli sollte angehalten werden.

Abschied vom Kaukasus

Gleich nach unserer Ankunft im Hafen von Trapezunt hatte ich mich an Bord des »Sully« begeben, um über die Zeit der Abfahrt und den Fahrpreis bis Marseille genaue Erkundigungen einzuziehen.

Der Schiffsleutnant hatte mich ziemlich unfreundlich empfangen und mir geantwortet, dies sei Sache der Administration, ich möge mich an Land begeben und mich erkundigen.

Ich tat dem Offizier unrecht. Er hatte mich für einen russischen General und Moynet für meinen Adjutanten gehalten. In diesem Irrtum war er durch einige italienische Worte, die ich mit dem Steuermann des »Großfürst Konstantin« gewechselt hatte, und durch ein paar georgische Ausdrücke, die mir im Gespräch mit Gregory entschlüpft waren, bestärkt worden. »Es ist merkwürdig, wie viele Sprachen die Russen reden«, sagte er, als ich mich entfernt hatte, »der da spricht französisch wie ein Franzose.«

Ich hörte das Kompliment nicht und blieb daher in meinem Irrtum. Ich hatte nichts Besseres zu tun, als den Rat des französischen Schiffsleutnants zu befolgen, und fuhr in der Jolle, die der Kapitän des »Großfürst Konstantin« zu meiner Verfügung gestellt hatte, an Land.

Unsere Landung war bei der hochgehenden See nicht ohne Gefahr. Mit großer Mühe erreichten wir endlich einen Ausschiffplatz. Eine Welle kam uns beim Aussteigen zu Hilfe. Sie begnügte sich nicht, in unsere Barke zu dringen, sondern schob uns ohne Umstände an Land. Wir stiegen triefend den steilen Abhang hinauf, der vom Hafen zur Stadt führt, und nach einigen Umwegen kamen wir in das Büro der »Messageries Imperiales«. Herr Baudhouy empfing mich nicht nur wie einen

Landsmann, sondern wie einen Freund. Er machte alle nur möglichen Zugeständnisse und empfahl mich überdies dem während unserer Unterredung eintretenden Kapitän Daguerre, Kommandanten des Dampfers »Sully«.

Der Kapitän war in seinem Benehmen gegen mich ganz das Gegenteil von seinem Untergebenen. Auf seine Einladung schickte ich die Jolle des russischen Kapitäns zurück, denn Kapitän Daguerre erbot sich, mich wieder an Bord des »Sully« zu bringen.

»Sie treffen es gut«, sagte er zu mir. »Haben Sie Ihre Reisegefährten gesehen?«

»Ich habe Ihr Schiff kaum betreten«, antwortete ich. Und ich erzählte ihm die Aufnahme, die ich gefunden hatte. Er schüttelte den Kopf. »Es steckt etwas dahinter«, sagte er. »Lukas ist ein etwas roher, menschenscheuer Bretagner; aber gegen einen Mann wie Sie pflegt er sonst nicht unhöflich zu sein. Übrigens wird sich an Bord alles aufklären.«

»Sie haben mich neugierig gemacht, Kapitän, meine Reisegefährten kennenzulernen.«

»Sie kommen aus dem Kaukasus? Na, dann werden Sie keine neuen Bekanntschaften machen, sondern nur alte erneuern.«

»Sie haben also Georgier, Armenier, Imeretier an Bord?«

»Dreihundert Kabardiner vom reinsten Geblüt.«

»Die nach Konstantinopel gehen? Es ist also eine Auswanderung?«

»Nein, es ist eine Spekulation.«

Ich sah den Kapitän verwundert an.

»Ei, mein Gott«, sagte er, »es ist klar wie der Tag, dass die Schurken ihre Weiber und Kinder auf dem Markt verkaufen wollen.«

»Und Sie leisten diesem Menschenhandel Vorschub?«, unterbrach ich ihn.

»Was sollen wir tun? Man kann den Leuten nichts anhaben. Jeder hat seinen Pass. Überdies sind die Weiber sehr vergnügt, sie glauben alle, mit Paschas verheiratet zu werden oder in den Harem des Sultans zu kommen. Wenn sie sich bei uns beschwerten, so würden wir einschreiten, aber sie hüten sich wohl.«

»Dann haben Sie recht, Kapitän, ich treffe es sehr gut. Wann gehen wir wieder an Bord?«

»Wann Sie wollen«, sagte Herr Baudhouy, »hier ist Ihr Schein.« Der Kapitän nahm die Papiere und begab sich mit mir in den Hafen.

Der Sturm wurde immer heftiger, und es dauerte fast eine Stunde; bis wir an Bord des »Sully« ankamen.

Diesmal war der Empfang ganz anders. Wir fanden auf dem Verdeck nur lächelnde Gesichter und ausgestreckte Hände. Der früher so unfreundliche Leutnant war äußerst zuvorkommend. Der Irrtum wurde aufgeklärt und Leutnant Lukas wunderte sich nicht mehr, dass ich französisch sprach wie ein Franzose.

»Wo sind Ihre Kabardiner?«, fragte ich den Kapitän.

»Im Zwischendeck.«

»Darf man hinuntergehen?«

»Es ist nicht der Mühe wert«, sah er nach der Uhr, »denn vermutlich wünschen Sie doch die Kabardinerinnen zu sehen?«

»Ich gestehe, dass ich bis jetzt mehr Männlein als Weiblein gesehen habe.«

»Sie werden sie sogleich in einer förmlichen Prozession sehen. Da kommen sie schon.«

Ich sah mich um. Der Führer des Zuges, ein ehrwürdiger Greis mit weißem Bart, erschien in der Luke und stieg langsam an Deck. Die Kabardinerinnen kamen ebenfalls eine nach der anderen zum Vorschein und schritten hintereinander wie Gänse am Steuerbord hin, um eine nach der anderen bei der Matrosenflasche haltzumachen; dann kehrten sie am Backbord wieder zu der Luke zurück.

»Nur ungeniert, Herr Dumas, wenn Ihnen eine gefällt«, meinte der Kapitän, »sie sind alle zu verkaufen.«

»Ich danke schön«, antwortete ich, »die Menschenware reizt mich durchaus nicht. Aber ich möchte sehen, wie sie im Zwischendeck wohnen.«

»Dann schauen Sie nur durch die Luke hinunter.«

Ich sah durch die Luke. Kabardiner und Kabardinerinnen waren familienweise eingepfercht. Sie kamen aus ihren Hürden nur zweimal täglich, um auf dem Verdeck zu trinken. Im Zwischendeck herrschte der widerlichste Schmutz.

Der Zufall wollte es, dass zwei feindliche Stämme zugleich erschienen waren, um an Bord des »Sully« nach Konstantinopel zu reisen. Den einen hatte man im Steuerbord, den anderen im Backbord untergebracht. Sie warfen einander grimmige Blicke zu.

Unterdessen wurde zu Tisch geläutet.

Während wir aßen, setzte sich das Schiff in Bewegung.

Beim Dessert hörten wir lautes Geschrei, und gleich darauf erschien der wachhabende Bootsmann, um den Arzt zu holen.

»Was gibt's?«, fragten wir einstimmig.

»Die beiden Häuptlinge sind handgemein geworden«, sagte der Bootsmann mit einem Marseiller Akzent, der den Ohren wohltat, wenn man seit einem Jahr fast nur russische Laute gehört hat, – »und der eine hat dem anderen das Gesicht mit dem Messer aufgeschlitzt.«

»Es ist gut«, sagte der Kapitän, »man lege den, der den anderen verwundet hat, in Ketten.«

Der Arzt entfernte sich mit dem Bootsmann. Wir hörten unter unseren Füßen ein Stampfen und Trappeln, wie wenn Menschen miteinander ringen. Dann wurde es wieder still.

Nach zehn Minuten kam der Doktor zurück.

»Nun?«, fragte der Kapitän Daguerre.

»Es ist ein tüchtiger Stoß mit dem Handschar«, antwortete der Doktor, »die Wunde geht von dem ganz zerschnittenen rechten Auge bis zum Kinn.«

»Er wird doch nicht daran sterben?«, fragte der Kapitän.

»Nein, aber er kann einst König im Reiche der Blinden werden.«

»Sie meinen, dass er einäugig wird?«, sagte ich.

»Einäugig war er leider schon«, erwiderte der Doktor.

»Und der andere, ist er gefesselt?«, fragte der Kapitän.

»Ja, er ist gefesselt.«

In diesem Augenblick erschien der Dolmetscher mit der Meldung, dass eine Deputation der Kabardiner vor den Kapitän geführt zu werden wünsche. Sie bestand aus vier Männern. Der Sprecher war derselbe ehrwürdige Greis, der die Weiber zur Tränke geführt hatte. Der Alte trug sein Anliegen vor.

»Was sagt er?«, fragte Kapitän Daguerre, als jener schwieg.

»Er sagt, dass Sie den Mann, der auf Ihren Befehl in Ketten gelegt wurde, in Freiheit setzen müssen.«

»Und warum muss ich ihn in Freiheit setzen?«

»Weil der Streit zwischen freien Leuten aus dem Gebirge stattgefunden hat, die nicht unter französischer Justiz stehen. Wenn einer schuldig ist, würden sie ihn schon selbst bestrafen.«

»Antworten Sie ihnen«, erwiderte der Kapitän, »dass sie unter meiner Justiz stehen, weil sie an Bord eines französischen Schiffes sind, dessen Kommandant ich bin. Schicken Sie diese Seelenverkäufer wieder in das Zwischendeck, und sie sollen sich ruhig verhalten, oder sie kriegen es mit mir zu tun!«

Der Dolmetscher führte die Abgesandten aus der Kajüte.

Während wir Kaffee tranken, stürzte der Leutnant in die Kajüte. »Kapitän«, rief er, »unsere Kabardiner haben sich empört.«

»Empört!«, erwiderte der Kapitän; »warum denn?«

»Sie verlangen, dass ihr Landsmann freigelassen werde.«

»Wie, sie verlangen es?«, sagte der Kapitän mit einem Gelächter, in dem aber die furchtbarste Drohung lag.

»Widrigenfalls würden sie, da sie bewaffnet sind, zu erzwingen wissen, was man ihnen nicht gutwillig gewähren will.«

»Lassen Sie die Luken schließen«, sagte der Kapitän ganz gelassen, »und lassen Sie Wasser aus dem Dampfkessel in das Zwischendeck. Nehmen Sie keinen Kognak zu Ihrem Kaffee, Herr Dumas?«, wandte er sich an mich.

»Nein, Kapitän, ich trinke nie Branntwein.«

»Da haben Sie unrecht; man kann sich drei Genüsse verschaffen: man trinkt den Kaffee allein, schüttet Kognak dazu und braut eine ›Gloria‹, und dann trinkt man den Kognak allein.«

Dabei schlürfte er behaglich seine ›Gloria‹. Als er die Tasse wieder absetzte, hörte man ein lautes Geheul. »Was ist das?«, fragte ich.

»Es sind die Kabardiner, die der Heizer abbrüht.«

Der Dolmetscher kam.

»Nun, wie steht's mit den Meuterern?«, fragte der Kapitän.

»Sie ergeben sich auf Gnade und Ungnade.«

»Es ist gut. Lassen Sie den Hahn schließen, aber die Luken dürfen noch nicht geöffnet werden.«

Der Befehl wurde vollzogen und die Ruhe war wiederhergestellt.

Am folgenden Donnerstag um vier Uhr nachmittags warfen wir dem Goldenen Horn gegenüber die Anker aus.

Unsere kaukasische Reise war eigentlich schon an dem Tag beendet, als wir Poti verlassen hatten; aber erst beim Abschied von unseren Kabardinern trennten wir uns von allem, was mit dem Kaukasus zusammenhing.

Nachwort

Alexandre Dumas, der seine Herkunft vom französischen Hochadel und afrikanischen Sklaven ableitet, sagt über sich selbst: »Reisen ist immer eine meiner Leidenschaften gewesen. Vielleicht ist dies ein Erbteil meines Vaters, des Generals Dumas, oder eher meines Großvaters, des Marquis de la Pailleterie. Dieser hatte zwanzig Jahre lang als Pflanzer in Westindien gelebt, wo er auf San Domingo bei Kap Rose eine Plantage besaß. Meine Großmutter väterlicherseits war eine Sklavin aus Westafrika und führte dem Marquis den Haushalt. Ihr Name war Cesette. Sie starb aber schon, als mein Vater gerade zehn Jahre alt war. Vorher war er von seinem Erzeuger formell als Sohn anerkannt worden.«

Der Vater des Autors, ein General der Revolutionsarmee, der unter Napoleon in Italien und Ägypten gedient hat, stirbt früh. Von ihm hat der Sohn die kräftige, herkulische Gestalt und das Interesse für Literatur und Geschichte geerbt. Unter ärmlichen Verhältnissen wächst er in dem Städtchen Villers-Cotterêts im Departement Aisne auf. Blutjung bricht er mit zwei Francs in der Tasche nach Paris auf, um dort sein Glück zu versuchen. Als Schreiber und Bibliothekar verdient er seinen Lebensunterhalt, bildet sich literarisch weiter und besucht, häufig mit Freibillets, die Pariser Theater.

Seine ersten dramatischen Bühnenversuche enden kläglich. Erst mit dem Drama *Henri III et sa cour* gelingt ihm der Durchbruch. Man schreibt das Jahr 1829. Alexandre Dumas ist siebenundzwanzig Jahre alt und über Nacht zu einer Berühmtheit geworden. Es folgen weitere dem romantischen Zeitgeist entsprechende historische Dramen, die den jungen Dichter über die Grenzen Frankreichs hinaus bekannt machen.

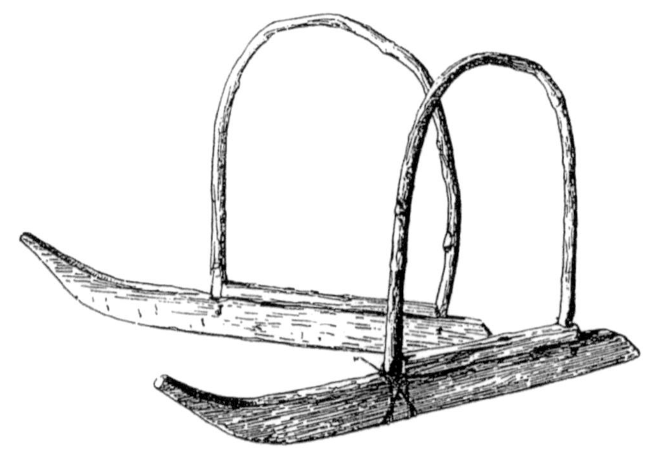

Schneeschuh der Tschetschenen

Ausgedehnte Reisen führen den erfolgreichen Dramatiker in den folgenden Jahren in die Schweiz, Südfrankreich und Italien, wo er die der toskanischen Küste vorgelagerte einsame Insel Monte Christo besucht. 1846 schickt die französische Regierung der Julimonarchie den volkstümlichen Dichter in halbstaatlicher Mission über Spanien nach Nordafrika, um über die Kolonisierung Algeriens nach dem siegreichen Feldzug gegen Abd el-Kader zu berichten. Wie seine Dramen finden auch Dumas' Reiseberichte, in denen sich feinfühlige Beobachtungsgabe mit der fesselnden Erzählerkunst des Dichters verknüpft, großen Anklang.

Seine märchenhaften Erfolge erzielt Dumas jedoch erst später durch das Aufkommen des »Zeitungsromans«, der in der Regel aus dem Hauptblatt der Zeitung herausgeschnitten werden konnte. Wie Dickens und Dostojewski ist Dumas auch hier ein Meister dieses Genres. Aus dem Dramatiker wird der gefeierte Feuilletonist und Romancier. Durch seinen Sinn für Dramatik gelingt es ihm, den Leser stets in Spannung zu halten. Wie in einem Rausch wartet ganz Paris auf die nächste Fortsetzung der *Drei Musketiere* und des *Grafen von Monte Christo*, die zu Welterfolgen werden. Die ungewöhnlich

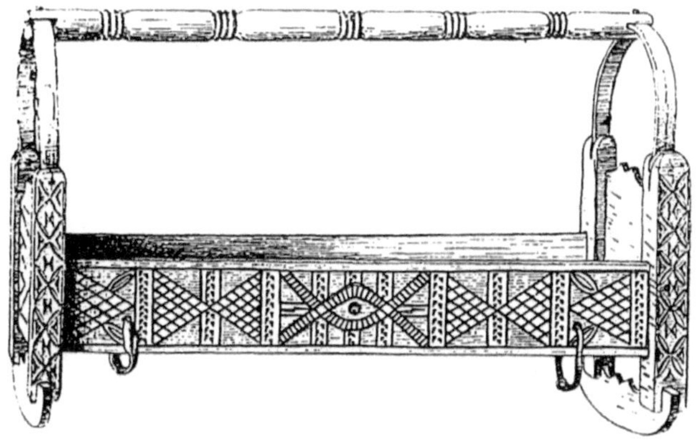

Kinderwiege aus Tschetschenien

abenteuerlichen Handlungen, zumeist jedoch ohne ästhetische und ethische Tiefe, bilden den Hauptgrund für Dumas' anhaltende Beliebtheit.

Mit dem literarischen Ruhm kommt der Reichtum. Über zweihunderttausend Goldfranken bringt Dumas ein Zeitungsroman ein, sodass er sich ein eigenes Schloss leisten kann, das er »Monte Christo« nennt und von dem Balzac sagt: »Es ist eine bezaubernde Villa, ein Lusthaus der Zeit Ludwigs XV ...« Hier trifft sich auf der Höhe von Dumas' Erfolgen das mondäne Paris, zu dem auch die bekannte Tänzerin und spätere Mätresse des bayrischen Königs Ludwig Lola Montez gehört.

Der Siegeszug von Dumas' Werken macht auch vor den Grenzen Russlands nicht halt. Dennoch ist an ein Einreisevisum nicht zu denken. Schuld daran ist ein Roman, der der gestrengen Zensur Nikolaus' I. zum Opfer gefallen ist und über den der Dichter schreibt: »Ich hatte die Geschichte zweier Teilnehmer des russischen Dekabristenaufstands – Mémoires d'un maître d'armes – Erinnerungen eines Fechtmeisters – erscheinen lassen. Darin wurden die Erlebnisse eines revolutionären russischen Gardeoffiziers geschildert, dem seine spätere Gattin in die Verbannung nach Sibirien folgte. Dieser Roman wurde in Russland verboten, was natürlich nicht verhinderte, dass er überall – auch von der Zarin – heimlich gelesen wurde. Aber ich war nun offiziell ›persona non grata‹ im Zarenreich.«

Das änderte sich schlagartig, als Nikolaus I. am 2. März 1855 plötzlich starb und sein Sohn Alexander den Thron bestieg. Die *Times* sah in dem Tod des »Gendarmen Europas« die Hand Gottes, und Napoleon III. erblickte darin das Ende des verlustreichen Krimkrieges. Ein Aufatmen ging durch das weite Land. Galt doch Alexander im Gegensatz zu seinem zwei Meter großen Vater mit der Adlernase und dem eckigen Kinn, von dem es hieß, er brauche nur eine Augenbraue zu heben und schon würden 60 Millionen Russen ängstlich zusammenzucken, als liberal und tolerant. Alexander II., der wenige Jahre später durch die Aufhebung der Leibeigenschaft in die Geschichte eingehen sollte, lockerte unmittelbar nach seiner Thronbesteigung den geistigen Druck, indem er die Zensur milderte, das Justizwesen reformierte und die Ein- und Ausreise erleichterte. Nun stand auch einer Russlandreise Dumas' nichts mehr im Wege.

Am 17. Juni 1857 kündigte er in seiner literarischen Wochenzeitschrift *Monte Christo* an, dass er die Absicht habe, das russische Riesenreich von St. Petersburg bis zum Kaukasus zu bereisen und darüber seinen Lesern zu berichten.

Von Stettin kommend, trifft Dumas auf dem Seeweg im Juni 1858 in St. Petersburg ein, wo er eine gastfreundliche Aufnahme findet. Über Moskau führt ihn der erste Teil seiner Reise wolgaabwärts nach Nischni-Nowgorod, Kasan, Saratow bis nach Astrachan am Kaspischen Meer. In seinen reportagehaften Reisenotizen berichtet er den französischen Lesern über St. Petersburg mit seinen betörend weißen Nächten, über Moskau mit seinen zahlreichen Gedenkstätten aus der Zeit Napoleons, über das bunte Treiben auf den Märkten der Wolgastädte und über das Leben der Kalmücken in der Steppe.

Bislang war die Reise ohne Gefahren und allzu große Strapazen verlaufen. Dies sollte jedoch im zweiten Teil der Russlandfahrt, der Kaukasusdurchquerung, mit der sich das vorliegende Buch beschäftigt, anders werden.

Vor dem Reisenden türmt sich zwischen Kaspischem Meer und Schwarzem Meer das gewaltige Gebirgsmassiv des Kaukasus auf, mit seinen schneebedeckten Gipfeln, unzugänglichen Schluchten und entlegenen Tälern, um dessen beide Hauptgipfel Elbrus und Kasbek einsam die Adler kreisen und in dessen Wäldern Bären hausen. Für den Verkehr kaum erschlossen, führen nur wenige schlechte Fahrwege durch die von zahlreichen Gebirgsstämmen dünn besiedelte Gebirgslandschaft. Reißende Gebirgsflüsse, über die nur selten eine Brücke führt, und schwer passierbare Pässe bilden weitere Hemmnisse. Erschwerend, ja lebensbedrohend für den Reisenden, ist der seit Jahrzehnten bestehende Kriegszustand zwischen den russischen Truppen und den freiheitsliebenden Bergvölkern.

So mancher Reisende wäre vor so gigantischen Hindernissen zurückgeschreckt; nicht so Alexandre Dumas. Er wagt den Aufbruch in das lockende Bergland, von dem bereits der russische Dichter Michail Lermontow schrieb: »Hier atmet alles Einsamkeit, hier ist alles rätselhaft: sowohl die dichten Lindenalleen, die sich über den Bach neigen, der, mit Tosen und Schäumen von Klippe zu Klippe stürzend, sich seinen Weg durch die grünen Berge bahnt, als auch die Schluchten voller Dunkel und Schweigen, die sich nach allen Richtungen hinziehen.«

Bereits Iwan IV. »der Schreckliche« (1533–84) hatte mit der Eroberung Astrachans den Weg zum Kaukasus gewiesen, den Boris Godunow und Peter I. (1689–1725) weiterschritten und den die große Katharina (1762–1796), die echte Nachfolgerin Peters des Großen, die erstmals Kosaken vom Don am Terek ansiedelte, durch die Errichtung des Forts mit dem verpflichtenden Namen »Wladikawkas« – Beherrscher des Kaukasus – am nördlichen Fuße des Gebirges symbolisch abschloss.

General Jermolow, der Feldherr Alexanders I., des großen Gegenspielers Napoleons, sah in den schlecht bewaffneten Kriegern der Gebirgsstämme nur Banditen und Viehdiebe. 1820 meldete er an seinen Zaren: »Die im vergangenen Jahr begonnene Unterwerfung Daghestans ist abgeschlossen. Das stolze kriegerische und bis dahin unbesiegte Land liegt zu den geheiligten Füßen Eurer Kaiserlichen Majestät.« Eine verfrühte Siegesmeldung, denn der blutige Partisanenkrieg sollte erst beginnen und sich über Jahrzehnte hinziehen.

Durch seine grausame Kriegsführung schürte Jermolow den Hass. Daher fiel es dem jungen Kari-Mullah aus Gimri in Awarien nicht schwer, seine Schüler, die »Muriden«, zum »Heiligen Krieg« gegen die russischen Eindringlinge aufzurufen. Der »Muridismus« wuchs und wuchs wie eine Lawine unter den Tschetschenen und Lesghiern. Als Kari-Mullah bei der Verteidigung seines Heimatortes im Granathagel der russischen Artillerie fiel, war die Stunde für seinen glühendsten Apostel Schamyl gekommen.

Schamyl wurde für drei Jahrzehnte der Anführer des islamischen Widerstandes. Er trotzte den zahlenmäßig und waffentechnisch weit überlegenen russischen Truppen, indem er den unzugänglichen Charakter seines Heimatlandes nutzte. Der hochgewachsene, würdige Imam mit dem mächtigen rötlichen Bart war nicht nur ein hervorragender Heerführer und mitreißender Redner, sondern auch ein Reformator und Gesetzgeber, dessen Ziel es war, im Kaukasus einen islamischen »Gottesstaat« zu errichten, um so die zersplitterten Bergstämme zu einigen. Jedoch im Frühjahr 1859 wurde er in Gunib eingeschlossen und musste sich der erdrückenden russischen Übermacht ergeben. Er fürchtete von einem Kriegsgericht zum Tode verurteilt und gehängt zu werden; aber Alexander II. behandelte seinen langjährigen Gegner großmütig und wies ihm mit seinen Frauen und Kindern einen Wohnsitz in Kaluga, südwestlich von Moskau, an. 1871 starb der vierundsiebzigjährige Imam auf einer Wallfahrt nach Medina. Noch heute wird Schamyl trotz seiner Niederlage als Held des Aufstandes gegen die russischen Okkupanten im Kaukasus verehrt.

Als Alexandre Dumas im November 1858 seine Kaukasusreise antrat, kämpfte Schamyl mit seinen Getreuen noch in den kaukasischen Bergen. Die Lage war so brisant, dass der Franzose nur unter dem Schutz einer militärischen Eskorte reisen durfte. Mehrmals traf er auf Männer und Frauen, die zumeist als Geiseln Schamyl persönlich kennengelernt hatten. Daher geht er ausführlich auf das Leben des Imams ein, der zuweilen gegenüber seinen Gefangenen so grausam und zu seinen Kindern so lieb sein konnte. Nachdrücklich verurteilt Dumas, der während seiner Kaukasusreise die Auswirkungen des militärischen Konfliktes selbst zu spüren bekommt, die brutale Kriegsführung: »Und wie wird dieser erbarmungslose Krieg geführt! Ein Krieg ohne Gnade, ohne Gefangene, wo fast jeder Verwundete umgebracht wird und wo die erbittertsten Gegner jedem Russen den Kopf und die mildesten Feinde ihm die Hand abschneiden.«

Nur von dem französischen Zeichner Moynet und dem Moskauer Studenten Kalino als Dolmetscher begleitet und ausgestattet mit einem »Paderoschne«, dem Befehl an die Posthalter, Pferde bereitzustellen, und einer »Otkritoy List«, der Ermächtigung, eine militärische Eskorte zu verlangen, die der Oberbefehlshaber im Kaukasus Fürst Barjatinski Dumas ausgestellt hatte, erlebt der Reisende die gefährlichsten Abenteuer, wobei jedoch der lebenslustige, vitale Mittfünfziger auch in den schwierigsten Situationen seinen Humor behält. So entsteht ein faszinierendes Bild einer ungewöhnlichen Reise, die, wie könnte es bei dem Autor der »Drei Musketiere« anders sein, den Leser bis zur letzten Seite in ihrem Bann hält.

Erläuterungen

Araba – kaukasischer, zweirädriger, hölzerner Wagen auf hohen Rädern, mit oder ohne Verdeck

Aul – ursprünglich Bezeichnung für die Sippenverbände der Turkvölker, später für Gehöfte und Dörfer im Kaukasus

Baschlik – Wollkapuze mit Halstuch

Beschmett – kaftanartiger, von Männern und Frauen getragener Leibrock der Tataren

Burka – kaukasischer halbkreisförmiger, am Hals zusammengebundener Mantel aus zottigem, schwarzem oder braunem Lodenstoff

Gebern – zu den Parsen zählende Anhänger des altpersischen Religionsstifters Zarathustra

Gospodin – Herr; mein Herr

Grusinien – russische Bezeichnung für Georgien

Handschar, auch Kandschar – gerade, messerartige Hiebwaffe mit schwerer Klinge

Imam – geistlicher, islamischer Führer, auch Vorbeter in der Moschee

Jason – in der griechischen Sage der Führer der Argonauten, der mithilfe Medeas, der Tochter des Königs von Kolchis am Ostufer des Schwarzen Meeres, das »Goldene Vlies« nach Thessalien zurückbrachte

Kalesche – leichter vierrädriger Einspänner

Kibitka – einfacher, federloser Bretterwagen oder Schlitten mit einem Mattendach

Lesghinka – bei allen Kaukasusvölkern verbreiteter mimischer Tanz, der das Werben des Mannes um die Frau zum Ausdruck bringt

Medea – laut griechischer Sage zauberkundige, kolchische Königstochter, die Jason bei der Gewinnung des »Goldenen Vlieses« half

Naib – Unterführer, Häuptling

Naphtha – veraltete Bezeichnung für Erdöl

Olearius, Adam (1603–1671) – deutscher Schriftsteller und Orientreisender; Persienreise (1635–39)

Papak – hohe Pelzmütze

Peri – in der persischen Sage gute überirdische Wesen beiderlei Geschlechts

Pilau – orientalisches Gericht aus gekochtem Reis mit Hammelfleisch und Gewürzen

Prometheus – Titan, der in der griechischen Sage den Menschen das Feuer gebracht hatte und deshalb an den Kaukasus gefesselt wurde, wo ihm ein Adler täglich seine Leber heraushackte, bis Herakles den Adler tötete und Prometheus befreite

Raskolniki – »Abtrünnige« oder Starowerzi »Altgläubige« heißen die Mitglieder einer von der orthodox-griechischen Kirche im 17. Jahrhundert getrennten Sekte

Schaska – gekrümmter kaukasischer Säbel

Stanitza – Kosakensiedlung

Tarantas – das häufigste Gefährt auf den alten russischen Landstraßen, bestehend aus einem bedeckten Wagen auf langen Tragbäumen

Telega – russisches, federloses, aus Brettern hergestelltes Fuhrwerk

Tscherkesska – langer, mit Gürtel getragener Männerüberrock der kaukasischen Völker; kragenlos, auf jeder Brustseite mit einer Anzahl Patronentäschchen versehen

Tulup – langer Pelzmantel; Bauernpelz

Werst – Wegemaß im zaristischen Russland; 1 Werst = 500 Sashen = 1066,8 Meter

Bildnachweis

Die Abbildungen wurden folgenden Quellen entnommen:

Allgemeines Archiv für Ethnographie, Weimar 1808.
Bodenstedt, Friedrich von: Die Völker des Kaukasus, 2. Aufl., Frankfurt a. M. 1855.
Déchy, Moritz von: Kaukasus, 3 Bd., Berlin 1905.
Engelhardt, Moritz von/Parrot, Friedrich: Reise in die Krym und den Kaukasus, Berlin 1815.
Horchelt, Theodor (1829–71) nahm als Kriegsmaler auf russischer Seite am kaukasischen Krieg teil.
Der Kriegsschauplatz im Norden und Süden, Leipzig 1854.
Roskoschny, H.: Das asiatische Russland, Leipzig o.J.
Thielmann, Max Freiherr von: Streifzüge im Kaukasus, in Persien und in der asiatischen Türkei, Leipzig 1875.
Wagner, Friedrich: Schamyl als Feldherr, Sultan und Prophet und der Kaukasus, Leipzig 1854.
Wahlen, Auguste: Moeurs, usages et costumes de tous peuples du monde, Bruxelles 1843.

Bibliografische Information der Deutschen Nationalbibliothek
Die Deutsche Nationalbibliothek verzeichnet diese Publikation
in der Deutschen Nationalbibliografie; detaillierte bibliografische Daten
sind im Internet über http://dnb.d-nb.de abrufbar.

Covergestaltung: Karina Bertagnolli, Wiesbaden; Anja Carrà, Weimar
Bildnachweis: © Dominik Jirovsky by Unsplash
Umschlag & Satz: Anja Carrà, Weimar
Gesetzt in der Adobe Garamond
Gesamtherstellung: CPI books GmbH, Leck – Germany

ISBN: 978-3-7374-0052-7

Mehr über Ideen, Autoren und Programm des Verlags finden Sie auf
www.verlagshausroemerweg.de und in Ihrer Buchhandlung.